《中国电子信息产业统计年鉴·2003》编辑委员会

中国电子信息产业统计年鉴

2003

信息产业部经济体制改革与经济运行司　编

電子工業出版社
Publishing House of Electronics Industry
北京 • BEIJING

图书在版编目(CIP)数据

中国电子信息产业统计年鉴·2003／信息产业部经济体制改革与经济运行司编．—北京：电子工业出版社，2004.5
ISBN 7-120-00046-2

Ⅰ．中…　Ⅱ．信…　Ⅲ．信息技术—高技术产业—统计资料—中国—2003—年鉴　Ⅳ．F49-66

中国版本图书馆 CIP 数据核字（2004）第 046500 号

责任编辑：李新社
印　　刷：京南印刷厂
出版发行：电子工业出版社　http://www.phei.com.cn
　　　　　北京市海淀区万寿路 173 信箱　邮编　100036
经　　销：各地新华书店
开　　本：787×1 092　1/16　印张：18.75　字数：480 千字　彩插：8
印　　次：2004 年 5 月第 1 次印刷
定　　价：198.00 元

ISBN 7-120-00046-2

凡购买电子工业出版社的图书，如有缺损问题，请向购买书店调换。若书店售缺，请与本社发行部联系。联系电话：（010）68279077。质量投诉请发邮件至 zlts@phei.com.cn，盗版侵权举报请发邮件至 dbqq@phei.com.cn。年鉴编辑部电话（010）68187325。

用科学发展观指导电子信息产业发展

（代序）

信息产业部经济体制改革与经济运行司司长　周子学

党的思想路线就是以马克思的辩证唯物主义，历史唯物主义的世界观和方法论指导实践。中国共产党的几代领导人将马列主义与中国的具体实践相结合，总结出解放思想，实事求是，与时俱进，求真务实的思想路线，在各个革命和建设时期指导中国人民夺取一个又一个的胜利。学习党的思想路线，用科学的发展观指导实际工作，具有十分重要的现实意义。本文试用科学发展观和求真务实的态度，分析我国电子信息产业的情况，提出在新的历史时期产业发展的思路。

一、25 年的改革开放：电子信息产业从小到大

电子信息产业是新兴产业。建国初这个产业几乎是空白。因国防需要，我国建立了少数生产军用电子产品的企业。直到 20 世纪 70 年代末，这些企业仍为军工服务，与老百姓关系不大。

改革开放后，电子信息产业率先从军工转向军民结合，寓军于民。同时，国家采取开放政策，大量引进技术和资金。跨国公司纷纷到中国投资建厂，利用中国劳动力价格低的优势，把产业链的制造装配环节转移到中国。经过 25 年的发展，中国的电子信息市场已高度开放，形成“国内市场国际化，国际竞争国内化”的格局。开放和竞争，使国内的企业在与跨国公司的较量中成长，形成一批有竞争力的大公司，并初步出现“走出去”的端倪。

25 年来，我国电子信息产业的平均发展速度超过 25%，以高于 GDP 增速 2 倍以上的速度持续增长。根据 2003 年的统计，中国电子信息产业的销售收入达 1.88 万亿元，工业增加值 4000 亿元，增速为 34%。这个产业规模，已超过日本，成为世界第二位（仅次于美国）。从 1999 年开始，产业规模一直稳居全国工业第一位。2003 年电子信息产品出口达 1421 亿美元，是全国出口的 1/3。我国生产的电视机、DVD、电话机、手机、显示器等 10 多种产品，连续多年居世界产量第一。电子信息产业的就业岗位，每年以几十万的增量增加，成为沿海发达地区吸纳内地劳动力的主要行业之一。

回顾历史，25 年时间，我国把一个新兴产业从无到有地培养成世界第二（据日本电子信息技术工业协会统计，2003 年日本电子工业产值为 1813 亿美元，而中国为 2260 亿美元），其成就，用“奇迹”来形容，决不为过。这是改革开放的硕果，是党的解放思想，实事求是，与时俱进思想路线的胜利。

二、以科学发展观分析产业：大而不强

历史跨入 21 世纪，党领导人民向全面建设小康社会的目标迈进。对已经成为中国支柱产业的电子信息产业来说，在这新的历史发展时期，应如何找到自己的定位，进而更好地发展，为国家富强，人民生活的提高做更大贡献，这是要认真研究的问题。我们应以求真务实的科学态度，实事求是地认真分析产业现状，找出存在的问题。

目前我国电子信息产业结构如下：

1. 地区结构。产业的地区分布主要集中在沿海省市。

其中广东省的电子信息产业销售收入占全国的1/3，出口额占全国的1/2。

2. 产品结构。中国的电子信息产品近2万亿元的销售收入中，软件只有1633亿元，软硬件比例失调。软件是核心技术之所在，不上去不行。

3. 技术结构。我国的电子信息产业以制造业为主，在制造过程中的工艺技术，产品中的集成电路、新材料、新型元器件的核心技术我国企业掌握不多，知识产权少。

4. 企业结构。在我国的电子信息产业中，跨国公司规模很大，而国内的企业要小得多。国内企业向大公司发展还有一段艰辛的路要走。

5. 资本结构。中国的电子信息产业，引进外资多，外资的资本实力雄厚。相对来说，国内企业资本实力要小得多。

总之，我国的电子信息产业，虽然在规模上已经足够大了，但总体上还不强。我们不仅跟美、日、欧等国家有差距，而且跟周边发展中国家如韩国、印度，在某些领域也有差距。大而不强，是中国电子信息产业的现状。

三、今后的任务：做电子强国

在现阶段和今后一个时期，电子信息产业要与时俱进，以科学的发展观为指导，规划未来的发展道路。

首先要继续做大。只有继续做大，才能面对竞争的压力，满足人民日益增长的需要和社会经济发展对信息化的要求。但做大不是惟一的目标，要使这个产业在今后继续快速发展的同时，逐步做强。

其次是要做电子信息强国。一方面要把产业本身做强，在国际竞争中综合实力排在前列；另一方面要用信息技术为国民经济各行各业服务，使中国的工业化和信息化水平快速提高，增强国家的综合国力。只有国家信息化水平和产业发展水平同时提高，才是真正意义的电子信息强国。

从电子信息产业本身做大做强看，一是要继续进行结构调整，使产业的区域结构、产品结构、技术结构、企业结构等各方面更趋合理，更符合产业发展内在规律的要求。特别是国内企业要尽快改革改制，适应国际竞争的要求。二是要提高中国电子信息产业的核心竞争力。核心竞争力在信息产业表现为核心技术、专利、知识产权等，也表现为管理技术、管理经验、企业家素质和产业的整体人力资源素质。这只能靠建立学习型组织，在发展中不断提高。提高核心竞争力，企业是主体，但政府在创造良好的发展环境方面也有不可替代的作用。三是要走出去，中国的电子信息产品出口已占全国出口的1/3。多年的市场竞争使我国的一些大公司已具备到国外竞争的实力，政府应帮助企业想方设法走出去。当中国拥有一批自己的电子跨国公司的时候，我们离电子强国的目标就不远了。

从国民经济信息化的角度看，电子信息产业可为各行业提供技术先进，质量可靠，服务优良的产品。用信息化带动工业化，首先表现为对传统工业的改造，使之恢复活力，跟上信息时代的发展要求。信息化带动工业化还包括对传统农业、传统服务业的改造，使之适应工业化、信息化的要求。在农村城镇化、农业产业规模化、农产品市场信息化、良种培育、节水农业等方面，必须靠信息技术去支撑，这才叫跨越式发展。

目　　录

Ⅰ　综　　述

Ⅱ　制　造　业

Ⅲ　软　件　产　业

Ⅳ 进出口情况

I 综　述

2003 年电子信息产业主要统计指标完成情况

指　标　名　称	计算单位	2003 年	2002 年	增长（%）
产品销售收入	亿元	18800.0	14000.0	34.0
利税总额	亿元	1038.0	860.0	20.7
其中：利润总额	亿元	750.3	600.0	25.1
工业增加值	亿元	4000.0	2980.0	34.2
资产总额	亿元	14341.8	12109.6	18.4
负债总额	亿元	8679.7	7105.8	22.1
流动资产平均余额	亿元	8570.6	6591.8	30.0
产成品存货	亿元	875.3	738.0	18.5
应收帐款净额	亿元	3501.7	2595.4	34.9
年末从业人员	万人	408.0	326.0	25.2
进出口总额	亿美元	2742.8	1771.7	54.8
其中：进口总额	亿美元	1321.8	851.3	55.3
出口总额	亿美元	1421.0	920.4	54.4
软件产品及系统集成收入	亿元	1633.1	1100.0	48.5
其中：软件产品收入	亿元	836.7	660.5	26.7
系统集成及计算机服务收入	亿元	796.4	439.5	81.2
软件产品出口额	亿美元	20.0	15.0	33.3

注：表中数据已扣除“嵌入式软件”的重复部分

电子信息产业完成情况图表

电子信息产业与全国工业各主要指标情况

单位：亿元

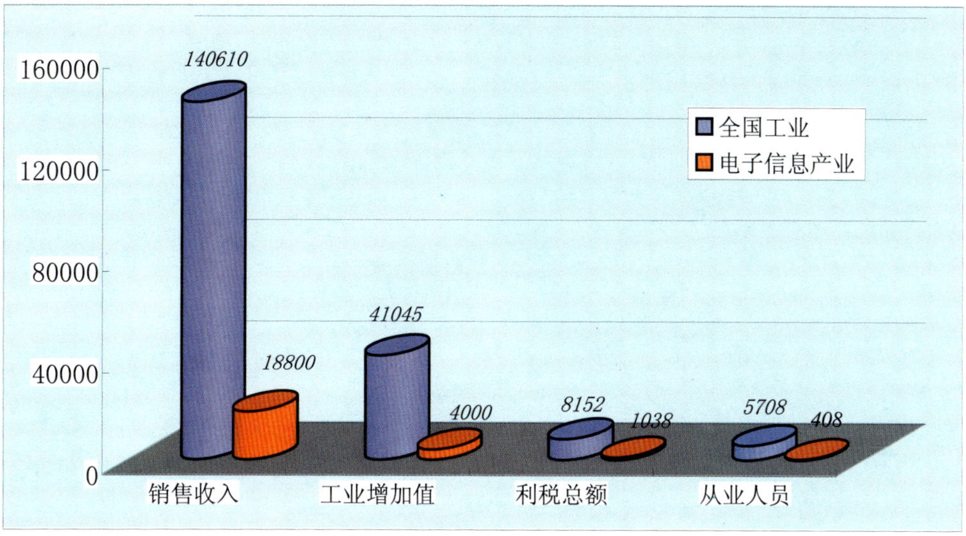

各工业行业完成产品销售收入情况

单位：亿元

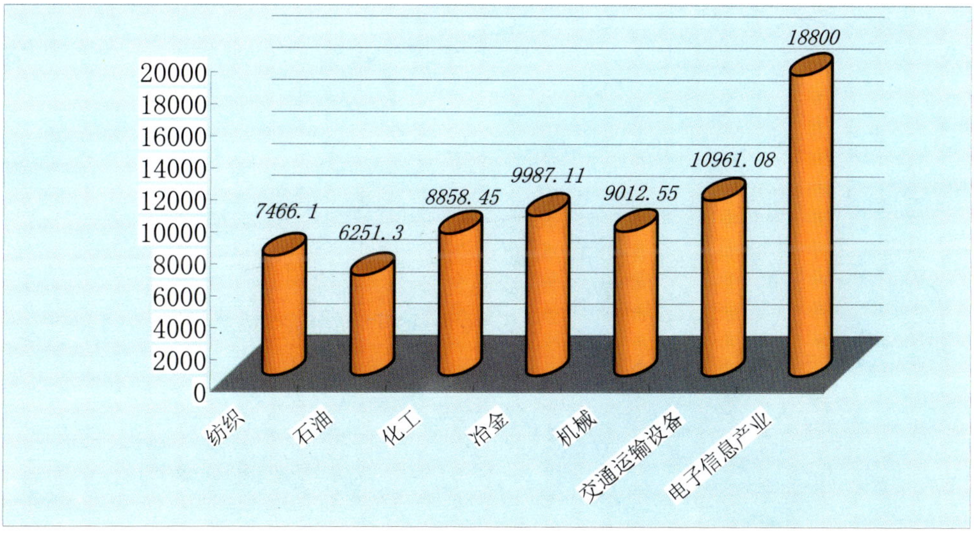

各类产品占全行业比重

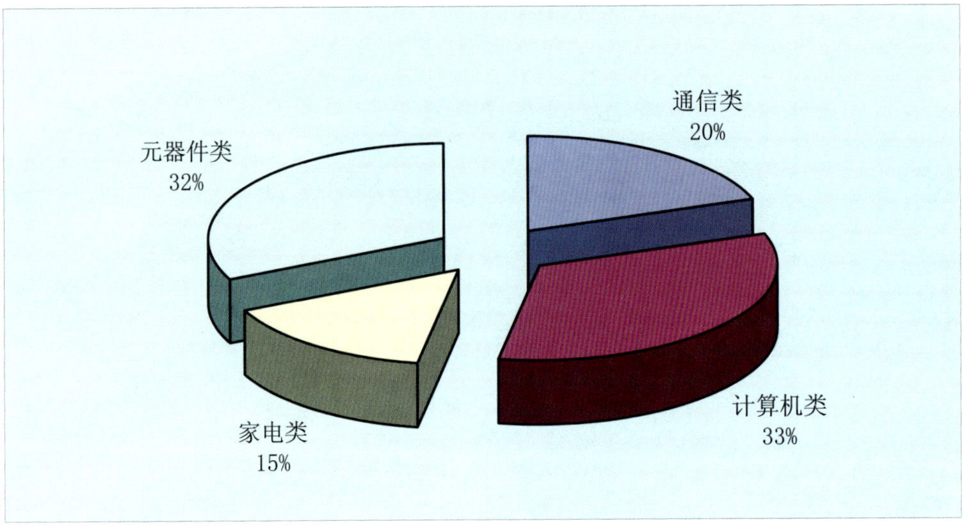

各经济类型占全行业比重

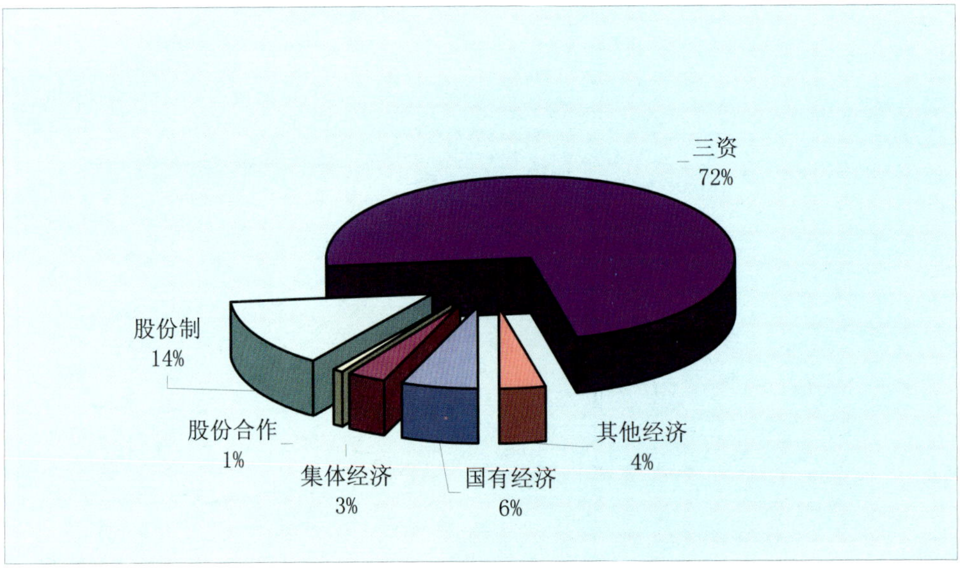

各地区电子信息产业分布情况

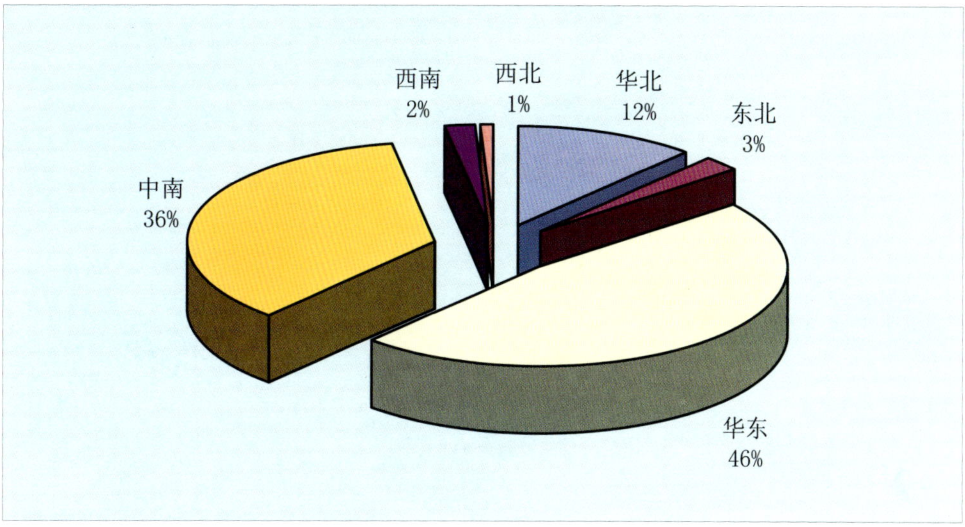

产品销售收入前十名省市

单位：亿元

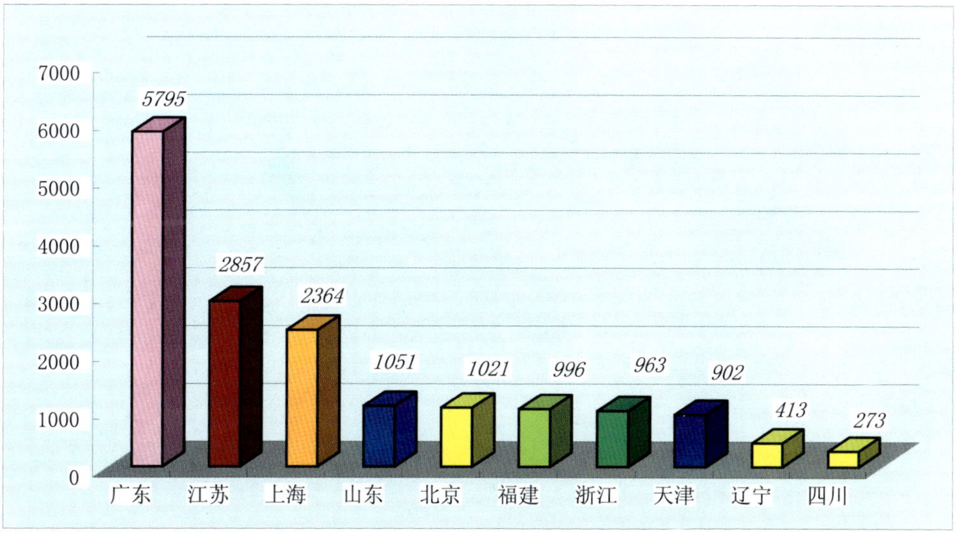

各行业实现销售收入情况

单位：亿元

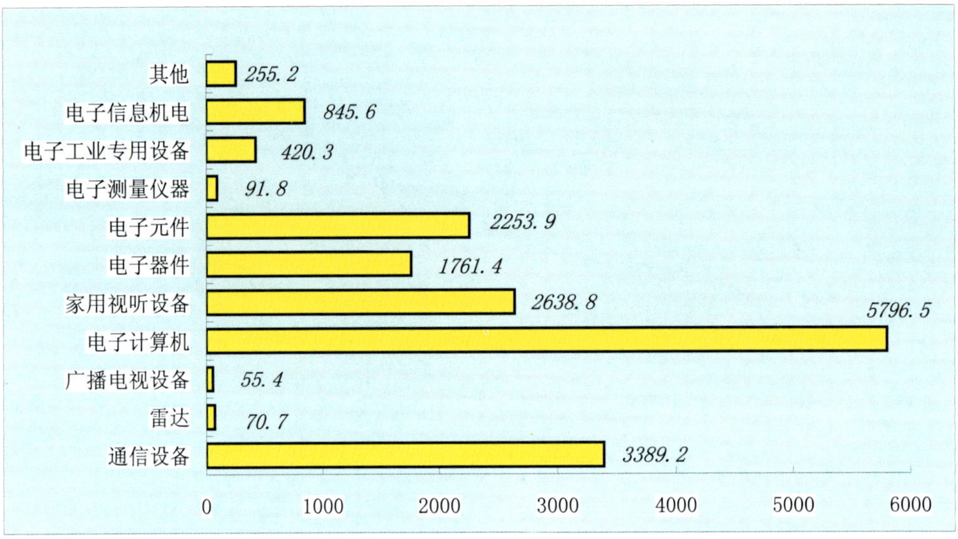

各经济类型销售收入情况

单位：亿元

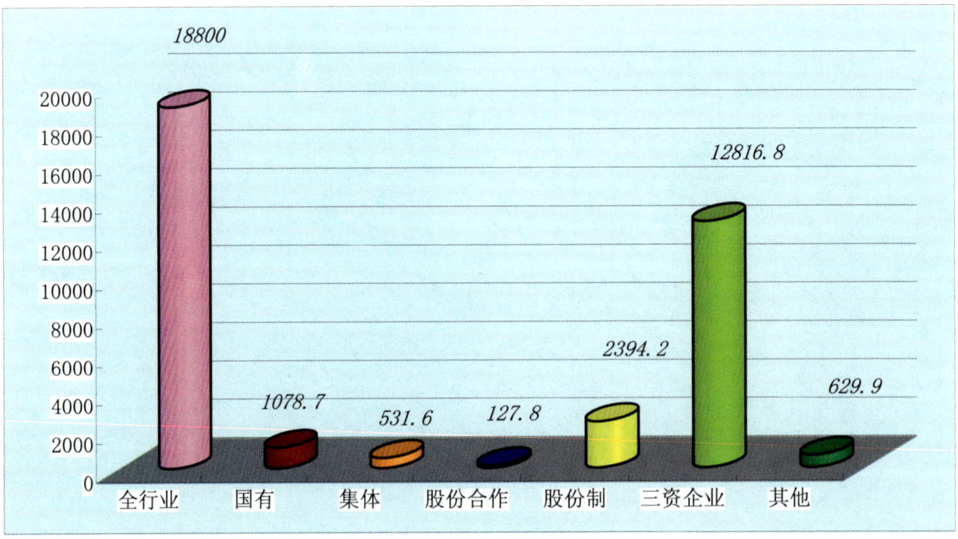

各经济类型实现利税情况

单位：亿元

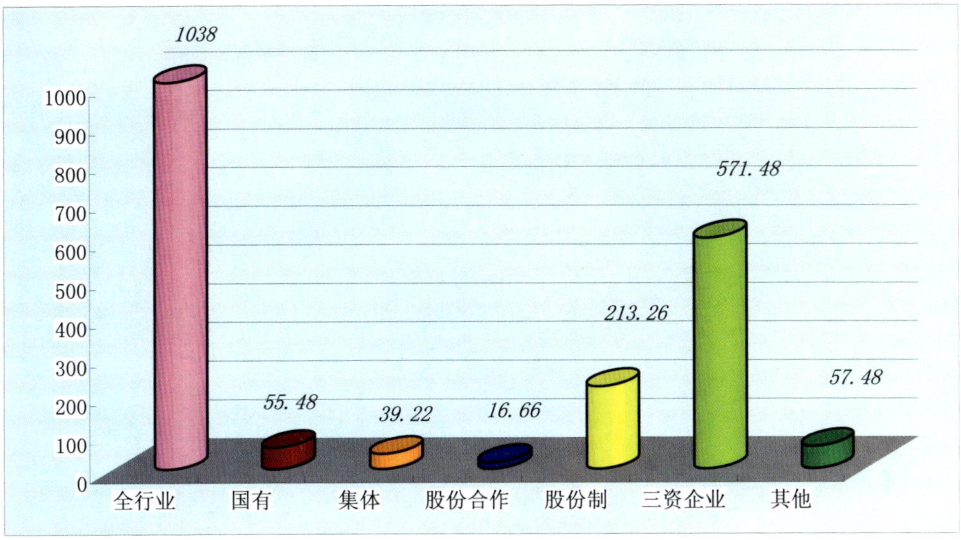

各行业实现利税情况

单位：亿元

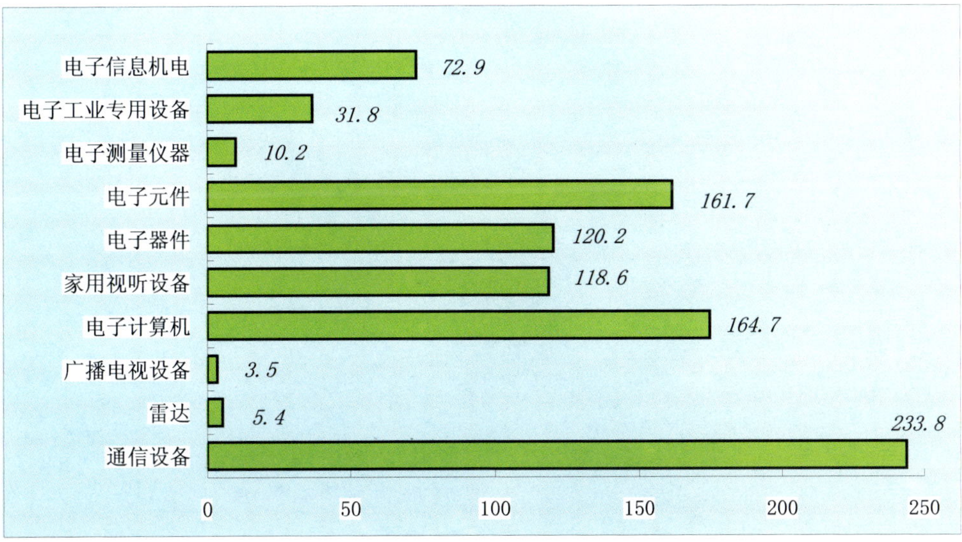

各经济类型实现利润情况

单位：亿元

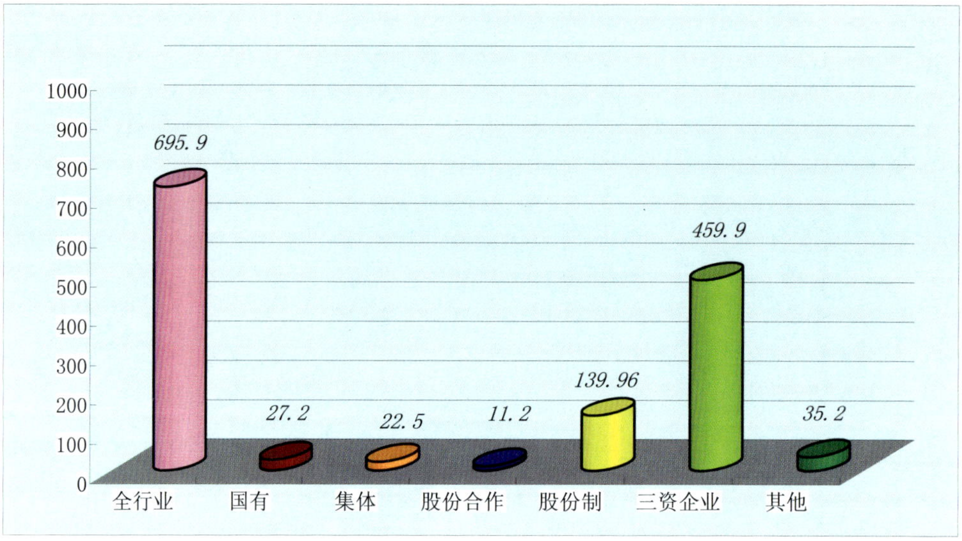

各行业实现利润情况

单位：亿元

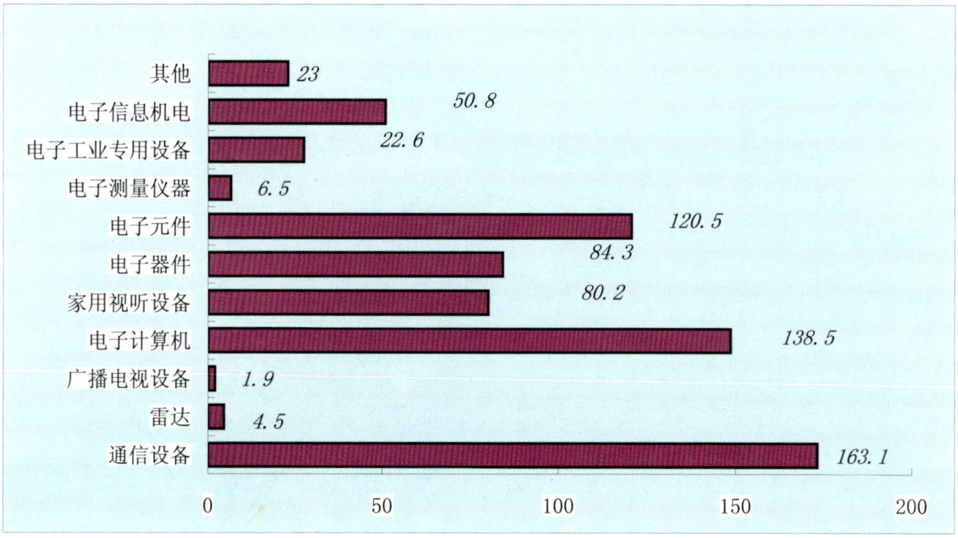

1998年～2003年软件及系统集成销售收入情况

单位：亿元

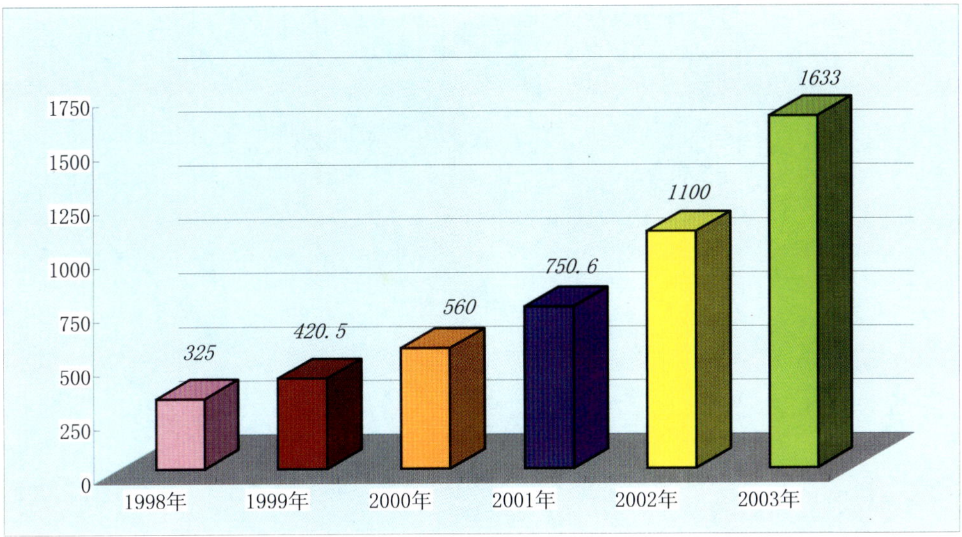

1998年～2003年软件产业经济增长情况

单位：%

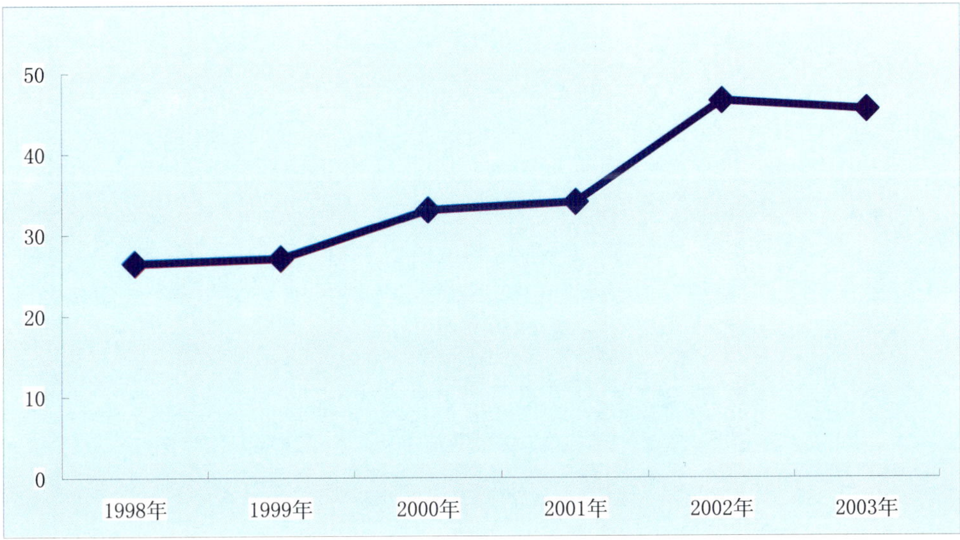

2003年软件企业规模分布情况

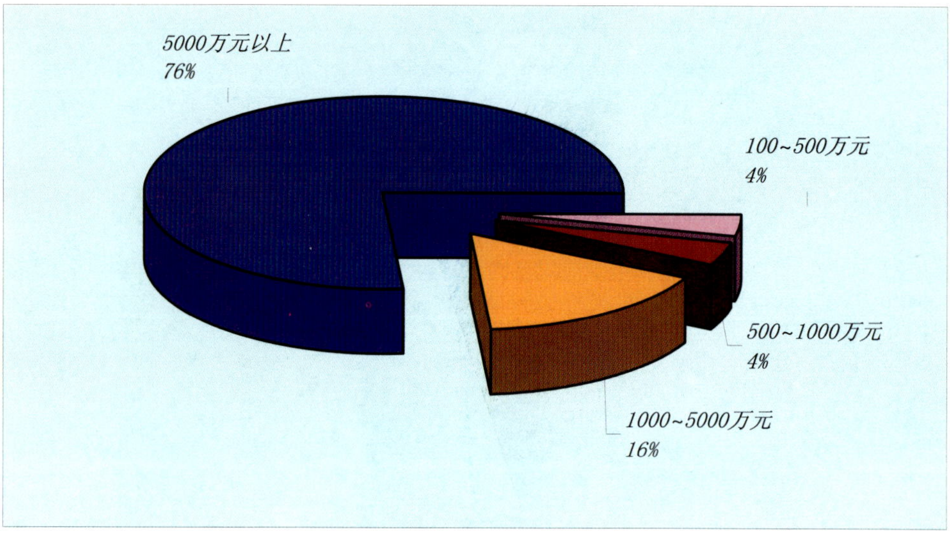

2001年~2003年实力强的软件企业增长情况

单位：个数

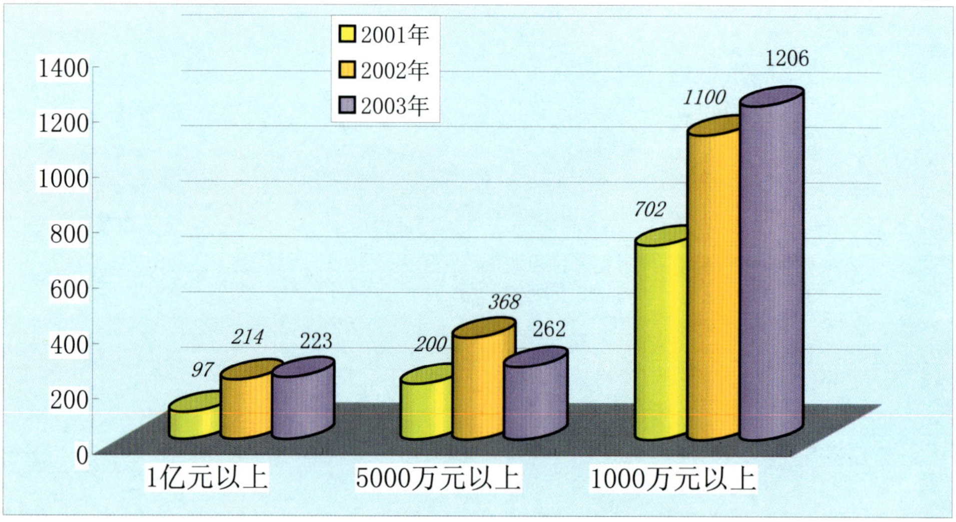

2003年软件及系统集成销售收入按企业类型构成情况

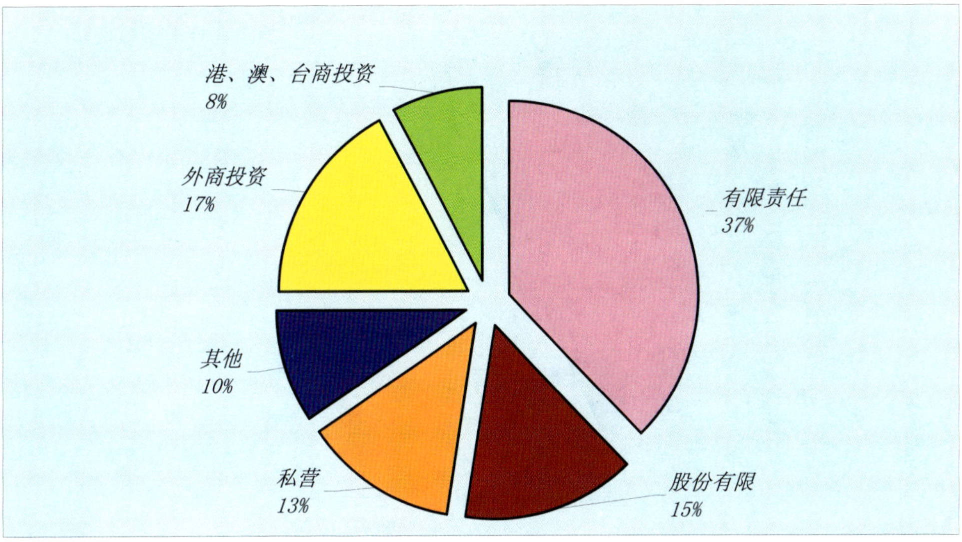

2003年软件产业地区分布情况

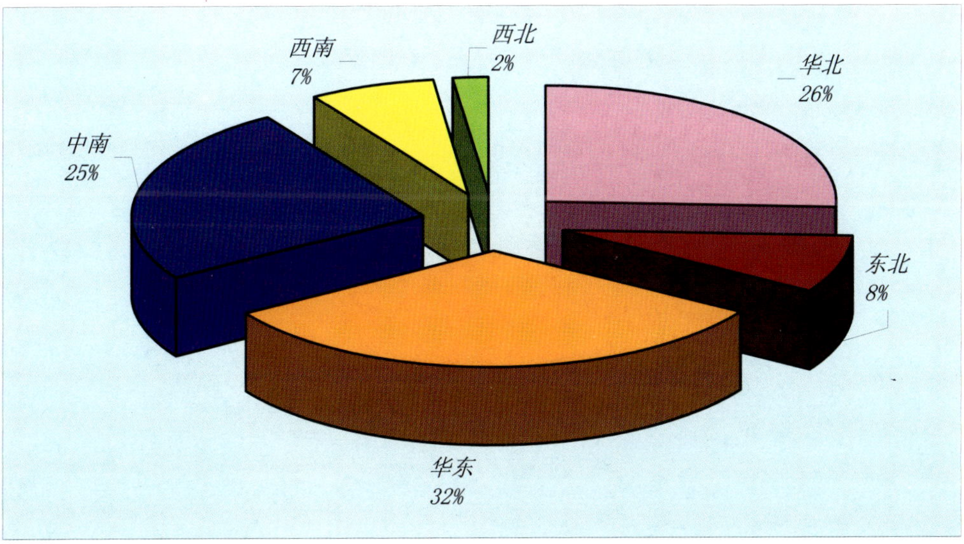

2003年软件及系统集成销售收入前十名省市情况

单位：亿元

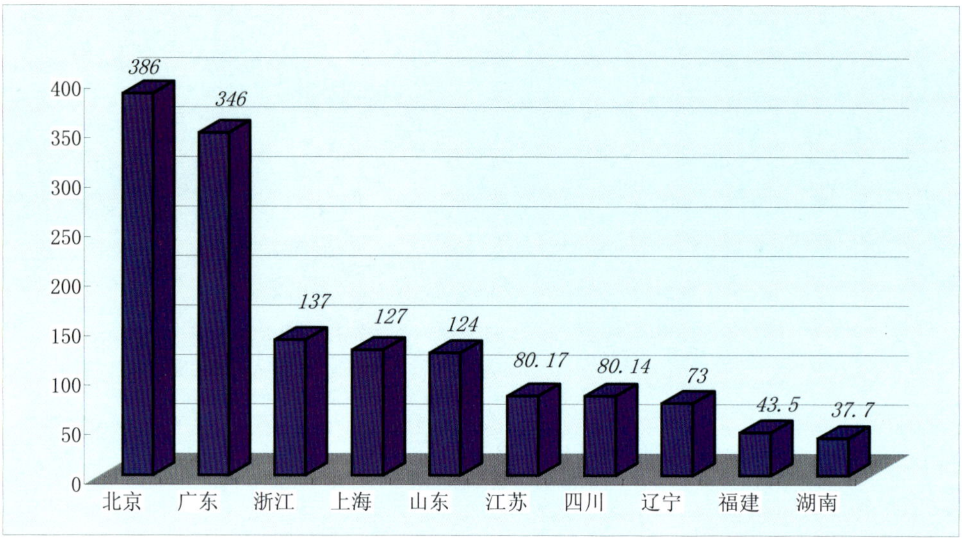

2003年软件产品结构情况

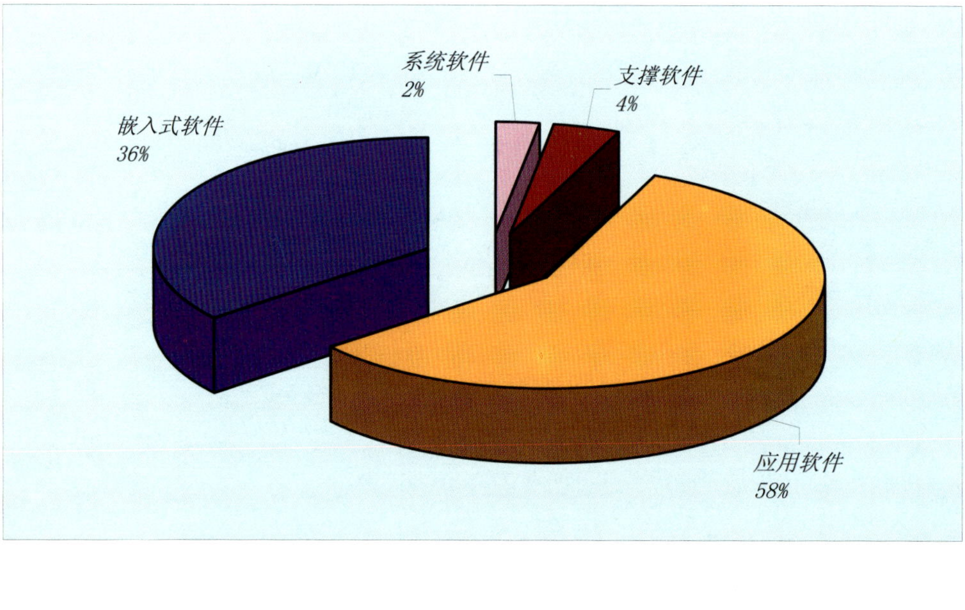

2000年~2003年软件产业从业人员人数情况

单位：万人

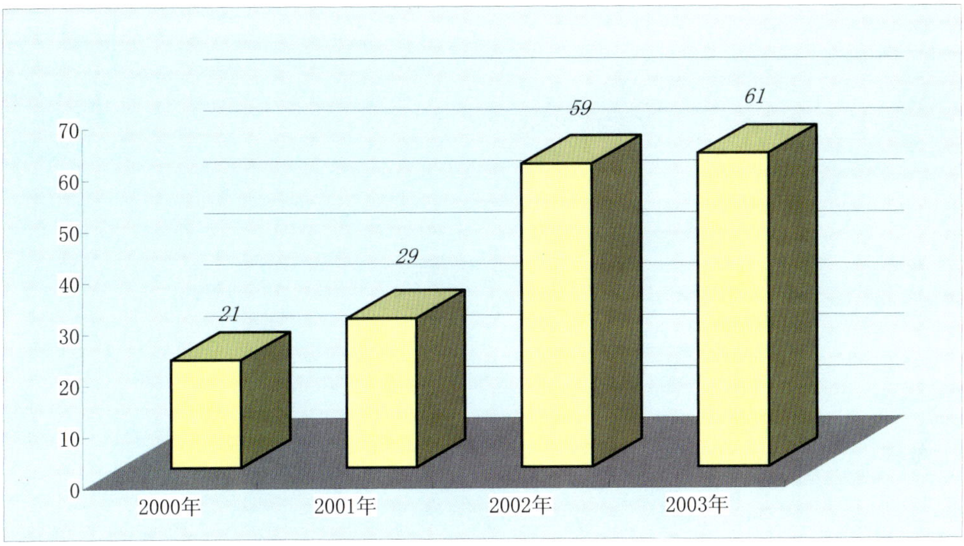

2003年软件产业从业人员构成情况

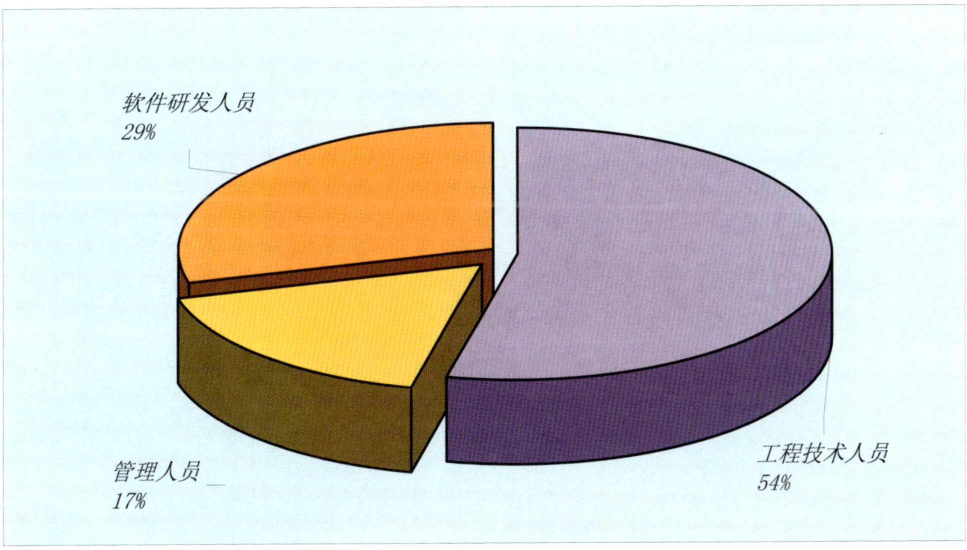

2003年电子信息产业进出口与全国进出口对比情况

单位：亿美元

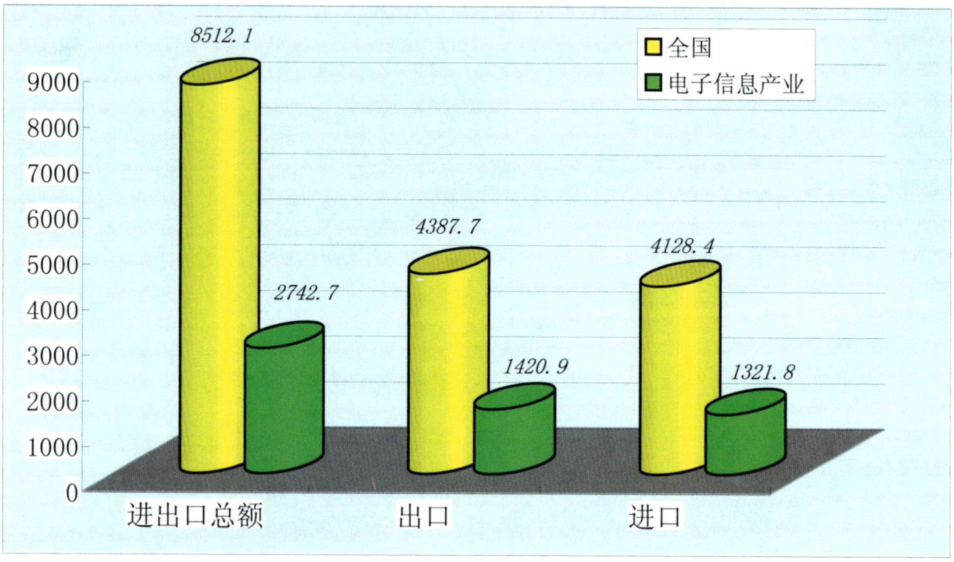

2003年电子信息产业出口各类产品构成情况

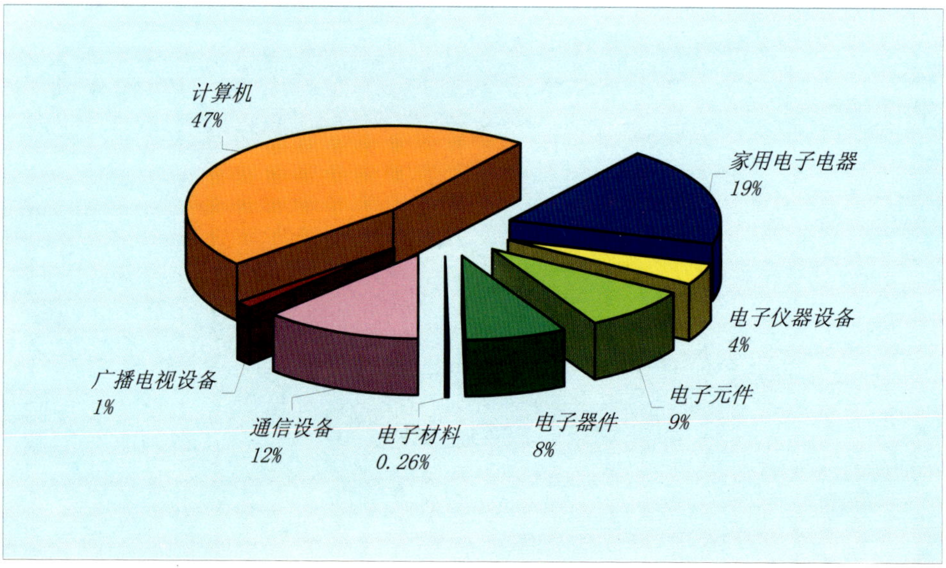

2003年各经济类型企业出口情况

单位：亿美元

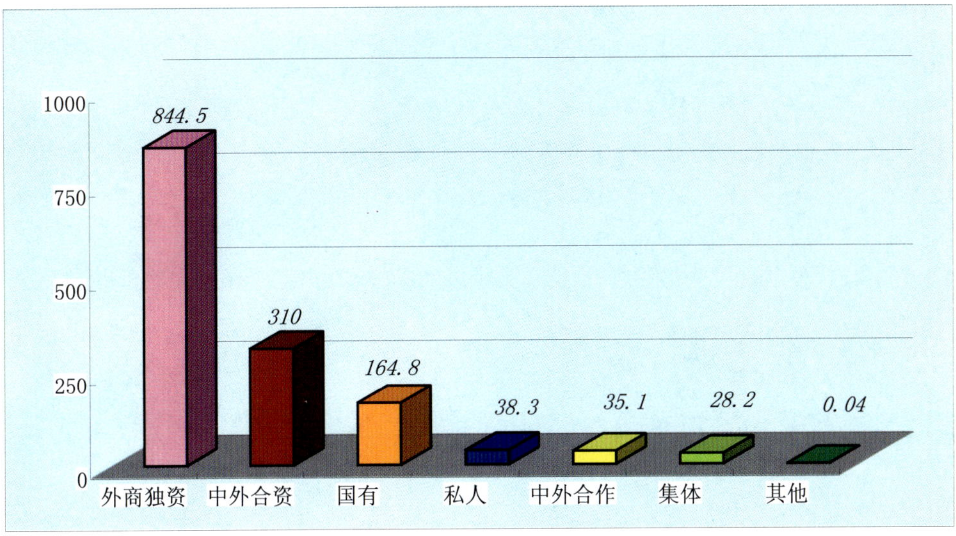

2003年各贸易方式出口情况

单位：亿美元

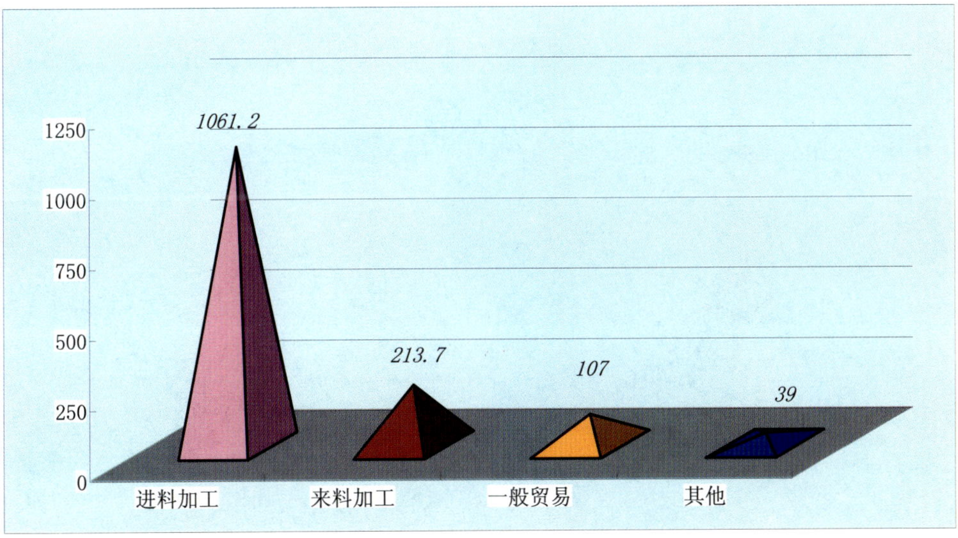

2003年各经济类型企业进口情况

单位：亿美元

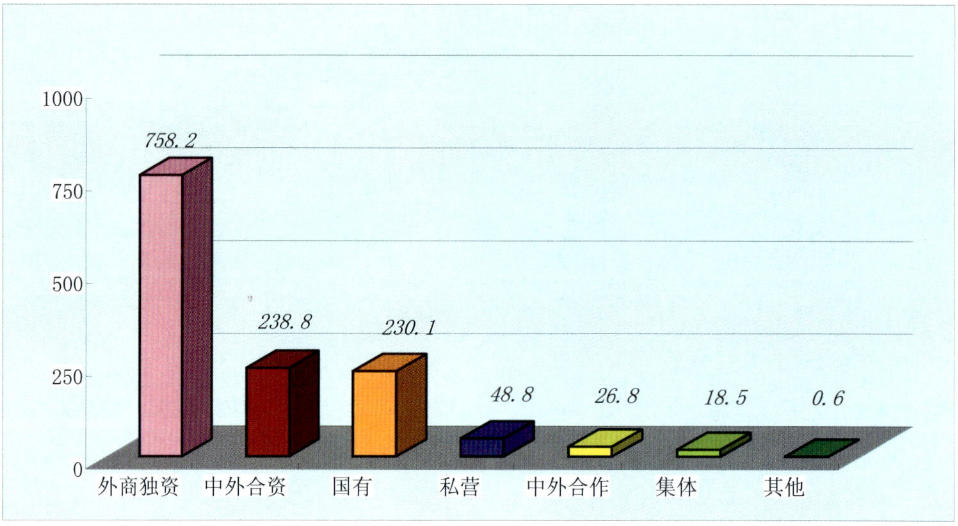

2003年各贸易方式进口情况

单位：亿美元

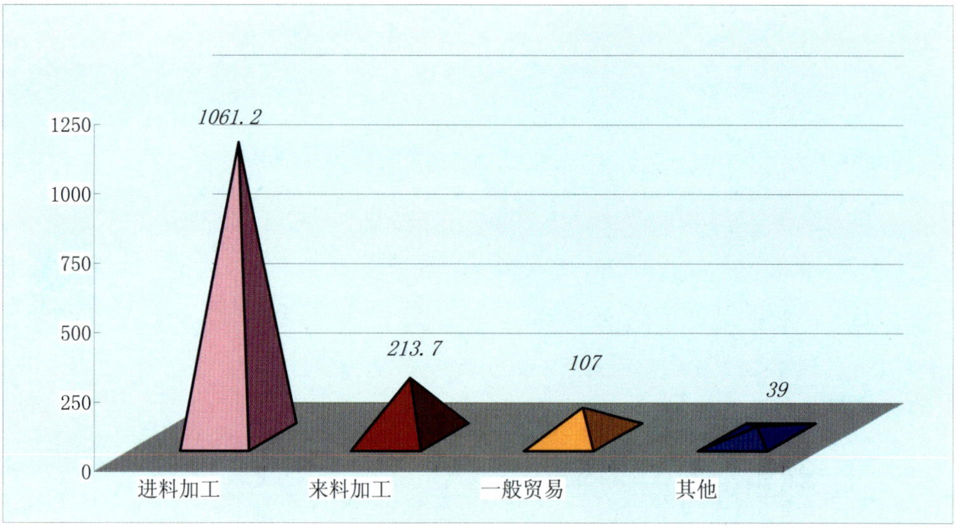

2003年电子信息产业经济运行统计公报

2003年电子信息产业尽管面对错综复杂的国际形势和不断加剧的市场竞争，以及全球IT产业增长缓慢、国际经济贸易摩擦加剧、非典等自然灾害带来的不利影响，在党中央、国务院正确领导下，抓住机遇，努力克服困难、团结奋斗、沉着应对，保证了全行业经济运行持续、快速、协调、健康发展。

一、基本情况

2003年，电子信息产业产销继续保持快速发展，产业结构不断调整，经济效益继续提高。全行业实现销售收入1.88万亿元，增长34.3%；完成工业增加值4000亿元，增长34.2%；利税总额1038亿元，增长20.7%，其中利润750.3亿元，增长25.1%；电子信息产品出口额1421亿美元，增长54.4%。

（一）**全行业蓬勃发展，企业数量剧增**。2003年我国电子信息产业经济运行继续朝良好方向发展，企业数量进一步增加，累计到年底全行业拥有企业个数16110个（见图1），比2002年增长17.5%。其中：电子制造业为10596家，比上年增长了17.7%，增幅超过全国工业11.1个百分点。特别是元器件行业增长最快，增幅超过全行业11.9个百分点。软件业在国家各项优惠政策的扶持下产业发展更加迅猛，企业个数大幅度增长，2003年全行业拥有规模以上软件企业5514家，比上年增长了17.3%。

单位：个

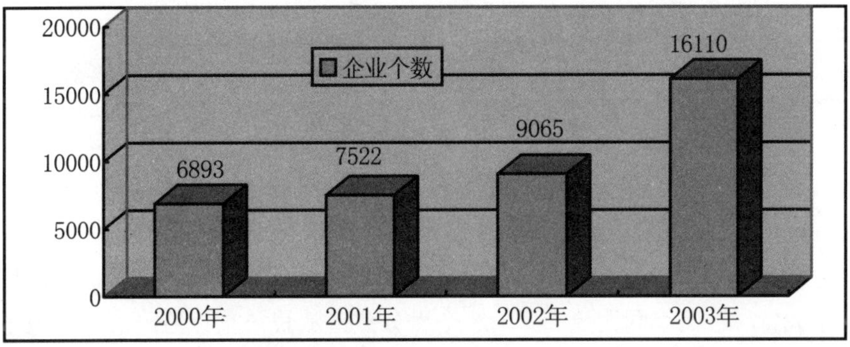

图1　电子信息产业企业个数

（二）**产业规模继续扩大，三年翻一番**。进入21世纪以来，全行业发展速度始终高于全国工业平均增长水平，产业规模发展不断扩大，2003年全行业完成产品销售收入18800亿元（见图2），比2000年翻一番。

党的十六大明确我国全面建设小康社会的奋斗目标是，国内生产总值到2020年力争比2000年翻两番，而我国电子信息产业仅用了三年时间其销售收入就翻了一番。

单位：亿元

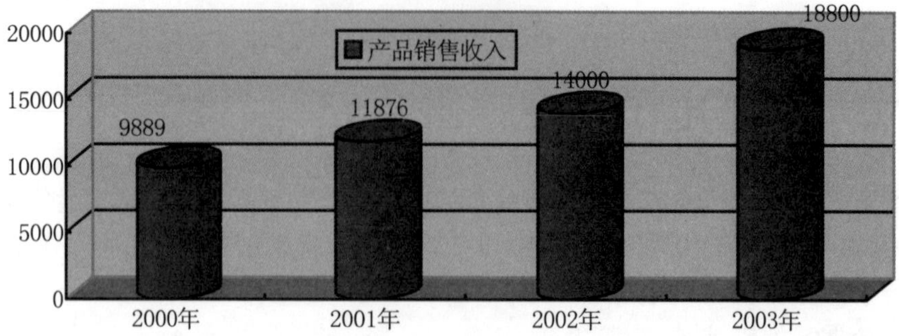

图 2　全行业完成产品销售收入同比增长情况

（三）经济效益显著，利税总额突破 1000 亿元。2003 年，电子信息产业全行业经济效益发展继续保持在较好水平，全年实现利税总额首次突破 1000 亿元，达到 1038 亿元（见图 3），同比增长达 20.7%，其中：上缴国家税金总额 287.7 亿元，同比增长为 10.7%，三年来第一次实现上缴国家税金摆脱全行业负增长的状况，是我国电子信息产业对国家贡献最大的一个年份。

单位：亿元

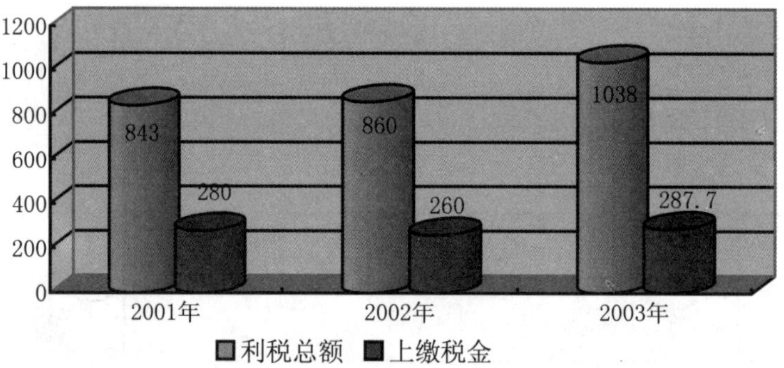

图 3　全行业实现利税总额情况

（四）生产瞄准市场，主要产品产销两旺。2003 年，全行业产销衔接进一步好转（见表 1），产销率为 98%，比上年同比提高了 0.3 个百分点；从我司重点监测的主要电子产品完成情况看，大部分产品产销趋旺，特别是一些新型电子产品产销增长大幅度上升；如移动通信手机、微机、显示器、集成电路等产品同比增速均超过 30%以上。

表 1　2003 年主要产品产销量

产品名称	计算单位	生产量		销售量		出口额（亿美元）	
		累计	增减%	累计	增减%	累计	增减%
移动通信手机	万部	18644	54.5	18321	56.1	73.8	39.4
程控交换机	万线	5807	39	5387	34.6	4.5	81.8
彩色电视机	万台	6521	30.3	6500	23.8	25.6	16.6

续表

产品名称	计算单位	生产量		销售量		出口额（亿美元）	
		累计	增减%	累计	增减%	累计	增减%
微型计算机	万台	3216	98	3083	98.9	22	55.5
显示器	万台	7326	56.2	7373	55.2	95.7	62.4
彩色显像管	万只	9051	16.1	8906	15.7	7.5	17.7
集成电路	亿块	124.1	37.5	122.5	40.5	59.7	165.7

（五）"走出去"战略初见端倪，出口继续大幅增长。2003 年，我国电子信息产品出口继续保持良好发展态势（见图 4），增速高出全国出口 19.8 个百分点，占全国出口总额的 32.4%，对全国出口增长贡献率为 44.4%，是继续拉动全国外贸出口的主要力量。

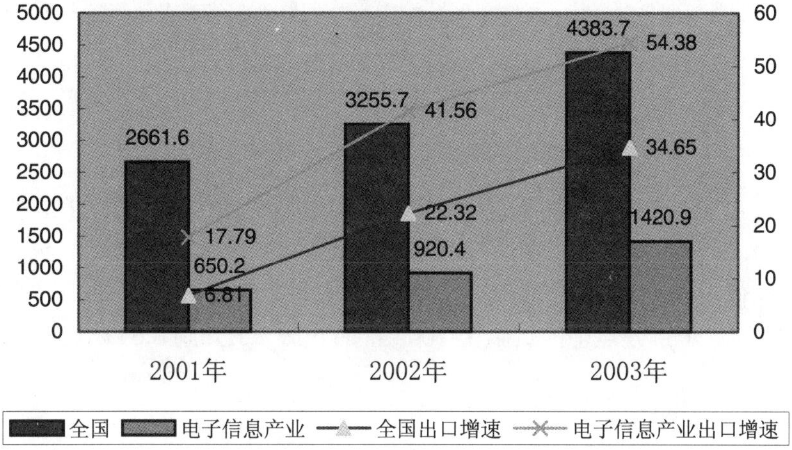

图 4　电子信息产业出口情况

（六）与国内其他工业行业相比，产业规模继续领先。2003 年电子信息产业发展继续保持快速增长，高出全国工业发展速度 17.2 个百分点；产业规模不断扩大，全行业完成产品销售收入继续领先全国工业各行业之首（见图 5）。

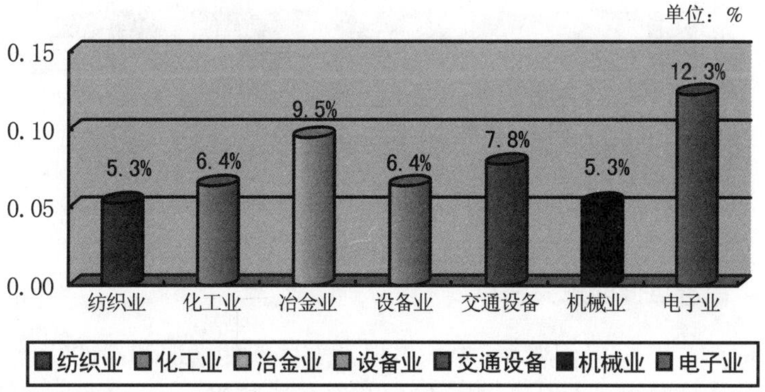

图 5　各行业规模占全国工业比重

（七）为全国就业增长做贡献，从业人员进一步增加。2003 年电子信息产业全行业从业人员 408 万人，比 2002 年增加了 82 万人，增长了 25.2%（见图 6）。其中：电子制造业从业人员比 2002 年增长了 10.4%，增速高出全国工业增幅 5.8 个百分点，占全国工业从业人员的比重由 2002 年的 5.9%提高到 2003 年的 6.2%，进一步推动了全国就业人员的增加，为提高我国就业增长做出了新贡献。

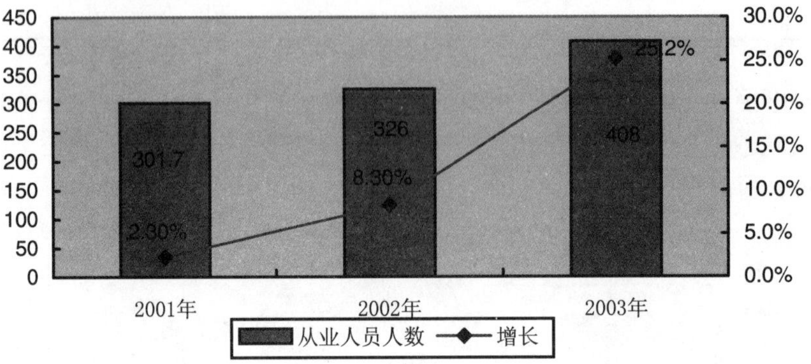

图 6　2001 年～2003 年电子信息产业从业人员增长情况

（八）发挥"引擎"作用，拉动全国 GDP 进一步增长。2003 年电子信息产业的快速发展，对全国 GDP 增长的拉动作用进一步增强，对我国国民经济增长的贡献率不断提高。全年全行业完成工业增加值占全国 GDP 的比重由 2002 年的 3%上升到 3.4%，提高了 0.4 个百分点。对国民经济增长 9.1 个百分点中的贡献由 2002 年的 0.39%上升到 0.64%，提高了 0.25 个百分点（见图 7）。

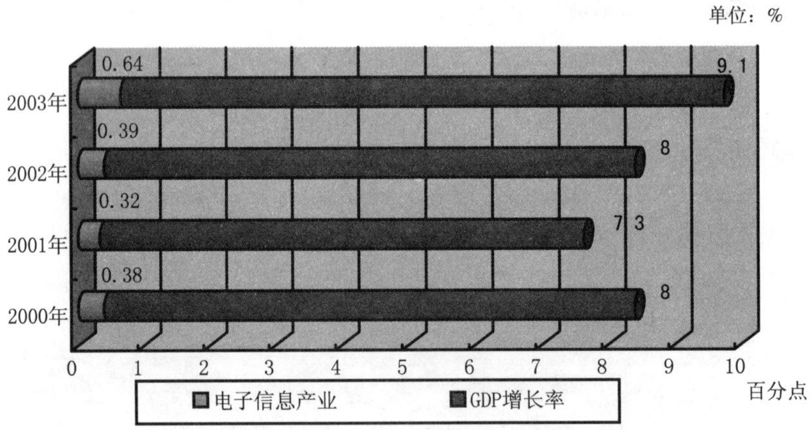

图 7　2000 年～2003 年电子信息产业占全国 GDP 的比重

二、2003 年经济运行的主要特点

2003 年，电子信息产业经济运行中，出现了一些新的情况和新的特点。

（一）产业结构调整继续加快，计算机行业增长迅速提高。2003 年电子信息产业结构调整明显加快，电子专用设备和计算机类产品生产快速增长，增速分别超过全行业发展速度 11.6 和 30.9 个百分点。特别是计算机类产品的产销规模占全行业比重迅速攀升，由 2002 年 27.3%

上升到2003年的33%，提高了5.7个百分点，名列全行业之首。通信类、元器件类、家用视听类产品产销规模占全行业的比重由2002年21.6%、24.5%和16.8%下降到2003年的19.5%、22.9%和15%，分别下降了2.1、1.6和1.8个百分点（参见图8）。

单位：%

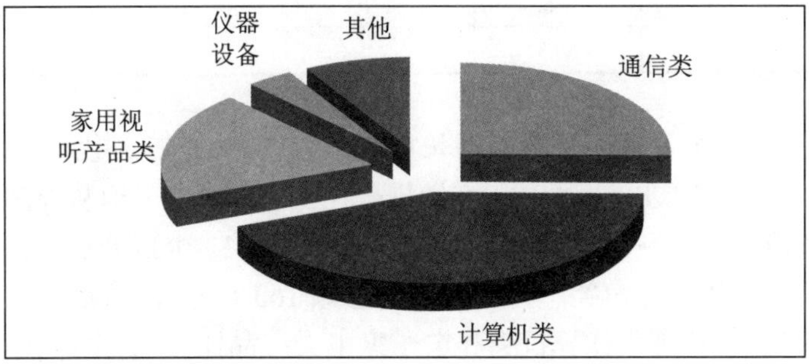

图8　各类电子产品占全行业比重

（二）**全行业经济效益稳步提高**。2003年全行业经济效益不断好转，经济效益综合指数指标为150.74%，比上年提高6.34个百分点，高出全国工业经济效益综合指数6.04个百分点，特别是全员劳动生产率和产品销售率是推动全行业工业经济效益指数增长的主要力量，比上年均有不同程度的提高，2003年全行业全员劳动生产率同比增长14%，产品销售率同比提高了0.18个百分点。（注：经济效益综合指数指标=总资产贡献率、资本保值增值率、资产负债率、流动资产周转率、成本费用利润率、全员劳动生产率、产品销售率等七项指标分别除以该项指标全国标准值，再分别乘以权数，加总后再除以总权数。）

（三）**全行业研发能力进一步增强**。2003年，我国各电子生产企业更加注重企业的研发能力，产品技术水平进一步提高，特别是对一些高附加值和高新技术产品的研发取得了长足进步。

软件和集成电路技术研发及产业化取得了新的进展，方舟、龙芯系列芯片和Linux软件等有自主知识产权产品有了新的突破；国内品牌手机企业对第二代移动手机的应用层软件、射频模块设计技术、核心芯片及协议层软件等开发方面也取得较大进展；通信系统设备研发取得了群体性的突破；大规模集成电路的研发达到了0.25～0.18μm水平，目前我国研发能力已快速进入国际主流技术水平。

（四）**国际市场开拓力度逐步显现**。目前，我国大部分电子企业不断加大开拓国际市场力度，产品出口进一步增加。特别是一些国内生产企业在稳定国内市场的同时逐步加大开拓国际市场，不断形成具有国际竞争实力的中国跨国公司，使我国电子信息产业的海外研发中心规模以及产品生产能力进一步增强。2003年，全行业电子家电类产品前5家、通信类产品前10家以及软件业前15家等生产企业均在国外建有研发中心或生产线，其海外市场的收入占本企业的总收入大部分都超过20%以上，为全行业出口增长做出了新的贡献。

（五）**三资企业对全行业经济增长的作用继续攀升**。2003年，由于国家对外商投资环境进一步好转，电子外商投资企业进一步增加，规模迅速扩大，拉动全行业经济增长的作用进一步增强（见表2）。2003年，电子信息产品制造业外商及港澳台投资企业3987个，占全行业企业个数的37.6%，但完成销售收入、利税总额、工业增加值、出口额占行业的比重均超过一半以上，分别为72.9%、59.9%、72.9%和83.7%，对全行业经济运行起到了重要作用。

表 2　2003 年各经济类型企业拉动行业经济增长情况

	发展速度%	拉动行业增长（百分点）	对全行业增长贡献率%
国有及国有控股企业	14.9	3.0	10
外商与港澳台投资企业	39.62	28.1	80.3
其他	59.3	3.1	9.7

（六）通信类产品为全行业经济效益增长贡献最大。2003 年，电子信息产业在国内外两个市场的拉动下，产业结构进一步调整，产销规模比例不断变化。但从经济效益增长状况看，虽然通信类产品产销规模占全行业比重小于计算机类产品 13 个百分点，对全行业经济效益增长的贡献率仍最大。2003 年通信类产品完成利润总额 163.1 亿元，位居全行业之首（见图 9），占全行业比重 32.9%，分别高出计算机类和电子家电类产品比重 13 个和 21.4 个百分点。2003 年通信类产品上缴国家税金 70.7 亿元，占全行业比重 27.4%；分别高出计算机类和电子家电类产品 17.2 个和 12.5 个百分点，是拉动全行业经济效益增长的重要力量。

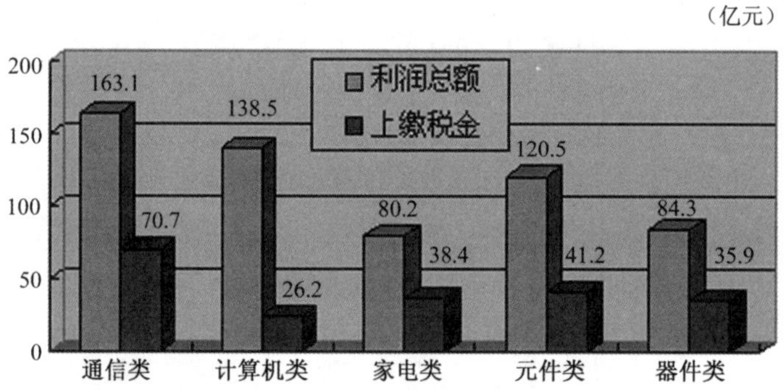

图 9　各类电子产品完成利税情况

（七）国内品牌手机企业内销市场份额继续扩大（见图 10）。2003 年以来，国内品牌手机生产企业充分发挥价格低、性价比高、服务好、消化吸收快、政策支持的比较优势迅速崛起。全年国内品牌 GSM 手机生产 4830 万台，销售 4732.9 万台，分别占手机总产量和总销量为 30%和 29.5%，占国内市场销售 54.7%，比 2002 年提高了 15.5 个百分点。波导、TCL、康佳、三家企业进入了全行业产、销前十名，生产、销售总量分别占国内品牌企业生产、销售

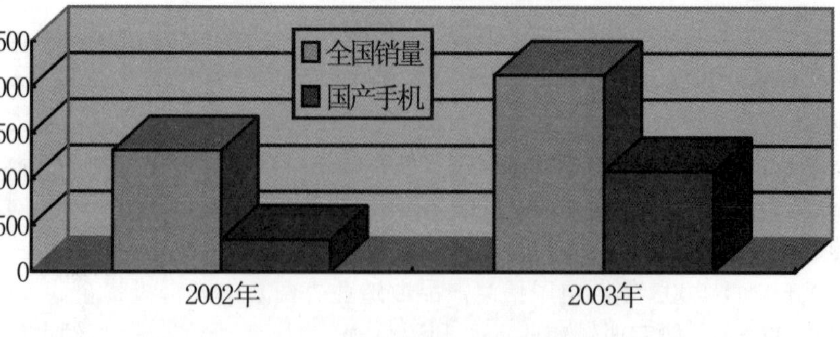

图 10　2003 年国内品牌手机占国内销量比重情况

总量的 56.6%和 56.3%，国内市场占有率为 31.6%。特别是波导企业的手机国内销售量已超过全部外资企业，跃居全行业第一。

（八）**软件产业快速成长**。2003 年以来，我国软件产业在 2002 年快速发展的基础上继续保持了较好的增长势头，对电子信息产业经济运行的支撑作用更加明显。2003 年软件企业认定达 8582 家，软件产品登记 1.8 万个，完成软件与系统集成收入 1633 亿元，同比增长 48.5%，完成软件出口额 20 亿美元，增长 33%，创历史最好水平。尤其是嵌入式软件随着信息化程度的加深，与传统产业日益紧密结合，并被广泛地应用于信息家电、通信产业及工业控制等众多领域，形成了前所未有的多学科、多领域的交叉融合，产品发展迅速增长，嵌入式软件收入占纯软件产品的比例不断提高，由去年的 40%提升到 50%以上，进一步推动了我国加快以信息化带动工业化的发展步伐。还有智能卡、工交卡、一卡通等产品随着我国智能技术水平和产品智能化应用的提高，产销也出现了大幅度增长，全年增幅高达 80%以上。

（九）**产业规模进一步向优势企业集中**。随着我部大公司、大集团战略的不断推进，各电子企业经济体制改革的不断深入发展，经济规模继续向优势企业集中、人才继续向优秀企业流动、市场份额继续向名牌产品扩大，全行业不断形成一批具有国际竞争实力的大公司、大集团企业，特别是还出现了一些中国企业的跨国公司，如，海尔、华为、创维、TCL、联想等大企业在国外均设有生产企业或研发中心，在国际市场上也形成了一定的竞争实力。这些企业的快速成长对全行业的支撑作用进一步增强。电子百强企业 2003 年完成产品销售收入 6299.6 亿元（见表 3），同比增长 19%；实现利税 479 亿元，同比增长 16.4%，其中：实现利润 256.8 亿元，同比增长 15%，分别占全行业的 33.5%、46.1%和 34.2%。

表 3　2003 年百强企业占全行业比例情况

单位：亿元

	销售收入	同比增长%	利税总额	同比增长%	利润	同比增长%
全行业	18800	34	1038	20.7	750.3	25.1
百强企业	6299.6	19	479	16.4	256.8	15
百强占全行业比重	33.5%		46.1%		34.2%	

（十）**沿海地区增速依然强劲**。2003 年，长江三角洲地区电子信息产业发展增速继续强劲，上海、江苏等省市的增幅分别达到 75.5%、64.2%，均超过全行业平均水平 20 个百分点以上。东南部沿海地区 8 个省市的产品销售收入和利润总额分别占全行业的 90.8%和 88.1%；特别是广东省电子信息产业仍是全行业经济增长的重要力量，其销售收入、利润总额均接近全行业总量的 1/3。

产业规模前 8 个地区占全行业比重情况如图 11 所示。

三、当前经济运行所面临的主要问题与 2004 年发展展望

当前，电子信息产业发展仍存在着一些矛盾和问题，一是结构性矛盾以及低水平重复建设问题仍制约着电子信息产业的快速发展；二是国际贸易磨擦不断增加；三是国内市场竞争将进一步加剧。

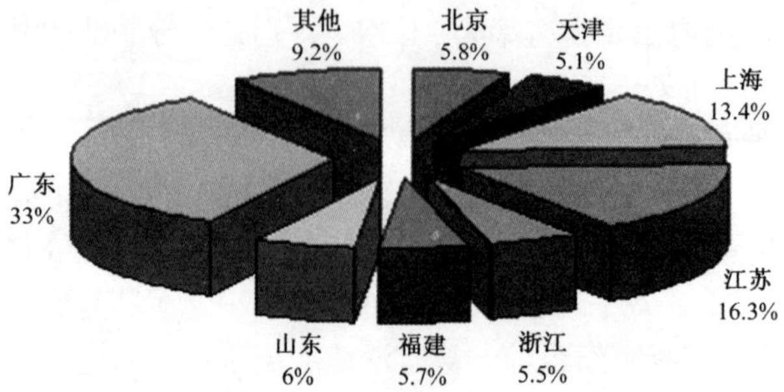

图 11　产业规模前 8 个地区占全行业比重情况

2004 年是电子信息产业深化环境、扩大开放、加快发展的重要一年，仍然是机遇与挑战并存。在新的一年里，市场需求将进一步稳中有升，电子通信类和计算机类产品将有较大幅度增长，全行业经济效益继续看好，经济运行总体态势将继续保持持续、健康、快速的发展。

信息产业部经济体制改革与经济运行司

2004 年电子信息产业经济运行调控目标及工作要点

2004 年是实现“十五”计划的关键一年，也是全面落实党的十六大和十六届三中全会精神的重要一年。电子信息产业经济运行工作要以邓小平理论和“三个代表”重要思想为指导，按照全国经济工作会议和全国信息产业工作会议的部署，突出电子信息产业经济运行的宏观调控和经济调节两大重点，强化市场监管职能，不断调整产业结构，努力开拓国内外市场，保证全行业快速、健康发展。

一、2003 年经济运行情况回顾

2003 年电子信息产业坚持深化改革，加大结构调整和科技创新力度，克服“SARS”带来的不利影响，努力开拓国际、国内市场，全行业经济运行保持了健康发展态势。

产业规模发展三年翻一番。电子信息产业全行业实现产品销售收入 18800 亿元，同比增长 34.3%；比 2000 年翻一番；完成工业增加值 4000 亿元，同比增长 34.2%。

经济效益总体水平继续提高。2003 年全行业实现利税总额 1038 亿元，同比增长 20.7%。上缴国家税金总额 287.7 亿元，同比增长 10.7% ，自 2002 年以来首次改变了全行业上缴国家税金负增长的局面。

产业发展继续保持快速增长。2003 年，全行业工业增加值增长速度高于全国工业平均增长速度 17 个百分点，对全国工业增长贡献率为 17.2%，在全国工业增长速度 17 个百分点中拉动了 2.9 个百分点，是拉动全国工业增长的主要力量。

全行业产品出口突破 1000 亿美元。2003 年，我国电子信息产品出口总额 1421 亿美元，同比增长 54.4%，增速高出全国出口增速 19.8 个百分点，占全国出口总额的 32.4%，对全国出口增长贡献率达到 44.4%。

产业规模进一步向优势企业集中。随着信息产业部大公司、大集团战略的不断推进，以及企业经济体制改革的不断深入，产业规模进一步向优势企业集中，电子信息百强企业 2003 年完成产品销售收入 6299.6 亿元，同比增长 19%；实现利税 479 亿元，同比增长 16.4%，其中：实现利润 256.8 亿元，同比增长 15%，分别占全行业的 33.5%、46.1%和 34.2%。

软件产业在 2002 年快速发展的基础上继续保持了较好的增长势头，对电子信息产业经济运行的支撑作用更加明显。全年软件产业共完成软件与系统集成收入 1633 亿元，同比增长 48.5%，创历史最好水平。嵌入式软件与传统产业紧密结合，广泛地应用于信息家电、通信产业及工业控制等众多领域，发展迅速，其占纯软件产品的比例不断提高，已由 2002 年的 40%提升到 50%以上，智能卡、公交卡、一卡通等产品的产销也出现了大幅度增长，增幅高达 80%以上。

二、2004 年经济运行形势分析

2004 年，电子信息产业经济运行面临着不少有利条件。十六大确立了全面建设小康社会的目标，有利于激发社会各界的发展热情，增强对经济的拉动作用，三中全会通过的《中共中央关于完善社会主义市场经济体制若干问题的决定》，将有力地推动改革和体制创新步伐的加快，清除制约经济发展的体制性障碍，进一步改善经济发展环境。国家实施积极财政政策和稳健货币政策，形成了比较系统的宏观调控经验，为我国经济发展创造了良好的发展环境。“十五”计划连续三年安排的重大投资项目陆续发挥作用，经济增长质量和综合国力进一步提高，为即将到来的新一轮增长周期打下良好的基础。世界经济的复苏，有利于我国进一步利用国际市场和资源，实现资源的优化配置，促进经济增长质量的提高。

（一）2004年面临的有利因素

1. 当前，我国正处在一个新的重要战略机遇期，经济全球化和全球信息化为我国信息产业扩大出口、吸引外资，为产业的结构调整和技术进步创造了一个非常难得的机遇。

2. 随着党的十六大和三中全会一系列政策措施的落实，一些限制经济发展的观念，约束要素将被破除，国家实施的扩大内需、加快信息化建设、西部大开发、振兴东北，以及优先发展信息产业等战略举措为信息产业提供了广阔的市场空间。

3. “十五”规划的全面启动，改造东北老工业基地，国家组织实施五大信息化工程，加速了信息产业发展。电力部门拟投入6000亿元人民币改造电力网和电源建设；铁路部门投入3000亿元人民币改扩建铁道网；“三网”工程建设深入推进；奥运项目的建设为电子信息产业带来商机。

4. 信息技术的发展，促进了市场需求。电信网、计算机网和广播电视网“三网”融合的趋势进一步加快，彼此交叉，形成新的产业。数字电视、第三代移动通信的发展将进一步促进产业发展。

5. 资本的跨国流动和产业的跨国转移，有利于我国进一步吸引外资，并将加快我国IT制造基地的形成。在经济全球化的大背景下，参与国际经济调整与分工，可以充分利用两个市场，两种资源，扩大进出口贸易。

（二）2004年面临的不利因素

2004年我国电子信息产业经济运行仍然面临着一些矛盾和问题。

1. 世界经济不稳定因素增多，对我国电子信息产业发展的影响不容忽视。全球范围内的国际竞争加剧，贸易摩擦和纠纷的压力增大；进口产品的大量增加将加剧国内市场竞争；国际贸易保护主义特别是反倾销和技术壁垒已成为我国电子信息产品出口的主要障碍。

2. 技术进步使企业进入市场的技术和投资门槛大大降低，市场更加拥挤、竞争更为激烈。

3. 国家调整出口退税政策，对我国电子信息产品进出口及配套将产生一定影响。

三、2004年主要调控目标

综合电子信息产业发展的有利因素和不利因素，我们认为，2004年电子信息产业市场需求将稳中有升，经济运行将会继续保持持续、健康、快速发展的态势。

2004年电子信息产业经济运行的指导思想是：以邓小平理论和“三个代表”重要思想为指导，全面贯彻执行党的十六届三中全会、中央经济工作会议和全国信息产业工作会议精神，继续调整产业结构，坚持技术创新、制度创新与管理创新，提高企业与行业的国际竞争力；大力开拓国内外市场，切实做好市场监管、运行调控、经济调节、统计分析与信息引导；进一步提高经济运行的质量和效益，促进电子信息产业持续快速健康发展。

2004 年经济运行的主要调控目标

1．主要经济效益指标

工业增加值：5100 亿元，同比增长 27%；

销售收入：23700 亿元，同比增长 26%，其中，软件与系统集成收入 2100 亿元，同比增长 31%；

利税：1160 亿元，同比增长 16%；

出口：1450 亿美元，与 2003 年大致持平，略有增长。

2．主要产品调控指标

固定交换机：5500 万线；

移动交换机：6500 万用户；

手机：17000 万部，其中出口 10000 万部；

PC：3500 万台，其中出口 1500 万台；

彩色显示器：8400 万部，其中出口 6000 万部；

彩色电视机：6500 万台，其中出口 2000 万台；

集成电路：160 亿块。

四、2004 年经济运行工作要点

（一）做好经济运行调控与协调工作，提高经济运行的质量和效益

1．继续做好电子信息产业各类统计报表的收集、汇总、分析及发布工作；加强软件统计管理，做好软件的月报统计工作。利用全国经济普查的契机，做好全国规模以下电子信息企业统计调查。

2．逐步完善重点电子产品统计。加强重点电子产品的统计，扩大统计范围，争取把重点外资企业纳入统计渠道，以保证统计的代表性和权威性。不断完善电子信息产业统计体系，建立行业经济运行预警体系，加强统计分析研究工作。加强对重点电子产品的产销衔接及协调。

（二）着力做好市场监管，全面推进立法，为产业发展提供良好的环境

1．做好《电子信息产品污染防治管理办法》的出台和宣贯；启动相关标准和目录制定工作；推进有毒有害材料替代及相关产业政策研究。

2．继续做好市场监管立法工作。完成《二手电子信息产品市场管理办法》，起草《电子信息产品市场监管管理办法》、《电子信息产品有形市场资质管理办法》；组织贯彻实施《电子信息产品维修资质管理办法》。

3．开展电子信息产业的预警监测。进一步完善产业损害预警系统，扩大监测产品范围，并定期形成报告，供有关部门和领导决策参考。

4．加快产业政策落实，争取更好的产业发展环境。与相关部门共同推进 18 号、47 号文件的政策落实，联合颁布《软件产权交易管理办法》，并制定相关实施细则，组织部分省市开展软件产权交易试点工作。同时，积极研究电子基础产品的政策体系，为产业发展争取更好的政策环境。

（三）管好用好电子发展基金，有效支持产业发展

1．加强电子信息行业财政、税收宏观政策研究工作，重点研究有效利用基金调节作用，推进软件产业发展，振兴东北老工业基地。

2．推行电子政务，做好编制、下达2004年度计划工作。发挥网上项目申报系统重要作用。提高基金管理工作透明度，减少行政干预，做到项目决策科学化、民主化。

3．提高服务意识，降低管理成本。在确保工作质量的前提下，在项目申报、专家评审、资金拨付、后期监管等环节充分发挥省市信息产业主管部门的作用，杜绝收费行为，借助社会力量组织项目验收。

4．规范管理，追踪问效。按照验收管理制度，组织验收一批已完成项目。配合财政部专项调研检查，为十五全面总结做好准备工作。深入追踪投资项目，推动设立产业基金。

（四）加强协调，做好服务，为企业出口创造更好条件

1．推进科技兴贸战略，为产业出口创造良好外部环境。利用科技兴贸联合工作机制，继续配合有关部门，研究制定《关于进一步实施科技兴贸战略的若干意见》在电子信息产业的实施细则，推动出口。

2．加强对国际市场开拓的整体规划，引导企业开拓新兴市场。组织企业进行市场考察、参展办展，加强与国际交流合作，落实双边电子信息产业合作项目，推进边贸工作，有针对性地开拓新兴市场。

3．分层次对不同行业、企业开展工作，积极培育新的增长点。继续引导地方作好招商引资工作，不断完善投资环境，为外商投资企业做好相关的服务工作，引导其加强国内配套和转移研发中心，提升国内产业聚集水平；对国有和民营企业加强政策引导和培训支持，增强其拓展国际市场的能力。

4．加强信息引导工作，积极筹建电子信息产品出口信息平台，建设电子信息产品出口信息服务体系。

5．支持中介组织发挥协调、管理作用，推进中外中介组织的交流合作。

（五）做好产品价格与关税的协调管理工作

1．加强研究，完善IT产品关税对外谈判准备工作。

2．研究提出有关税收政策调整方案，促进软件和集成电路产业健康发展。

3．跟踪研究出口退税政策调整的影响，引导企业适应新的调整。

4．积极开展反倾销、反补贴、保障措施工作和2005年电子产品关税税率和税目全面调整的调查研究和准备工作。

（六）深化体制改革，进一步推进大公司战略工作

1．制定《进一步深化电子信息产业体制改革的指导意见》，引导企业按照十六届三中全会精神，加快体制创新，通过股份制改造、兼并收购，建立健全归属清晰、权责明确、保护严格、流转顺畅的现代产权制度，扩大规模、提升创新能力。

2．制定《进一步推进大公司战略的若干意见》，按照做大做强的原则，推动百强企业快速健康发展。一要突出重点，在调查研究的基础上，选取3～5家重点企业作为试点，探索总

结实施大公司战略的新特点、新规律和新经验。二要以点带面，在试点的基础上，全面推进大公司战略的实施。力争在2004年形成营业收入超过100亿元的企业18家，超过200亿元的企业10家，争取在近年内有2～3家企业进入世界500强，加快培育一批具有国际竞争力的大企业集团。

3．适时召开第18届百强企业揭晓新闻发布会暨进一步实施大公司战略工作会。充分做好新一届电子信息百强企业排序的各项筹备工作，整理和审查有关材料，对于新申报企业和重点企业进行实地调研。

4．做好百强企业的服务工作。提高“百强企业经济运行简报”的分析质量。不断完善百强企业网站建设，针对“电子信息百强企业网站”运行情况，及时改进和调整功能，充分发挥网站对宣传百强企业和实行企业网上报表的重要作用，做好引导、服务工作。

（七）做好基建、事业财务工作

1．按财政部的要求，按时完成2003年度各类决算的审核、审签汇总上报工作。进一步加强预算执行的控制，严格预算，做好预算的调整（追加、调减）工作。

2．加强国有资产管理工作。根据国家有关规定，进一步做好所属单位的产权登记、年检工作；积极为所属事业单位服务，做好所属单位改革对外投资的指导和管理工作。

3．进一步落实财政体制改革的有关政策，提高财务管理水平，做好日常核算工作，做好国库集中支付改革工作，加强政府采购预算管理。组织所属单位会计人员进行企业财务会计知识、税制改革等培训。做好企业财务会计知识培训，不断提高人员素质。

4．加强所属单位的银行账户管理，检查2003年下发的两个《规范》的执行情况，促进所属单位加强财会人员管理的规范化。根据国家有关部门的要求进行检查。为配合所属事业单位做好住房制度改革工作，2004年5月份对各单位住房补贴资金进行检查。

5．加强财务工作的制度建设，规范财务管理工作制定《部门预算编制规程》，以提高预算编制水平；与信息邮政审计局合作，在调研的基础上制定《内部审计规程》；与国资委合作，制定《产权登记管理办法》、《清产核资规程》；制定《国库集中支付操作规范》。

（八）指导行业的安全生产管理工作

认真贯彻国家“安全生产法”及国务院有关安全生产的各项规定。进一步加强和指导电子信息产业的安全生产管理工作，进一步推动《电子信息产业安全生产规定》立法工作，依法监管和落实安全生产管理的各项规定，创造信息产业安全生产的良好局面。

信息产业部经济体制改革与经济运行司

2003 年电子信息产品出口情况分析及 2004 年工作思路

2003 年以来，在国际局势不确定因素增多、我国发生 SARS 疫情的不利形势下，信息产业全体员工在党中央国务院的领导下，积极贯彻落实党的“十六大”精神，在有效抗击 SARS 的同时认真抓好经济工作，通过深化改革、积极调整、开拓创新，使产业外贸实现高速增长、产品出口取得新突破，为全国外贸出口和国民经济增长做出了新的重要贡献。

一、2003 年电子信息产品出口基本情况

2003 年，我国电子信息产业外贸成绩喜人，不断实现新突破。1～12 月电子信息产品进、出口及贸易额分别达到 1321.8、1420.9、2742.7 亿美元，在全国进、出口及贸易总额中的比重分别为 32%、32.4%、和 32.2%，同比增速分别为 52.9%、54.4%和 54.8%。三者均超过去年全年水平；实现贸易顺差 99.1 亿美元，占全国贸易顺差的 38.8%。

其中，电子信息产品出口成绩尤为显著，取得了多项新的突破：出口额首次突破 1000 亿美元（见图 1），提前两个月超额完成全年出口任务，实现了“五年翻两番”的飞速发展；占全国出口比重突破三成，比 1998 年翻了一番多；月出口额持续攀高，4 月起每月出口均突破百亿美元，12 月份出口额高达 166.9 亿美元，创下历史新记录。同时，出口的高速增长也带动了国家外贸出口的持续增长，2003 年全年国家外贸出口增速一直高出全国出口增速 10 个百分点以上，至 12 月底其出口增速高达 54.4%，比全国出口增速高 19.8 个百分点，对全国出口增长的贡献率达 44.4%。

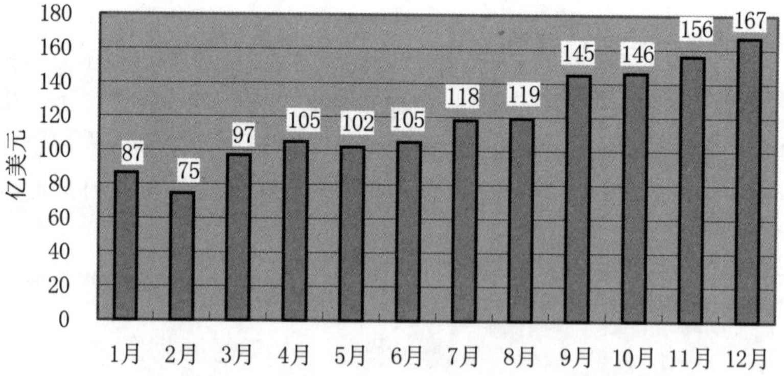

图 1　2003 年全年每月电子信息产品出口额

（一）主要特点

1．计算机类产品与通信类产品成为拉动出口增长的主要力量，家电产品出口增速放缓

1～12 月，计算机类产品共出口 663.4 亿美元，占全部出口的比重达 46.7%，同比增长

85.5%，对全行业出口增长的贡献率达 61.1%，其中打印机、显示器、微型计算机增速均达 50%以上（见表 1），笔记本电脑增长迅猛，全年累计出口 1329 万台，出口金额达 113.1 亿美元，同比增长 4 倍多。通信设备增长也比较迅速，全年出口 173.7 亿美元，同比增长 50.2%，占全部出口的 12.2%，其中程控交换机累计出口 4.5 亿美元，同比增长 81.8%；光通信设备出口 1.1 亿美元，增长约 2 倍；手机出口 9534 万部，金额达 73.8 亿美元，同比增长 39.5%。家电产品出口增长放缓，全年出口 270.1 亿美元，增速仅为 22.1%。

表 1　1～12 月出口额位居前列的电子信息产品

	出口额　（亿美元）	同比增长速度
笔记本电脑	113.1	413.7%
显示器	95.7	67%
手持（车载）无线电话	73.8	39.5%
集成电路	59.7	165.7%
激光视盘放像机	53.7	50.4%
打印机	43.2	65.5%
数字照相机	29.6	228%
光盘驱动器	27.6	74.3%
彩色电视机	25.6	19.7%
收录放音组合机	24.3	0.1%
印刷电路	24.1	33.6%
微型计算机	22	55.1%
电声器件	22.2	26.6%
硬盘驱动器	20.6	21.8%

2. 进来料加工贸易继续占据主导地位

2003 年 1～12 月进来料加工贸易共出口 1274.9 亿美元，占全部出口的 89.7%。其中，进料加工贸易地位最为突出，出口 1061.2 亿美元，同比增长 58.8%，占出口总额的比重达 74.7%（见图 2）；来料加工出口 213.7 亿美元，同比增长 35.2%；一般贸易增长同样迅速，出口 107 亿美元，同比增长 50.6%，占出口总额的 7.5%；保税区仓储转口货物贸易出口增长较快，全年出口额达 32.3 亿美元，同比增长 75.9%。

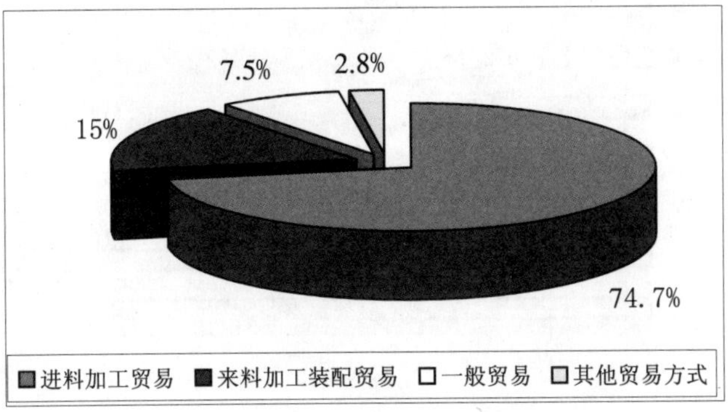

图 2　各种贸易方式所占出口总额比重

3. 三资企业仍是出口主力军，私营企业增势明显

1～12 月，三资企业共出口 1189.6 亿美元，占全部出口份额的 83.7%（见图 3），其中外商独资企业出口 844.5 亿美元，同比增长 73.8%，占出口总额的 59.4%；中外合资企业出口 310 亿美元，同比增长 41.4%；国有企业增速放慢，出口 164.8 亿美元，同比仅增长 6.6%；私营企业出口 38.3 亿美元，同比增长 2.5 倍，增速较快，其中广播电视与计算机出口增速高达 11.8 和 11.6 倍。

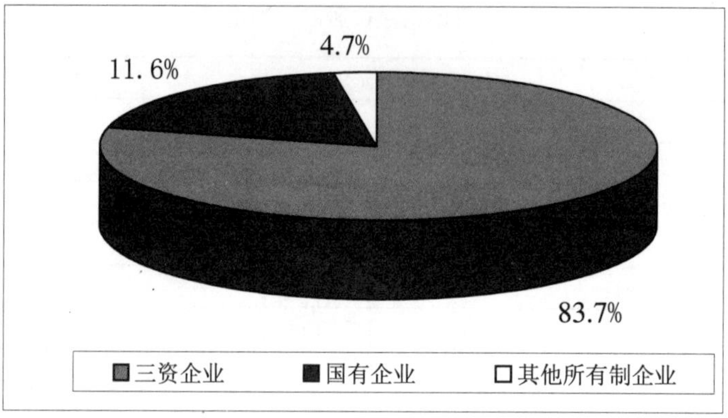

图 3　各类型企业出口所占全部出口份额

4. 出口市场集中于欧美日等发达地区

1～12 月，我国电子信息产品出口市场中，排在前十位的国家和地区总额达到 1171.8 亿美元，占全部电子信息产品出口额的 82.5%。香港继续保持中国电子信息产品出口最大贸易伙伴地位，数额达到 341.2 亿美元，占总额的 24%，同比增长 48.8%；第二是美国，324.7 亿美元，占 22.9%，同比增长 54.5%；日本第三，159.6 亿美元，占 11.2%，同比增长 41.7%。三者合计 825.5 亿美元，占出口总额的 58.1%。荷兰和德国出口跃居第四、五位，数额分别为 79.2 和 72.1 亿美元（见图 4）。

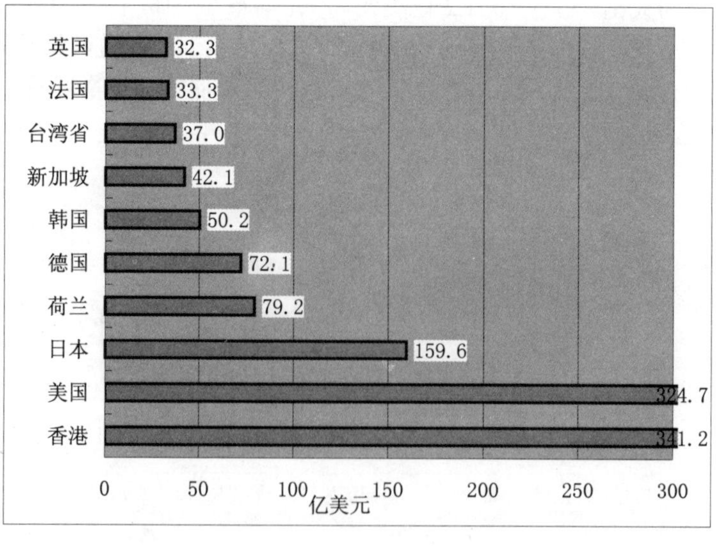

图 4　我国电子信息产品主要出口国家和地区

5．出口省市仍集中于东部沿海地区

1～12 月，排在我国电子信息产品出口金额前五位的省市分别为：广东省 693.9 亿美元，占出口总额的 48.8%，同比增长 43.49%（下同）；江苏省 271.8 亿美元，占 19.1%，同比增长 100.2%，增幅较大；上海市 180.5 亿美元，占 12.7%，同比增长 99.41%，增幅相对较大；天津市 68.7 亿美元，占 4.8%，同比增长 24.2%；福建省 55.5 亿美元，占 3.9%，同比增长 44.23%。北京市排名第六，出口额达 36.5 亿美元，同比增长 25.5%（见图 5）。

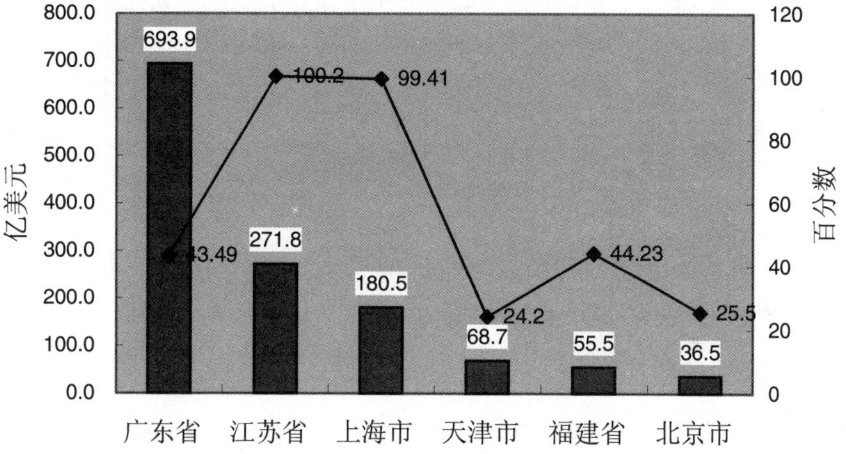

图 5　我国电子信息产品出口主要省市及同比增速

（二）出口增长原因

1．全行业积极调整，有效规避了 SARS 的负面影响

2003 年春夏期间的 SARS 疫情，给电子信息企业的生产经营和产品出口带来了很多负面影响。全行业通过积极调整、认真应对，使 SARS 负面影响降到较小范围，从而使出口继续保持高速增长。为抗击 SARS、促进出口，各级政府和企业做了大量工作：部领导会见古巴贸易部长，协调中古彩电合作项目；走访部分合资企业，对企业出口中的问题进行调研，帮助企业分忧解难、增强信心；与商务部、机电商会、进出口银行、出口保险公司协调尼日利亚通信项目，促进通信产品出口；各地在落实国家政策的同时积极采取应对措施，创造条件维持经济正常运行，广东省积极创造条件使中国出口商品交易会正常举行，北京市出台了多项为企业排忧解难的措施等，都为电子信息产品出口继续保持快速增长发挥了重要作用；企业也积极采取有效措施，在规避其影响的同时不断在国际市场拓展方面取得新进展，如厦华集团成功中标美国最大家电销售商 Best Buy 的招标书，获得 1.8 万台数字高清电视的订单；国内彩电巨头长虹积极参与伊拉克战后的数字卫星电视体系建设，获得 100 万台数字接收机的大额订单。

2．国际产业转移对产品出口的推动作用愈加明显

全球电子信息产业结构调整不断深化，产业链分解和区域转移趋势日益明显。我国巨大的电子信息产品市场、丰富低廉的人力资源以及不断完善的投资环境，使得跨国公司加大对华投资转移的热潮继续“升温”并不断展现新的特点，我国成为世界重要电子信息产品制造加工基地的趋势日益突出，产品出口增势必然明显。2003 年来，日、韩家电巨头不断将制造工厂向中国转移，台湾半导体与计算机厂商加大对大陆投资力度；一些跨国公司将加工环节更多地向中国转移，将原设在其他地区特别是东南亚国家的工厂关掉，或在华设立新工厂，或委托国内企业为其贴牌生产再出口，这些都继续推动电子信息产品的出口快速增长。

3．新增长点不断涌现，带动全行业出口快速增长

由于信息技术具有高创新性和渗透性，产品更新换代十分迅速，推动出口增长点不断涌现，产品出口种类和范围日益扩大，进而从一定程度上保障了全行业外贸的整体增长性。2003 年来，尽管家用电子电器出口增速大幅下降，但由于计算机类产品和通信设备出口取得高速增长，从而推动了全行业出口继续保持快速发展。同时，数码产品、网络产品等一些新的增长点不断涌现，也带动了全行业出口的快速增长。1～12 月，数码相机出口 4863.5 万台，金额达到 29.6 亿美元，同比增长 228%以上。

二、部出口工作领导小组发挥积极作用

为推动电子信息产品出口继续保持快速增长态势，在国家出口宏观政策正确引导下，部出口工作领导小组做了大量工作，为出口的快速增长发挥了积极作用。

（一）深入推进科技兴贸战略，为出口创造良好的外部环境

与外经贸部、科技部等相关部门共同开展科技兴贸工作，扩大联合工作机制范围，研究制定相关扶持政策，将科技兴贸战略工作进一步做实；积极参与技术性贸易措施部际联席会议，参与对欧盟 REACH 协定（新化学品政策）等外国相关政策的评议工作，减少电子信息产品出口面临的潜在障碍；积极组织企业参加中国高新技术产品交易会（深圳）、北京国际科技产业博览会等活动，为企业提升产业技术水平、扩大出口发挥重要的引导和推动作用。

（二）组织召开全国电子信息产品出口工作会，表彰电子信息产品出口成绩优秀企业

为贯彻落实党的“十六大”精神，总结交流出口工作经验，分析面临的形势与问题，研究出口工作对策措施，信息产业部于 2003 年 8 月 15 日在云南昆明召开了“2003 年全国电子信息产品出口工作会”，娄勤俭副部长做了“抓住机遇，扎实工作，促进我国电子信息产品出口再上新台阶”的报告。会议统一了思想、调动了各方面积极性，对电子信息产品出口的高速增长起到促进作用。

（三）积极推进国际交流合作，引导企业拓展新兴市场

深入推进与北欧国家的经贸合作，对瑞典等北欧四国的电子信息产品技术与市场及信息化建设进行深入考察，落实双边合作项目，并推动企业到北欧投资办厂和引进先进电子信息技术；对埃及通信市场进行考察，为我通信制造企业拓展埃及市场创造良好条件，并参与商务部在埃组织的中国高新技术产品展览，促进中埃电子信息产业交流合作；积极协调中古彩电和通信合作项目，增进两国经贸合作，并帮助企业开拓古巴市场；积极与商务部、机电商会、进出口银行、出口保险公司协调尼日利亚通信项目，促进通信产品出口。

（四）积极协调贸易纠纷，认真解决我国加入 WTO 后面临的实际问题

继续支持音响协会开展 DVD 专利谈判，使与各专利集团的谈判不断取得新进展，推动

DVD 产品出口继续保持快速增长；及时针对美国对我彩电反倾销投诉进行研究，支持国内企业积极应诉；配合商务部等有关部门，参与光纤反倾销损害调查工作，保护国内企业利益，引导产业健康发展。

（五）积极引导全行业有效规避 SARS 影响，帮助企业排忧解难

SARS 期间，积极配合有关部门抓好相关政策的落实工作，为企业扩大生产经营、争取国外订单做好服务工作；在 SARS 疫情得到有效遏制时，由部领导带队，走访部分合资企业，对企业出口中的问题进行调研，帮助企业分忧解难、增强信心，有效规避 SARS 带来的负面影响。此外，及时将外国市场信息告知国内企业，帮助企业拓展出口业务。

（六）加强对出口中重大问题的研究，指导出口工作有序展开

及时针对出口中面临的突出问题进行深入研究，组织地方信息产业主管部门对 SARS 疫情、出口退税等对电子信息产品出口的影响进行调查分析，形成研究报告供上级领导决策参考，指导下一步出口工作有序展开；加强对美国、日本、韩国、印度、瑞典等国家信息技术与市场的研究，加深中外信息产业比较课题研究；每月按时编制《电子信息产品出口简报》，及时分析出口中遇到的新情况、新问题，供有关部门和领导决策参考。

三、2004 年对外贸易形势展望

展望 2004 年形势，我国电子信息产品出口面临较为复杂的国内外环境，有很多因素影响电子信息产品出口，其中既有有利条件，也有不利因素，我们应认真研究并予综合考虑，以合理制定全年出口目标，并有针对性地开展工作。

（一）世界经济形势总体复苏将有利于我国电子信息产品出口

2003 年世界经济逐步走出前两年的发展低谷，总体呈现复苏态势，进入 2004 年，随着各国刺激经济措施效果的不断显现，这种复苏的步伐将进一步加快；世界电子信息产业经历了前两年的调整后，也将再次呈现快速发展的势头，2003 年主要 IT 巨头盈利状况普遍好转已表明全球 IT 产业呈现恢复增长的迹象，这种趋势将会越来越明显，全球电子信息产品的市场需求将有所扩大，其国际贸易将逐步恢复增长态势，进而将有利于我国电子信息产品出口的发展。同时应该看到，各种不确定因素仍然存在，恐怖主义事件、局部地区冲突、传染疫情和自然灾害，将继续对世界政治局势和经济发展构成威胁，进而将影响我国电子信息产品贸易的持续发展。

（二）我国产业聚集的良性循环将继续显现积极效应

多年来，我国积极立足比较优势，抓住全球信息产业链分解和跨国公司加快对华区域转移的有利时机，努力创造条件吸引外商投资并引导大量国内外下游厂商为之配套，从而使产业链条日趋完善，逐步形成了一些具有国际影响的产业聚集带，在世界电子信息产品加工制造中日益占据了重要地位。这种产业聚集的良性循环将在今后几年继续发挥积极效应。

（三）与港澳及周边国家经贸关系的推进将有利于我国电子信息产品出口扩大

2003 年，我国内地与香港签署了《内地与香港关于建立更紧密经贸关系的安排》，这将推进内地与香港的经贸关系，有利于扩大国内电子信息产品通过香港的中转出口；与澳门签署的《内地与澳门关于建立更紧密经贸关系的安排》也将发挥积极效应。同时，随着亚洲“10+1”、“10+3”自由贸易区建设的不断深入，我国与周边国家的经贸关系更加紧密，且有利于我电子信息产品向亚洲地区特别是东盟国家的出口。

（四）贸易壁垒对出口的阻碍作用将日显突出

进入新世纪以来，贸易保护主义日益抬头，且手段不断翻新、形式愈显多样，特别是各国对反倾销、反补贴、保障措施条款的运用明显增多，一些较发达的国家更凭借技术上的优势设置技术壁垒阻碍外国商品的进入。随着我国吸引外资和出口规模的扩大，产品在国际市场的影响力日益提高，国外运用反倾销、技术壁垒、知识产权等新贸易保护措施阻碍我国商品进入的趋势日益明显。2003 年 11 月，美国在对我彩电反倾销诉讼中初裁倾销成立，判定我国彩电产品存在 28%～46%的倾销幅度，若 2004 年 4 月的终裁成立将基本堵死我彩电出口美国的渠道。同时，知识产权保护也将继续成为制约我国产品出口的主要障碍，由于我出口产品核心技术受制于人，且加工贸易占据较大比重，所以因知识产权引起的贸易纠纷将呈上升趋势。此外，技术性贸易壁垒和区域性贸易壁垒等仍将影响出口扩大。

（五）人民币升值及贸易顺差的压力将影响我国电子信息产品贸易

随着我国产品出口规模的扩大，贸易顺差持续扩大，国际上特别是美国等国家对我施加强大的压力。同时，人民币升值的压力也仍将继续存在。这些都将对我国电子信息产品出口带来潜在影响。

综上所述，2004 年我国电子信息产品将面临较为复杂的国内外形势，使产品出口面临的困难增加。预计 2004 年出口增速将有所放慢，特别在一季度，随着出口退税政策的正式实施，这种趋势将尤为明显；从产品看，部分国内配套率较高的产品出口将有所放慢，来进料加工贸易的比重将有所提高，东部沿海地区出口增势将受明显影响，对亚洲国家的出口增速也将逐步加快。同时，随着国内进口的增加，贸易平衡的压力将有所加大，甚至有可能出现贸易逆差。预计 2004 出口额将与 2003 年持平。

四、2004 年电子信息产品出口工作思路

2004 年，电子信息产品出口工作思路是：以“三个代表”重要思想为指导，认真贯彻党的十六届三中全会精神，抓好出口协调，加强国际市场开拓的整体规划，针对不同企业、行业深入开展工作，增强服务意识，建立出口信息服务体系、为产品出口创造更好的外部条件，确保电子信息产品出口继续保持健康发展，为产业发展和国家外贸增长做出贡献。

主要做好以下几项工作：

（一）深入推进科技兴贸战略，继续为产业出口工作创造良好外部环境

利用科技兴贸联合工作机制扩大及相关优惠政策即将出台的有利时机，继续与其他兄弟部门密切配合、共同努力，将科技兴贸工作进一步做实，配合有关部门做好相关政策措施的落实工作，为电子信息产品出口争取更好的外部环境；针对当前出口中面临的突出问题，如出口退税、非关税壁垒、贸易纠纷等，积极与商务、海关、质检、税务等相关部门加强沟通协作，努力予以协调解决；积极利用技术性贸易措施部际联席会议的平台，做好对国外政策

的评议，应对我出口面临的贸易壁垒。

（二）加强对国际市场开拓的整体规划，引导企业开拓新兴市场

有针对性地对一些新兴市场进行开拓，组织企业进行市场考察、参展办展，并积极邀请外国电子信息企业及相关政府部门来华考察访问，加强与国际交流合作，落实双边电子信息产业合作项目；积极探索新形势下扩大电子信息产品边贸的措施意见，特别对广西、云南等边境地区进行重点考察，提出扩大我电子信息产品对东南亚等周边国家出口的政策建议。

（三）分层次对不同行业、企业开展调研，积极培育新的增长点

继续引导地方做好招商引资工作，不断完善投资环境，为外商投资企业做好相关的服务工作，引导其加强国内配套和转移研发中心，提升国内产业聚集水平，特别要积极探索我国信息产业基地的建设模式；对国有和民营企业加强政策引导和培训支持，增强其拓展国际市场的能力。大力扶持一些出口前景看好的产品出口，如消毒电器、视讯系统、数码产品、网络产品等；积极引导通信制造企业与电信运营商联合开拓国际市场，发挥整体优势，促进通信产品拓展国际市场。

（四）认真做好电子信息产品出口信息服务体系建设

积极筹建电子信息产品出口信息平台，为企业拓展国际市场做好信息与撮合服务，并促进国际电子商务发展；加强与电子信息产品出口企业的联系，特别要与出口大户企业建立联系工作机制，加强相互间的信息沟通。

（五）及时对出口退税政策调整的影响进行跟踪研究，并引导企业积极调整

加强对相关规则的学习和培训，及时让企业了解、适应新的政策，引导企业采取措施积极应对，尽可能减小出口退税率下调带来的负面影响。同时通过实际调研，了解政策执行中存在的问题和企业的要求，积极向相关部门反映并予以协调解决，并争取对部分关键产品保持原来出口退税税率。

（六）积极支持中介组织发挥有效作用

加大对中介机构的支持，充分发挥中介机构在促进出口，特别在国际贸易纠纷、行业自律等方面的组织协调作用；引导部分行业协会组织企业有针对性地拓展国际市场，举办展览及其他贸易促进活动，加强中外产业交流合作；为中外中介组织的交流合作创造条件，引导国内行业协会学习国外同行的先进经验，并与之建立起良好的沟通与合作平台。

信息产业部经济体制改革与经济运行司

2003年我国软件产业发展综述

2003 年，全球经济缓慢复苏，我国经济在遭遇非典疫情的严峻形势下仍实现了 9.1%的高速增长，GDP 总值达到 11.6 万亿元，进出口总额 8400 亿美元，人均 GDP 突破 1000 美元，这标志着 13 亿国民的生活正在从温饱型向小康型转变。今后几年，人们将更加关注生活的质量，在医疗、住房、出行、娱乐及自身素质修养等物质和精神诸方面为软件产业的发展提供新的市场增长空间。

作为国民经济第一大工业产业，2003 年我国电子信息产业呈现快速发展势头，电子信息产品实现销售收入 18800 亿元，同比增长 34%，位居世界第三。实现利税 1038 亿元，同比增长 20.7%，出口 1421 亿美元，同比增长 54.4%，占全国出口总额 4383.7 亿美元的 32.4 %。

根据信息产业部与国家统计局的联合统计调查显示，到 2003 年年底，全国规模以上软件企业约 5600 多家，从业人员约 62 万。全行业共完成软件与系统集成销售收入 1633 亿，其中出口 20 亿美元。

2003 年，国家进一步加强了对软件产业的规划布局，在已有 11 个国家软件产业基地的基础上又确定了北京、上海、天津、深圳、西安、大连六个国家软件出口基地。2004 年 2 月 6 日，国家发改委、信息产业部、商务部、国家税务总局共同发布了（发改高技[2004]208 号）2003 年度国家规划布局内的 172 家重点软件企业名单，鼓励并推动全国大型骨干和重点软件企业加快发展。

在各地有关政策的鼓励支持下，到 2004 年 3 月，全国通过 CMM2 级以上评估的软件企业已超过 100 家，比 2002 年的 50 多家翻了一番，其中，通过 CMM3 级以上评估的企业已超过 40 家，通过 CMM4、CMM5 级评估的企业有 9 家。

一、全国软件产业规模及在电子信息产业中的比重

2003 年全国软件产业实现销售收入 1633 亿，其中出口 20 亿美元，分别比上年增长了 48.45%和 33.33%，占全国电子信息产业（18800 亿）及出口（1421 亿美元）总额的 8.69%和 1.41%。

2002 年～2003 年软件产业在电子信息产业中的比重见表 1。

表 1　2002 年～2003 年我国软件产业总额及所占比重

单位:总额为亿元，出口为亿美元

	软件产业总额	信息产业总额	所占比重	软件出口	信息产业出口	所占比重
2002 年	1100	14000	7.86%	15	920	1.63%
2003 年	1633	18800	8.69%	20	1421	1.41%
同比增长	48.45%	34.29%	10. 56%	33.33%	54.4%	-13.50%

注：从 2002 年起，软件产业开始单独进行统计。

从表 1 中可以看出，2003 年软件产业的增速高出信息产业增速 14 个百分点，所占比重也比 2002 年增加了 0.6 个百分点，但是由于整个信息产业出口的增速高出软件出口增速近 20 个百分点，因此软件出口所占比重反而下降了 0.2 个百分点。

2002 年～2003 年，软件产业总额与电子信息产业总额的比较如图 1 所示，从图中可以看出，尽管 2003 年软件产业增加较快，但与高速增长的信息产业总额相比，仍然差距很大，其份额不到信息产业的 10%。

单位：亿元

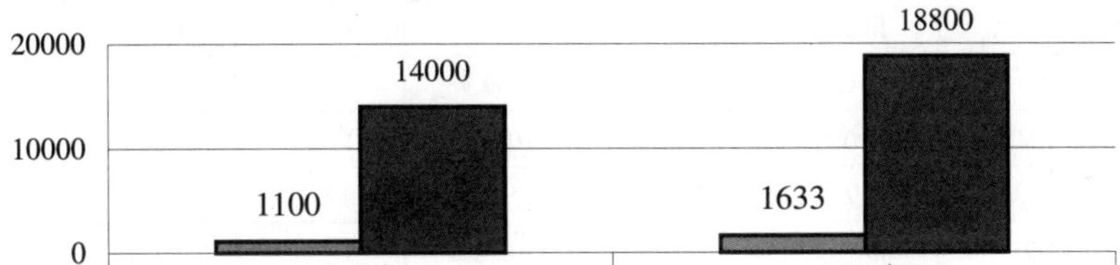

	2002年	2003年
软件产业总额	1100	1633
信息产业总额	14000	18800

图 1　2002 年～2003 年软件产业与信息产业总额比较

2002 年～2003 年，软件产业出口与电子信息产业出口的比较见图 2，其中 2002 年 15 亿美元和 920 亿美元，2003 年 20 亿美元和 1421 亿美元的巨大反差，既让我们看到了在软件出口方面存在的差距，也清楚地说明一个潜在的大市场有待我们去挖掘和开发。

单位：亿美元

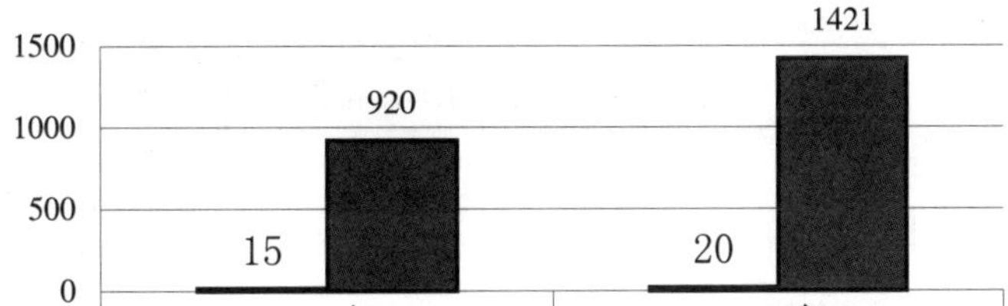

	2002年	2003年
软件出口	15	20
信息产业出口	920	1421

图 2　2002 年～2003 年软件产业与信息产业出口比较

2003 年，软件产业顺应数字化、智能化和 3C 融和的大趋势，正加速向通信、家电、汽车、医疗、娱乐、移动应用等重点领域渗透，随着嵌入式软件在信息产品市场的广泛应用，嵌入式软件市场份额不断扩大，为我国软件产业 1633 亿的发展规模做出了很大的贡献。

二、全球软件产业规模

2003 年全球软件产业发展规模为 7480 亿美元，我国软件业在世界软件业中的份额从 2002 年的 1.91%增长到 2003 年的 2.63%，面对国内外软件市场不断拓展的发展机遇，我国的软件产业仍有着很大的发展潜力。

部分国家在全球软件产业总额中所占份额如表 2 所示，中、美、西欧、日等国软件产业比较如图 3 所示。

表 2 中、美、西欧、日等国在全球软件产业总额中所占份额

单位：亿美元

	中国	美国	西欧	日本	印度	韩国	全球	年增长
2000 年	71.7	2400.0	1860.0	572.0	88.5	83.2	5960	—
份额	1.20%	40.20%	31.20%	9.60%	1.48%	1.39%	100%	—
2001 年	96.3	2612.0	1980.0	660.5	102.3	99.0	6219	4.35%
份额	1.50%	42.00%	31.80%	10.60%	1.60%	1.60%	100%	
2002 年	133.0	2797.0	2159.0	712.0	122.0	168.3	6965	12.00%
份额	1.91%	40.16%	31.00%	10.22%	1.75%	2.42%	100%	
2003 年	197.0	2967.0	2248.0	785.0	160.0	201.0	7480	7.39%
份额	2.63%	39.67%	30.05%	10.49%	2.14%	2.69%	100%	

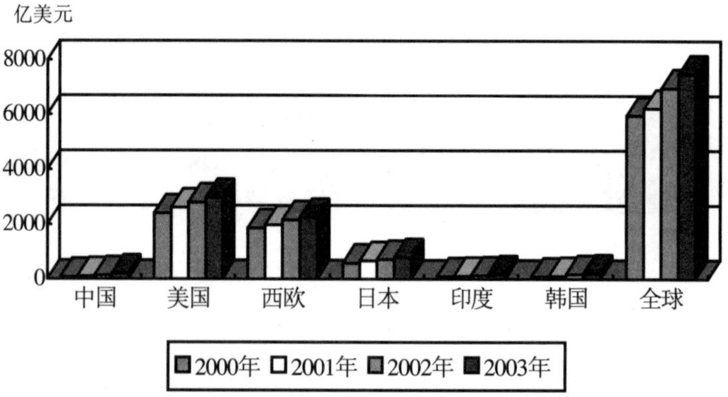

图 3 2000 年～2003 年中、美、西欧、日等国软件产业比较

三、全国软件产业构成

自 2000 年 6 月，国家颁布关于“鼓励软件产业和集成电路产业发展的若干政策”的 18 号文件以来，国家、地方及国内外的企业和投资公司都在加大对软件产业的投入，经过三年来的发展，我国软件产业的格局已初步形成。十一大软件产业基地、六大软件出口基地和全国 172 家重点软件企业，分布在全国人才相对密集，具有软件研发与市场规模优势的地区；独立软件开发商（ISV）、嵌入式软件开发商、系统集成商（SI）及从行业内发展壮大起来的软件企业，这四支队伍构成了我国目前拥有数千家公司和数十万员工的软件队伍。

三年来，这支软件队伍在管理、规模和研发能力上已经取得了长足的进步，但是，与国际跨国公司相比，我们在系统软件、支撑软件和应用软件方面仍缺少大型的龙头软件企业，缺少能够在国际舞台上参与竞争的软件骨干企业，那些大大小小数以千计的软件公司，尚需要通过市场的优化与兼并重组，按照软件产业特点（平台类、通用类、行业应用类、咨询服务类）横纵联合，规划布局，造就一支既有核心技术，又具备现代企业管理制度，并与国际接轨的软件产业大军。

2003 年我国软件产业总额为 1633 亿元，其中国内市场 1468 亿元（含软件产品、软件服务与系统集成），占我国软件产业总额的 89.9%；软件出口（含嵌入式软件及系统服务出口）20 亿美元（折合人民币 165 亿元），占我国软件产业总额的 10.1%。

1999 年～2003 年我国软件产业总额构成如表 3 和图 4 所示。

表 3　1999 年～2003 年中国软件产业总额构成

单位:亿元

	国内市场	所占比重	软件出口	所占比重	产业总额	年增长
1999 年	420.5	95.2%	21.0	4.8%	441.5	-
2000 年	560.0	94.4%	33.0	5.6%	593.0	34.31%
2001 年	736.0	92.5%	60.0	7.5%	796.0	34.23%
2002 年	976.0	88.7%	124.0	11.3%	1100.0	38.19%
2003 年	1468.0	89.9%	165.0	10.1%	1633.0	48.45%

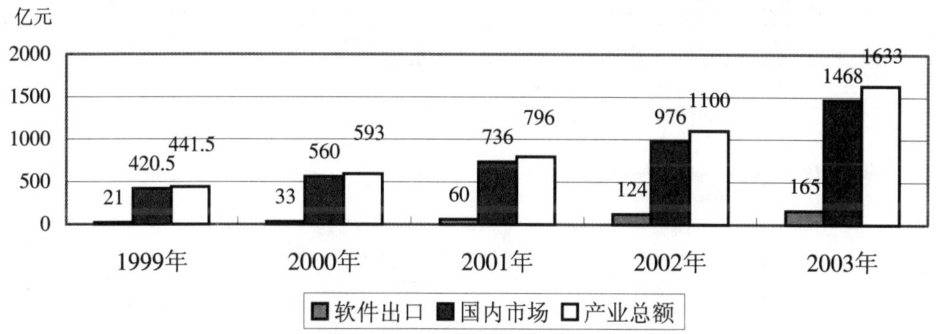

图 4　1999 年～2003 年中国软件产业总额构成

2003 年我国软件市场销售总额为 1633 亿元，比 2002 年的 1100 亿元增长了 48.45%，其中软件产品为 838 亿元（含嵌入式软件），增长 65.2%；软件服务与系统集成 795 亿元，增长 69%，其中软件服务 265 亿元，系统集成 530 亿元。

2003 年中国软件市场构成如图 5 所示。从图 5 中可以看出，今后软件仍将朝着市场细分化、服务专业化和业务流程规范化的方向发展，软硬件一体化、软件服务化趋势也更加明显。

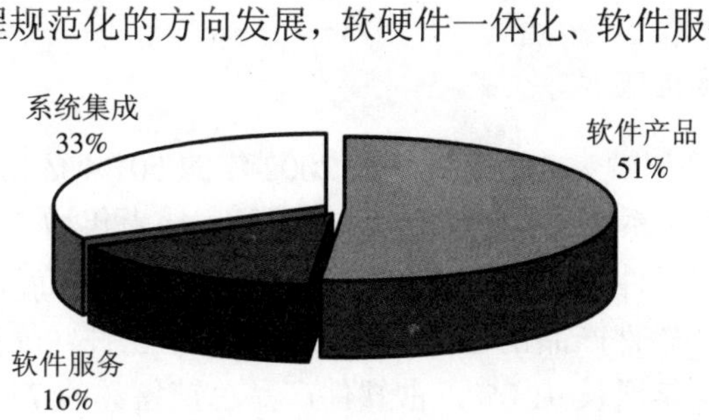

图 5　2003 年中国软件市场构成

近年来我国嵌入式软件产品发展迅猛，在软件产品中所占比重逐年加大，尤其在通信领域中，不少通信设备中嵌入式软件的价值占整个设备收入的 30%～40%；在移动设备、数字家电、数控机床、汽车电子、医疗电子、航天航空、康乐设备、工控等领域，嵌入式软件收入也分别占到整个设备收入的 10%～30%。可以预见，今后硬件设备的成本将不断降低，嵌入式软件在各类设备中的“含金量”将逐步升高，通过嵌入式软件提供的各类增值服务将带动信息服务业的快速增长。

1999 年～2003 年中国软件市场构成及增长比例状况如表 4 所示，1999 年～2003 年中国软件市场增长状况如图 6 所示。

表 4　1999 年～2003 年中国软件市场构成及增长比例状况

单位：亿元

	1999 年	2000 年	2001 年	2002 年	2003 年
软件产品	182.0	238.0	330.0	507.4	838.0
软件服务	238.5	322.0	406.0	468.6	265.0
系统集成	（已含）	（已含）	（已含）	（已含）	530.0
软件出口	21.0	33.0	60.0	124.0	（已含）
软件总额	441.5	593.0	796.0	1100.0	1633.0
年增长率	27.0%	34.31%	34.23%	38.19%	48.45%

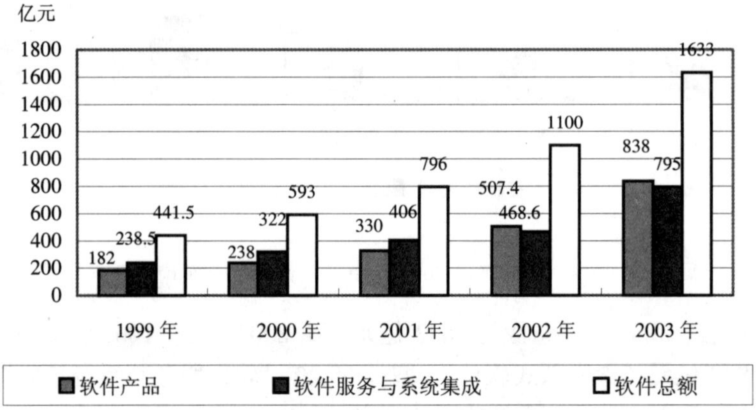

图 6　1999 年～2003 年中国软件市场增长状况

四、软件产品市场构成

2003 年软件产品销售额为 838 亿元，较 2002 年的 507.4 亿元增长了 65.2%，其中，系统软件（操作系统、数据库系统等）销售额为 78 亿元，比上年增长 14.7%，占软件产品销售额的 9.3%；支撑软件（中间件、网络及通信管理软件、工具及平台软件等）销售额为 132 亿元，比上年增长 19.3 %，占软件产品销售额的 15.8 %；应用软件（通用、行业、嵌入式软件等）销售额为 628 亿，比上年增长 91.0%，占软件产品总销售额的 74.9%（见图 7）。

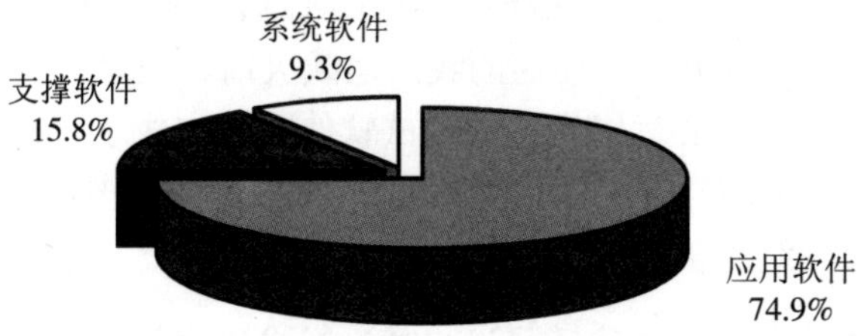

图 7　2003 年软件产品市场构成

1999 年～2003 年中国软件产品市场构成及增长状况如表 5 和图 8 所示。

表 5　1999 年～2003 年中国软件产品市场构成及增长状况

单位：亿元

	1999 年	2000 年	2001 年	2002 年	2003 年
系统软件	21.0	33. 2	50.0	68.0	78.0
支撑软件	44.8	49.6	81.9	110.6	132.0
应用软件	110.2	155.0	198.1	328.8	628.0
合计	182.0	238.0	330.0	507.4	838.0
年增长率	32.0%	31.0%	38.7%	53.8%	65.2%

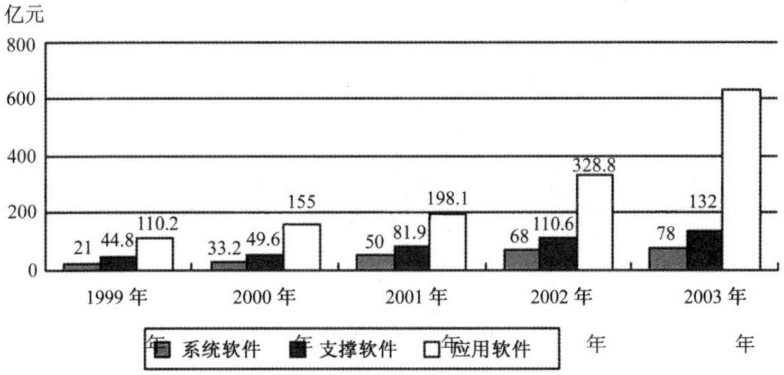

图 8　1999 年～2003 年中国软件产品市场构成及增长状况

2003 年，在国内软件产品市场上，国外品牌的产品仍然占据系统软件、支撑软件的大部分市场份额。但是随着近几年国内一批企业的快速成长，国外品牌长期垄断高端软件市场的格局已开始发生转变。

2003 年，国内品牌产品在财务管理软件、单机版防/杀毒软件、中文信息处理软件及信息安全、电子政务、教育、排版、证券等应用领域优势明显，“金山”、“无锡永中”、“瑞星”、“江民”在政府采购中屡屡中标，“无锡永中”的 OFFICE 集成办公软件以其 18 项专利技术获得国家 863 重大软件专项上亿资金的支持，2004 年 2 月，“无锡永中”公司应邀赴美参加世界 DEMO 大会，在大会上展示的英文版永中集成办公软件受到与会者的好评。

2003 年，我国在通信和网络应用软件等方面有所突破，在 IP 软核、高性能计算、网格计算和航天等高端软件技术方面也取得了很大的成绩。神舟航天软件公司的自主软件产品“神舟航天飞行器集成化设计与制造管理框架（AVIDM）”、“神舟大型国产化数据库管理系统（OSCAR）”已在包括“神舟五号”在内的我国运载火箭、卫星、飞船等航天产品上得到广泛应用。中国航天软件评测中心运用先进的测试软件圆满完成了“神箭”、“神舟五号”的逃逸控制、遥测处理、留轨仓数据管理、返回仓数据管理等26项关键软件工程的独立评测任务。

安全软件用来保障网络和信息安全，事关国家安危，因此，也是国家“十五”软件规划中的重点项目。目前已有中软、北大青鸟、联想、东软、北京启明星辰、东方龙马、吉大正元、北京中嘉华诚、清华得实、北京天融信、上海交大慧谷、南大苏富特、珠海伟思等一批安全软件商脱颖而出。

五、我国计算机软件及相关专业人才培养概况

经过多年的发展，我国已培养出一批优秀的软件人才队伍。2003年，全国软件行业从业人员总数约62万，占电子信息产业全行业408万人的15.2%。

2003年我国软件及相关专业人才培养情况如下。

（一）2003年全国普通高校计算机软件及相关专业毕业生情况

1．研究生毕业数量

2003年全国普通高校计算机及软件专业毕业研究生（包括科研机构的研究生）为5112人，其中博士生418人，硕士生4694人；其他与软件相关专业毕业的研究生（包括科研机构的研究生）为5973人，其中博士生639人，硕士生5334人。两者总数为11085人（见表6和图9）。

表6　2003年全国软件及相关专业研究生毕业数量

单位：人

	计算机及软件专业	其他与软件相关专业	总计
博士	418	639	1057
硕士	4694	5334	10028
合计	5112	5973	11085

单位：人

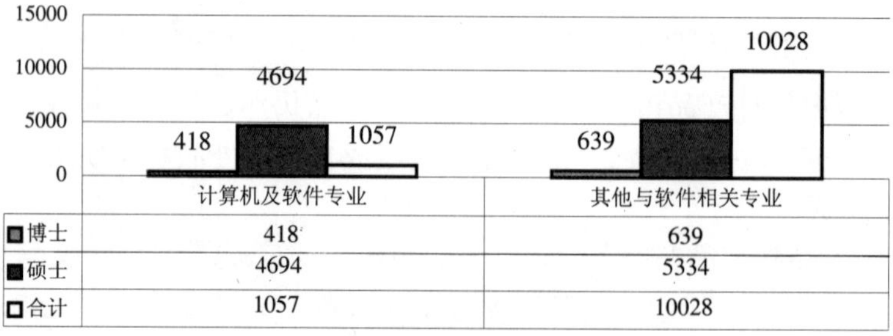

图9　2003年全国计算机及软件、其他与软件相关专业研究生毕业数量

2．本、专科毕业生数量

2003年全国普通高校计算机及软件本、专科毕业生为142653人，其中大本65548人，

大专 77105 人；其他与软件相关专业的本、专科毕业生为 110399 人，其中大本 77178 人，大专 33221 人。两者总数为 253052 人（见表 7 和图 10）。

表 7　2003 年全国普通高校计算机及软件、其他与软件相关专业本、专科毕业生数量

单位：人

	计算机及软件专业	其他与软件相关专业	总计
本科毕业	65548	77178	142726
专科毕业	77105	33221	110326
合计	142653	110399	253052

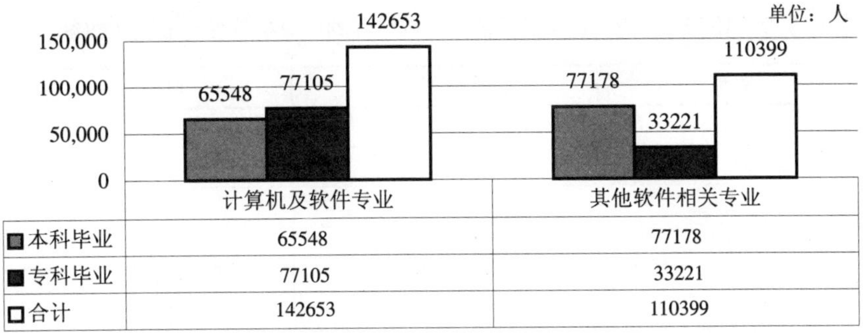

图 10　2003 年全国普通高校计算机及软件、其他与软件相关专业本、专科毕业生数量

（二）示范性软件学院软件人才培养情况

全国 35 所示范性软件学院人才培养情况如表 8 所示。

表 8　全国 35 所示范性软件学院人才培养情况

单位：人

	工程硕士生	本科生（0+4）	本科生（2+2）	本科生（二学位）	合计
招生数	13403	11878	5091	1582	31954
2003 毕业	—	—	1892	—	1892
在校生	13403	11878	3199	1582	30062

在校生学历构成比例如图 11 所示。

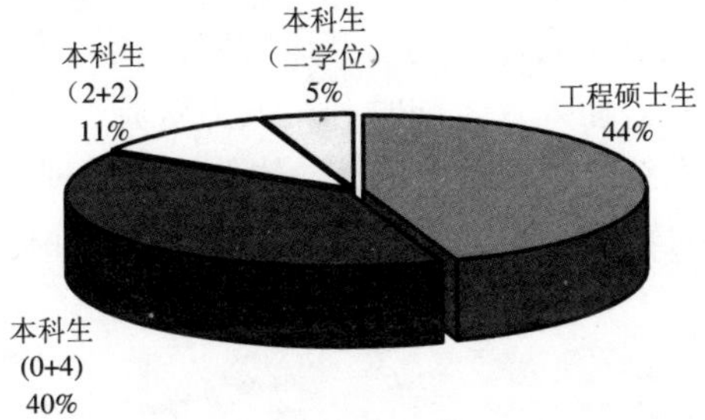

图 11　在校生学历构成

到2003年12月，35所国家示范性软件学院中的9所学院（清华大学、西北工业大学、西安电子科技大学、四川大学、大连理工学院、上海交通大学、哈尔滨工业大学、浙江大学、南开大学）已培养出1892名本科毕业生，这些学生均是由本科二年级转专业的，在2003年大学毕业生就业压力增大的背景下，他们取得了一次就业率和就业层次“两高”的成绩，显示出软件学院毕业生可喜的就业优势。

（三）历年来我国普通高校培养的计算机软件专业人才数量

1998年～2003年，我国普通高校培养的计算机软件专业人才数量（不包括其他与软件相关专业）如表9和图12所示。

表9　1998年～2003年我国普通高校培养的计算机软件专业人才数量

年份	人员数量	增长比例
1998年	29000人	—
1999年	33000人	13.8%
2000年	41000人	24.2%
2001年	62000人	51.2%
2002年	89000人	43.5%
2003年	140，000人	57.3%

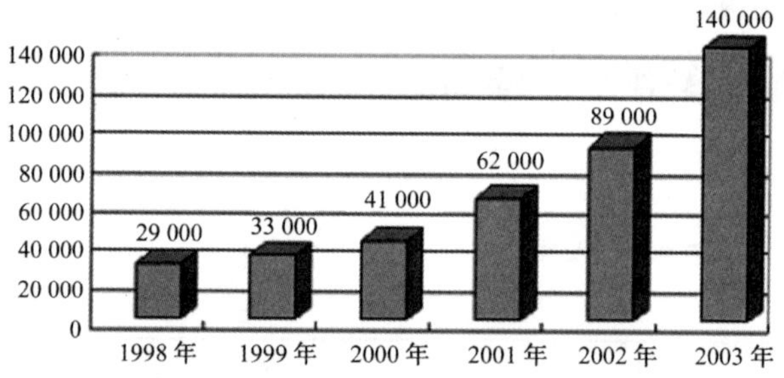

图12　1998年～2003年培养计算机软件专业人才数量

在软件的各个细分领域、在各行业的专业应用领域，我国仍缺乏高层次的软件科研开发、项目管理、出口外包接单、虚拟现实、系统仿真、三维动漫方面的人才，缺乏嵌入式和IC设计方面的软件人才，同时也需要大量的面向软件测试和编写软件代码人员。今后，中国的软件人才培养将逐步与国际接轨，并更加适合软件企业的需求。

面对全球性激烈的人才竞争和软件市场的高速发展，我们一定要抓住人才这个根本，采取各项有力措施，吸引人才、留住人才。同时利用人力资源优势，大力培养各类软件人员，特别是培养产业发展急需的系统分析、系统设计、软件项目管理、软件研发、行业需求分析、软件营销等高层次、多元化的软件人才，按照软件工程化、产业化方向，造就一支比例协调、结构合理的软件产业化大军。

中国软件行业协会

2003年我国手机产业发展状况

2003年我国手机产业抓住电信需求迅猛增长的机遇，在国内市场需求和外贸出口的双重拉动下，继续保持快速增长态势，产销衔接良好。全年手机生产1.8644亿部，占世界总产量的35%，销售1.8321亿部，同比增长分别达到54.8%和56.1%，全年国内新增移动电话用户6268.8万户，手机出口9534.3万部。

一、2003年手机产业发展主要特点

（1）**产业规模快速增长。**我国手机产业从无到有，从小到大，经历了萌芽期、起步期、快速发展期，目前产业规模迅速扩大，成为拉动全行业经济增长的重要力量。

1998年～2003年手机产业规模发展状况如表1所示。

表1　1998年～2003年手机产业规模发展状况

	1998年	1999年	2000年	2001年	2002年	2003年
生产（万部）	830	2300	3851.7	8397.5	12000	18644
增长（%）	119.6	177.1	67.4	118.1	42.9	54.8

1998年～2003年我国手机产量如图1所示。

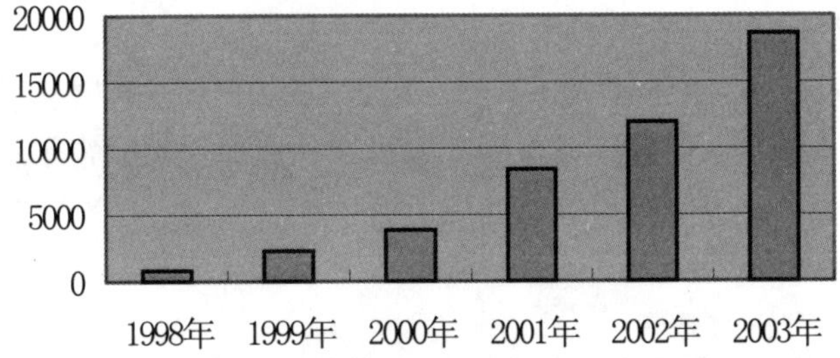

图1　1998年～2003年我国手机产量（万部）

1998年～2003年我国手机生产增长速度如图2所示。

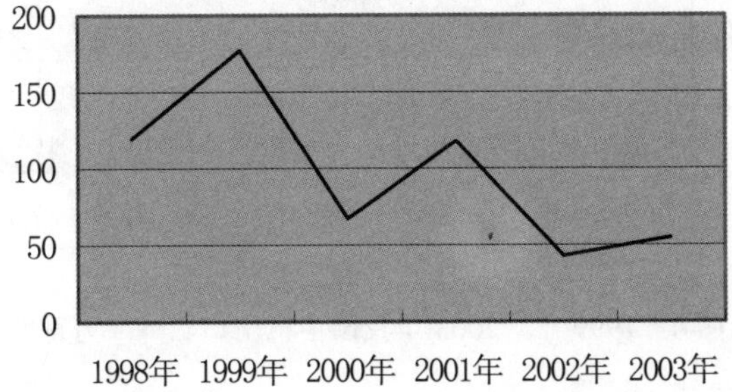

图2　1998年～2003年我国手机生产增长速度（%）

（2）**产销衔接较好。**去年根据信息产业部重点产品产销统计，手机企业累计生产手机18644.13万部，其中GSM/GPRS手机16333.43万部，CDMA手机2310.7万部，销售手机18321.73万部，其中销售GSM/GPRS手机16055.99万部，销售CDMA手机2265.74万部，手机产销率为98.3%。

2003年我国手机产品产销率如图3所示。

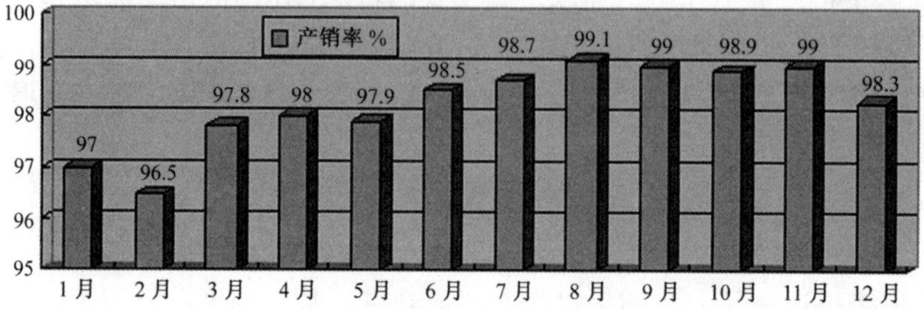

图3　2003年我国手机产品产销率（%）

2003年我国新增移动电话用户6268.8万户，全国累计移动电话用户为2.69亿户，按新增用户80%的购机率和老用户15%（有些企业认为老用户的更新换代率在20%以上）的手机更新换代率计算，去年国内市场手机的销售量应为8105.1万部，用去年国内手机生产量18644万部减去出口量9534.3万部，再减去内销量，则库存量在1000万部以上，占国内销量的11%，显现出库存增大的苗头，手机生产企业要引起高度重视。

（3）**国际市场的开发力度进一步增强，产品出口进一步增加。**我国已经成为世界最大的手机出口国，去年我国手机产品出口9534.3万部，出口金额73.8亿美元，分别增长50.6%和39.5%，出口量占全部销售量的52.04%，该指标自2000年来一直保持在50%以上的水平。特别是国产品牌手机生产企业在努力开拓国内市场的同时进一步加大了开拓国际市场力度，去年国产品牌手机企业出口首次突破100万部，达到171.91万部，增长了223%。尽管去年上半年我国受“SARS”影响，但去年我国国产手机产品出口仍然取得了新的进展。

1999年～2003年我国手机出口数量如图4所示，1999年～2003年我国手机出口金额如图5所示。

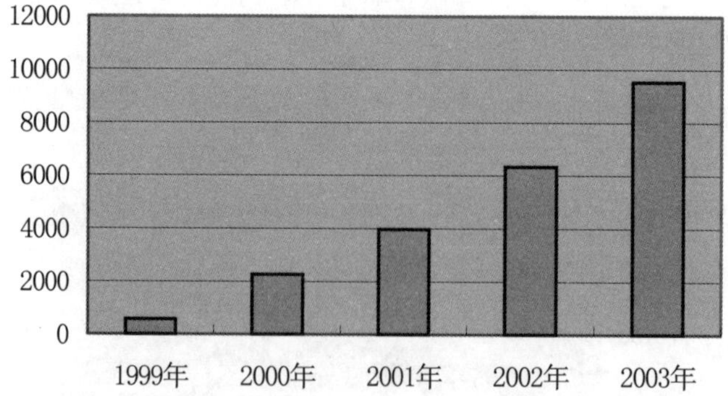

图4　1999年～2003年我国手机出口数量（万部）

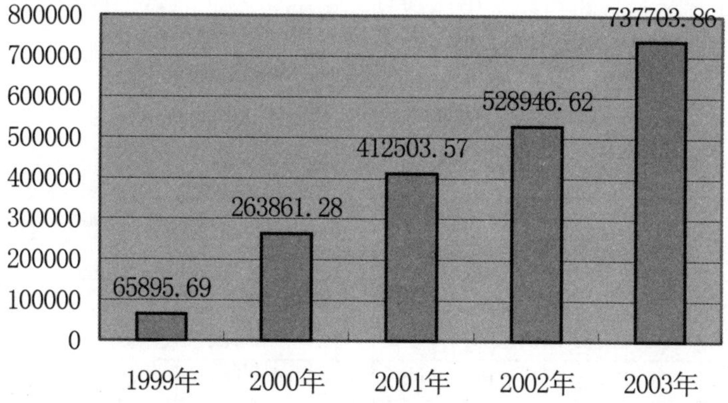

图 5　1999 年～2003 年我国手机出口金额（万美元）

1999 年～2003 年国产品牌手机出口数量和其占全部销量比重分别如图 6 和图 7 所示。

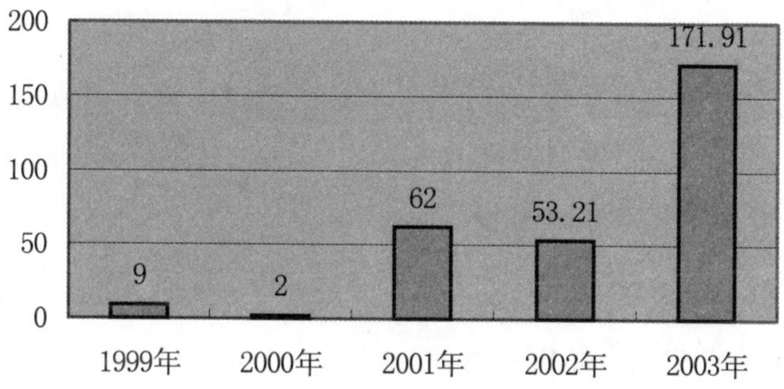

图 6　1999 年～2003 年国产品牌手机出口数量（万部）

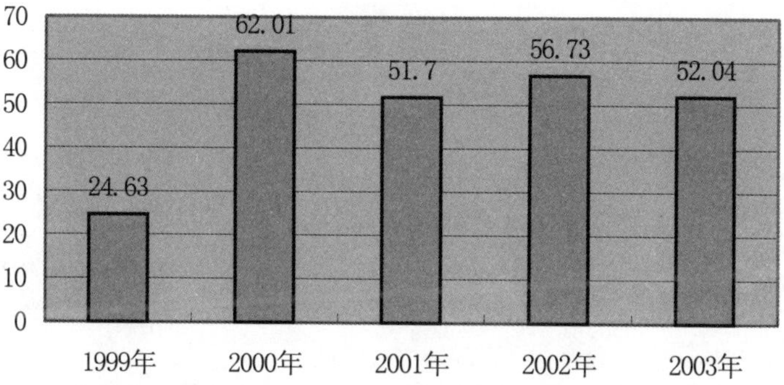

图 7　1999 年～2003 年我国手机出口数量占全部销量比重（%）

（4）**市场竞争激烈，格局重新洗牌。**手机产业经过几年的市场洗礼，格局进一步得到调整，大部分手机企业的市场份额不断产生新的变化。如：摩托罗拉由 1999 年占国内市场份额的 39.4%降至 2003 年的 9.3%，5 年中其国内市场份额共下降了 30.1 个百分点；而诺基亚手机的出口由 1999 年的 32.8%提高到 2003 年的 41%，增长了近 8.2 个百分点；摩托罗拉、诺基亚、西门子、爱立信四家手机企业 1999 年占国内市场份额达 84%，经过几年的市场调整，到 2003 年只占 24.2%，下降了 59.8 个百分点。而国内品牌手机生产企业快速成长，已出现两家规模在1000万部左右的企业，极大地动摇了外资企业的霸主地位。

主要手机企业占国内市场销售情况如表2所示。

表2　主要手机企业占国内市场销售情况

单位：%

单位	1999年		2000年		2001年		2002年		2003年	
	销售	出口	销售	出口	销售	出口	销售	出口	销售	出口
摩托罗拉	39.4	48.3	35.4	33.4	29.3	22.3	28.5	24.0	9.3	17.2
诺基亚	32.3	32.8	25.1	37.3	22.3	44.2	18.2	40.2	11.2	41.0
西门子	6.0	3.8	8.1	5.4	9.7	13.7	4.7	16.3	2.4	14.9
爱立信	6.4	5.5	9.2	10.2	6.5	11.8	2.1	7.7	1.3	8.8
以上四家企业合计	84	90.6	77.9	86.4	67.7	91.9	53.4	88.2	24	81.9
波导			3.2		6.4		9.9		13.2	
TCL			1		3		8.7		11.2	
康佳									5.5	

（5）**GSM手机在市场上占主导地位，CDMA手机则呈上升趋势。**2003年以来，国内品牌手机企业充分发挥价格低、性价比高、服务好、技术消化吸收快、政策支持的比较优势迅速崛起。去年全年国内品牌手机共生产4830.69万部，销售4732.9万部，其产量所占份额为29.58%，销量所占份额为29.48%，国内市场占有率为54.68%，分别比2002年提高了6.81、7.91、15.31个百分点。波导、TCL、康佳三家企业进入了全行业产、销前十名，生产、销售总量分别占国内品牌企业生产、销售总量的54.3%和54.1%，国内市场占有率为29.9%。特别是波导企业的手机，其在国内销售量已超过全部外资企业并跃居全行业第一。

2002年～2003年国产手机占国内销量比重情况如图8所示。

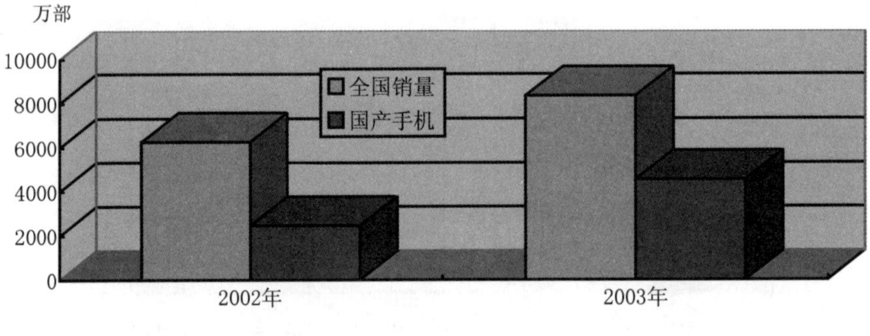

图8　2002年～2003年国产手机占国内销量比重情况

（6）**国产品牌手机企业产品技术水平不断提高。**2002年以来，国内品牌手机企业进入大发展时期，许多企业技术研发取得了长足进步。国内品牌手机企业已掌握了第二代移动手机的结构外观设计、应用层软件开发、射频模块的设计技术和大批量生产技术，在核心芯片和协议层软件的开发方面也取得较大进展。特别是在手机的外观设计、外型功能等方面，设计出许多符合国内消费者习惯和爱好的新型手机产品，如2003年新上市的80种新机型中有80%以上是国内手机企业所设计。

二、2004 年我国手机产业所面临的机遇与挑战

（一）我国手机产业发展面临的主要问题

1．小灵通的快速发展挤占了手机市场空间

小灵通产品的迅速成长进一步挑战了手机产业的发展。近年来小灵通在部分省市迅速发展，目前已开始进军北京、上海、广州等大城市。据调查，去年我国新增固定电话用户 4908 万户，其中小灵通用户就占据近 50%。由于小灵通手机具有话机售价低、通信话费单向收费和按市话收费的价格优势，因而赢得了广大低收入消费群体的青睐，因此，2004 年小灵通产品市场将继续挑战移动通信产品市场。

2．用户低端化给手机产业的进一步发展带来影响

从去年我国手机市场发展的情况看，新增移动用户低端化现象日趋显现，低收入用户大都满足于手机一般的通话功能，手机话费的高低对这部份用户影响很大，在一定程度上对手机新功能和通信新业务的普遍应用造成影响，因而其对手机产业进一步发展的影响不可忽视。

3．市场竞争更加激烈

手机价格和渠道的竞争进入白热化。手机生产企业为了扩大市场份额，在大规模扩大生产的同时，将价格当做竞争的利器。从去年市场销售的情况来看，手机的平均销价在 1500 元左右，下降了 15%，中、高档彩屏手机也加入了降价的行列，大幅降价促销和加大对新机型的宣传已成为企业扩大市场占有率的主要手段。在价格竞争的同时，手机销售渠道竞争更加激烈，运营商“捆绑”销售成为市场新的特点。跨国公司在国内手机企业的产品销售主要以代理制为主，而国内品牌手机生产企业产品的销售则是自销与代理并存。从去年开始，专业的家电销售企业如国美、大中、苏宁等开始销售手机。同时为了推动 CDMA 手机销售，联通公司与手机生产企业联合，采取包话费送手机的方式取得了较好的市场效果，去年湖南移动和摩托罗拉在湖南等地同样也采取了手机“捆绑”销售的方式来挤占市场。预计“捆绑”销售的方式将会在我国有一个大的发展。

4．产业发展面临重组

随着我国完善市场经济体制若干政策的出台，以及移动通信 3G 时代的即将到来，我国的通信业势必进入一个新的发展时期。手机产业经过近几年来的迅猛发展，经过市场的竞争，有一些企业已经发展壮大，也有一些弱小的企业会退出手机行业，一些新的势力强大的业外企业会通过资产重组等方式进入这个行业，这都将形成新的产业格局。

5．国产品牌企业面临新的挑战

国产品牌手机企业这几年发展异常迅速，已形成了两家规模在年产 1000 万部左右的大企业，占据了国内手机市场的一半份额，但随着手机市场进入成熟期，以及加入 WTO 后对市场的进一步开放，国产手机企业原有的竞争优势会弱化，企业拥有自主知识产权的多少和对 WTO 规则的掌握程度，在新一轮竞争中会变得尤为重要。

（二）我国手机产业发展面临新的机遇

（1）**移动通信新业务的开发和手机功能的不断增加，促进了产品更新换代的加快，形成了新的市场空间。**移动通信新业务的不断推出，手机功能的不断增强、外壳的不断翻新，促

使各生产企业不断推出适应市场需求的新品种，据统计，2003 年 1 月～6 月手机入网测试的机型已达 310 种，为 2002 年全年的 78%。新品种、新机型的推出，加快了手机更新换代的周期，刺激了市场需求，形成了新的市场空间，成为促进国内市场销售的主要因素。

（2）**2004 年电信运营业投资继续保持良好发展**。2003 年我国通信运营业固定资产投资规模达到 2100 亿元，同比增长 20%，为移动通信制造业创造了良好发展机遇，2004 年电信运营业的投资将继续保持今年的发展水平，新增移动通信用户仍将保持在 6000 万以上。另外在我国加入 WTO 的带动下，一些外商投资还将进一步扩大。

（3）**随着电话普及率的提高，国内潜在消费需求将进一步增加**。目前我国移动电话普及率仅为 20%～25%，离“十五”规划所确定的我国移动电话 30%普及率的目标还有一定差距，离发达国家 70%~80%的普及率相差更远。因此，国内手机市场仍有较大的发展空间。

（4）**我国将形成世界手机制造生产聚集带，出口贸易将继续增加。**

三、2004 年我国手机产品市场预测

我国手机产业经过近几年来的快速发展，国内市场空间潜力仍然较大，但与前几年相比，已经大大压缩，从 2000 年开始，我国手机普及率逐年递增，但增长速度开始下降，基数越大增长将越为趋缓。基于对过去几年来手机生产、销售情况和今年手机发展趋势的综合分析，预计今年国内市场手机销量在 7000 万部左右，出口在 10000 万部左右。

信息产业部经济体制改革与经济运行司

我国彩电产业 2003 年发展分析及 2004 年展望

2002 年以来，我国彩电产业继续保持快速发展态势。但行业发展中仍存在不少问题，需要深入分析和冷静判断，以形成良性的发展。

一、2003 年彩电产业发展状况

当前，我国彩电产业产销快速增长，出口不断增加，结构调整进展迅速，具体表现在：

（1）**产销快速增长，但增幅下降**。2003 年共生产彩电 6521 万台，销售 6500 万台，出口 2292 万台，出口额达到 25.6 亿美元（见图 1），分别比去年同期增长 30.2%, 23.8%和 39.8%，但增幅分别比去年同期下降 15.1, 13 和 41.2 个百分点。我国彩电产销衔接保持较好水平，产品产销率高达 103.6%（见图 2）。其中，月平均产销量分别达到 543 和 541 万台，分别比 2002 年平均水平高出 110 万台和 95 万台。

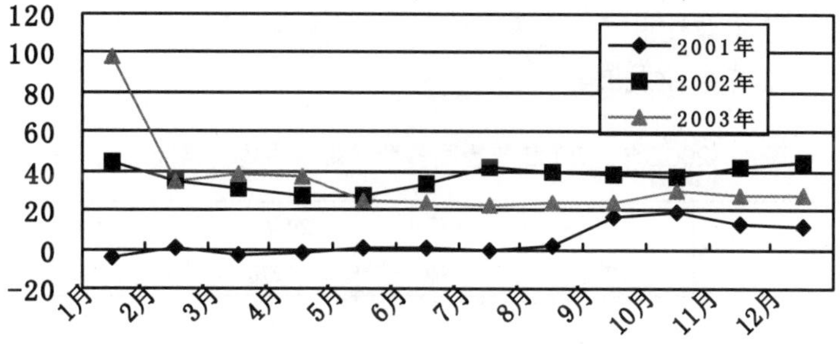

图 1　2001 年～2003 年各月彩电生产增长速度（%）

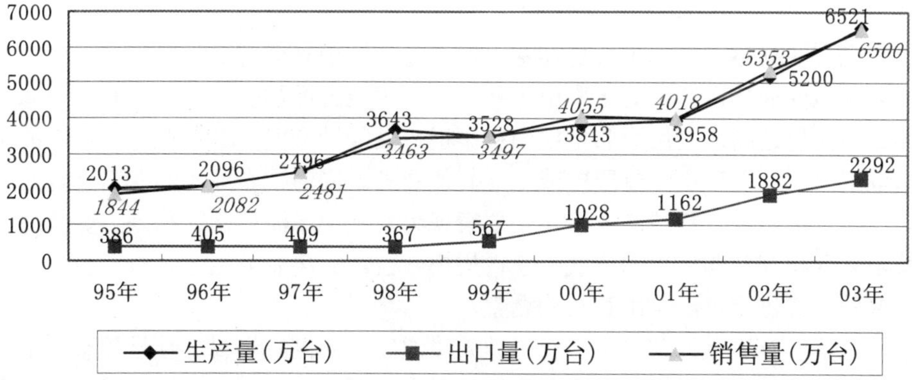

图 2　1995 年～2003 年我国彩电业生产、销售和出口状况

（2）**国产彩电仍以中、低端为主**。近年来，我国彩电一般以规模扩张为主流，尤其是国产品牌大多是中低档次。2003 年，8 个国产品牌彩电的销量占 76.9%，销售额占 54.9%，而 7

个国外品牌销售量占 18.6%，销售额占 38.4%。从出口产品结构来看，在出口的 2292 万台彩电中，CRT 显像管彩电达到 2010.8 万台，液晶彩电 218.64 万台，等离子彩电 1.76 万台，分别占总出口量的 90.12%、9.8%和 0.08%。

（3）**结构调整迅速。**彩电产业产品结构逐步优化，高端产品成为行业发展热点，大屏幕彩电销量大幅提高，一项对全国 35 个大中城市彩电销售情况的调查表明，29 寸彩电已成为城市彩电销售的主流。

二、当前我国彩电产业发展的主要特点

近年来，我国彩电产业发展的主要特点如下：

1. 生产能力过剩，市场竞争加剧

近几年，国内彩电市场需求量每年维持在 2200 万台～4200 万台，销量的增长很大部分靠出口增长来推动。1999 年～2003 年分别出口 567 万台、1028 万台、1162 万台、1881 万台和 2292 万台，分别占总销量的 16%、25%、29%、35%和 35.2%。目前仍有 69 家企业，生产能力高达 8661 万台。由于供过于求、生产能力过剩、外资生产基地转移、废旧彩电重返市场等多方面因素，在加上巨大的产能，繁多的品牌导致高低端产品价格循环走低（见表 1）。近几年彩电价格降幅在 15%～80%之间，削弱了彩电行业整体盈利能力。彩电业平均销售利润率为 2.05%，大多数企业比此还低。整个行业处于无利或微利状态，只能用其他产品或高端产品来弥补，才能维持企业发展。

表 1　2002 年～2003 年我国各型号彩电平均价格变动情况

	21 英寸	25 英寸	29 英寸	34 英寸	38 英寸
2002 年均价（元）	976	1540	2270	5241	10850
2003 年均价（元）	963	1382	2010	3881	9055
下降价格（元）	13	158	260	1360	1795
降幅	1.33%	10.26%	11.45%	25.95%	16.54%

2. 发展模式多样化，集中度有所提高

随着彩电产业战略调整的步伐更加深入，企业发展模式变得更加多样：部分企业开始削减甚至放弃其他的业务，注重突出彩电主业，并在主业方面加强市场细分和市场渗透；有些企业继续走多元化道路，利用原彩电的销售渠道、品牌效应发展其他业务；也有的企业开始从低端彩电退出，转而生产高端彩电或发展其他业务。同时，企业不断探索行业发展中的新模式，努力通过规模经营打造产业链，主要表现为与上中下游厂商特别是一些流通企业加强合作，甚至采取相互并购控股的形式以获得规模效益。彩电企业通过合资、股份制改造、联合兼并等多种形式进行资产重组和结构调整。

在市场竞争中有进有退，乐华、康惠、天津通广、西湖、福日、牡丹等彩电生产企业通过资产重组逐步退出，同时由于行业门槛低，天大天财、松日、东杰、赛博等一些企业进入市场。但随着市场优胜劣汰的竞争规律，使生产不断向骨干企业集中、市场向名牌产品集中、效益向优势企业集中、人才向优秀企业流动的局面形成，促进了行业集中度进一步提高。到 2003 年，产量过百万台的企业有 16 家，占我国彩电生产总量的 96.2%（见图 3）。其中，前

4 家的生产规模都超过 800 万台，合计占 62.5%。

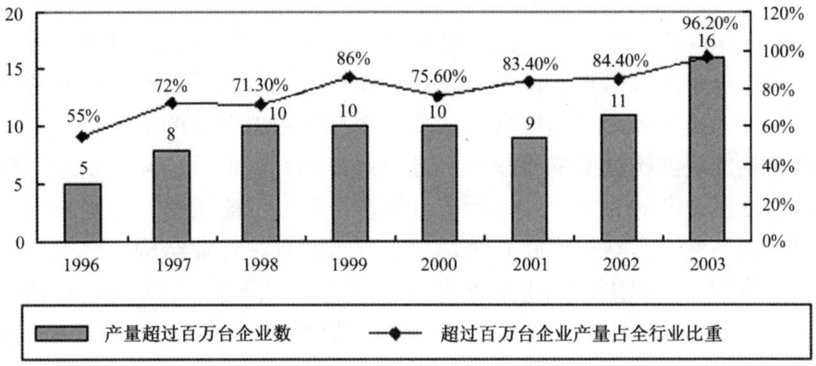

图 3　1996 年～2003 年我国彩电产业集中度不断提高

从区位分布来看，彩电从以前“天南海北”的地区布局向广东（占 50.6%）、四川（占 17.2%）、山东（占 10.9%）、东北（占 6.2%）和江苏（占 6.1%）等地集中。

3. 高清成为亮点，技术难度加大

2003 年是我国数字电视启动年，数字高清产品成为彩电市场一大特色。全年生产高清背投电视 93.26 万台，同比增长 64.7%；销售 88.8 万台，同比增长 118.3%。LCDTV 生产 23.3 万台，销售 22.38 万台，出口 10.7 万台；PDPTV 由 2002 年占市场 3.9%提升到 7.6%。25 英寸以上大屏幕电视成为市场主流，25～34 英寸占 64%，34 英寸以上占 8%。

彩电技术向数字网络终端、向多媒体信息终端发展，款式向大屏幕、片面化、超薄型、平板显示方向发展，电视图像向高清晰、逐行扫描方向发展；背投、PDP、LCD电视将成为未来的主流。数字多媒体技术功能不断提高，这就要求企业加大研发投入以适应技术难度加大的趋势。

4. 中外“竞合”加强，出现并购、联合新热潮

我国加入WTO后，中外合作进入新的发展时期。三资企业进一步加大向我国的投资、转移力度，将原来在外国的生产线转移到我国，改变了目前的产销格局，增加了市场的拥挤。

中国 IT 企业在全球结构调整和分工的大背景下找到自己的位置，按照市场经济的规则，重新调整发展战略，出现了企业并购、联合合作的新热潮。彩电企业以名牌产品为龙头、以资产为纽带的改组收购和联合兼并，可以做大做强，参与国际竞争。彩电企业同彩管等配套元器件生产企业加强技术合作，推进关键元器件本地化；与跨国公司加强研发、生产和销售合作，促进技术创新，共同开发创造新的需求；联合合作制定标准以掌握市场制高点，实现从资源争夺到知识的共享。目前，长虹与东芝，海信与住友都分别在彩电研发、生产和销售方面展开不同形式的合作，TCL 与松下、TCL 与汤姆逊合并彩电资产及业务，对品牌进行了重新整合，并把汤姆逊的数字电视研发中心放到合资公司中，这对 TCL 提高技术水平具有很大促进作用。2003 年，行业发展中出现联合合作的“新气象”，成为彩电企业提高国际竞争力的必然选择。

三、彩电产业快速增长的主要原因

2002 年以来，彩电产业之所以取得快速发展，原因主要表现为市场需求拉动、企业结构调整和三资企业推动等几个方面。

（1）城市彩电更新换代、住房制度改革为彩电产业创造了巨大的市场需求。城市彩电普及率虽达到相对饱和，但其中很多产品已使用多年，正处于更新换代时期，这为彩电市场特别是高端产品市场带来大量需求。此外，新一轮的住房制度改革为彩电产业形成新的市场需求；城镇化进程的加快也推动乡镇地区、城乡结合部等彩电销量的扩大。

（2）彩电企业加快结构调整的步伐。经过前两年的发展低谷，彩电企业变得更加成熟和理性，纷纷加强以销定产的力度，并不断改善经营，做好战略调整，特别是加大新品研发投入，开发高端产品，使产品结构不断升级，效益逐步回升，行业结构调整取得明显实效。同时，经过2001年消化大量积压产品后，企业库存压力大大降低，这为其结构调整创造了良好的条件，也对企业适当补充库存、拉动生产增加、提高经济效益起到了一定的推动作用。

（3）跨国公司不断加大向我国投资、转移的力度。我国巨大的市场、丰富而价廉的人力资源、日趋完善的投资环境，吸引了越来越多的跨国企业来华发展彩电产业，特别随着我国加入WTO后，这种趋势愈加明显，我国日益成为世界重要的彩电制造加工基地。2002年以来，日、韩家电企业，如东芝、松下、日立、三星、LG等明显加大了在华的投资转移力度，纷纷将其工厂从世界其他地区转向中国，或直接委托国内品牌企业代其加工，这对彩电产业发展特别是产品出口的推动作用十分明显。

四、当前彩电产业存在的问题与面临的困难

彩电产业虽取得快速增长，也出现不少新热点，但应该看到，其发展也面临一些困难和隐患问题亟待解决：

（1）彩电产业中的突出问题仍未根本解决。由于核心技术受制于人，产品层次相对较低，难以形成较高的行业壁垒，行业分散的格局继续存在；随着生产大幅增长、库存相应增加，这为今后产业发展埋下新的隐患；市场秩序仍有待规范，虽然企业不断开发高端产品，相比世界知名彩电企业，国内品牌企业产品结构仍以低端为主，加上价格竞争激烈，全行业效益增速明显低于产销增速，微利的局面难以在短时间内有根本改变。

（2）市场需求增长减缓，高端彩电市场竞争日益加剧。以大屏幕投影电视、PDP彩电为代表的高端产品发展正处孕育期，产品价位相对较高，目前更多以商用为主，因此市场需求难以在短时间内出现高速增长的局面；同时，在产品技术及市场多为跨国公司所占据的形势下，国产品牌要争夺高端市场，必须加大研发和促销力度，这也导致市场竞争不断加剧。

（3）彩电出口存在一些隐患，国际新贸易保护主义抬头。彩电出口秩序乱、价格低的问题，近年来不断招致国外对我国的反倾销投诉。随着我国与欧盟贸易顺差加大，欧盟不断要求我国增加从本地区的进口，并对我国出口设置限制，如欧盟将于2004年8月份启动两项关于电子垃圾的法规，使我国家电企业每向欧盟出口一台彩电或一部手机，将被征收大约1～20欧元。此外，我国彩电企业在开拓国际市场过程中，也表现出对国际规则和国际惯例不熟悉、不适应的弊病，新贸易保护主义倾向增强，阻碍了我国彩电出口和企业“走出去”战略的实施。

五、2004年彩电产业值得关注的几个问题

互联网、通信网、有线电视网络的三网融合成为全球化趋势。我国彩电产业面临彩电技

术和市场发展的巨大变化，数字电视时代已经到来，彩电产业出现了一些新的趋势和特点值得关注和思考：

1．彩电产业步入一个新的发展时期，要有新的理念

随着数字技术、信息技术的发展，数字彩电、信息家电已经成为今后的发展方向。我国加入 WTO 后与世界经济的不断融合，农村市场和国际市场的进一步拓展也将为彩电产业带来新的发展空间。我国彩电业正步入一个转型升级的新阶段，其主要特征：一是电视技术从模拟转向数字技术发展，出现技术创新决定产业发展方向，市场决定产业发展规模的态势；二是彩电将成为一个多功能的多媒体信息终端产品；三是彩电款式向高清晰度、大屏幕、平面化、超薄型方向发展，产品更为人性化、数字化、环保、节能；四是出现国内国外市场并重发展的新格局；五是竞争与合作并存，联合合作比竞争更重要等新的理念。

在新的发展时期，要有新的理念。抓住信息化、数字化、网络化和国际化的大好机遇，重新认识彩电业的战略地位，从国家整体利益和产业发展的大局出发，贯彻“突出重点、有进有退”的方针，加快彩电业战略性调整；加快实施数字电视工程；加强市场引导和监督，实现彩电作为娱乐媒介手段向信息显示终端的飞跃；从模拟电视向数字电视的转变；从分散小规模企业向拥有著名品牌和自主知识产权、具有国际竞争力的大企业集团过渡；从以国内市场为主向利用两种资源、两个市场转变；从以引进技术为主到引进消化吸收与自主开发创新并重跨越，保持彩电业快速健康发展。

2．彩电进出口贸易成为制约产业产销波动和不稳定性的因素

我国正在成为全球彩电产品加工、制造基地，产业国际化、市场化特征越来越明显。销量的增长很大部分由出口增长来推动，出口为彩电市场发展注入了新的活力。2002 年，中国彩电出口占全部电子信息产品出口额的 1.7%，占国际市场（不包括中国市场）需求量的 17.8%。从出口贸易方式上看，仍以加工贸易为主，进料加工贸易、来料加工装配贸易、一般贸易出口量所占比例分别为 70.3%、5.6%、22.9%，出口额所占比例分别 74%、8.0%、17.1%，平均出口价格分别 1133 元/台、1525 元/台、803 元/台。因此，一方面要加强对国际规则、惯例的研究，加强对 WTO 相关规则如反倾销、知识产权保护等的宣传与学习，研究彩电出口面临的贸易壁垒及企业开拓国际市场中相关的营销规则和国际惯例，建立预警机制、加强风险管理。应对国际新贸易保护主义对我国彩电出口的限制，积极推动国内彩电企业开拓新兴国际市场，组织企业到俄罗斯、中东欧、非洲举办或参加国际展览，并从政府层面通过互访、贸易洽谈等形式推动中外彩电产业界之间的交流与合作，推动产品出口。

另一方面，要继续发挥加工贸易的作用，提升加工贸易水平和层次：向产业链前端转移，向技术型企业转变势在必行；从 OEM 方式逐步向 ODB 或 OBM 方式转变；进一步加大对新兴市场的开发力度，实现出口市场的多元化；推动企业“走出去”，把剩余生产能力和设备转移至境外，带料加工，扩大品牌影响。实施国际化战略，扩大彩电出口是产业发展必由之路。

3．多功能、智能化的 3C 融合成为彩电未来发展的必然趋势

3C 融合已经成为全球性发展趋势。数字电视发展吸引了摩托罗拉、诺基亚、IBM、HP、Dell 等国际著名 IT 企业和国内联想、长城、方正等国内 IT 企业进入。传统家电企业新科、厦新等也进入数字信息家电行业，彩电产业正处于结构调整和重新洗牌的新格局。

数字电视是一个信息化系统工程，从电视节目的采集、制作到信号的发射、传输以及最终接收的全过程，数字电视涉及各个环节，产业链条很长。由于涉及到很多部门的利益，要

加强节目制作商、运营商和制造商间的联合和互动。

4．整机与配套元器件协调发展是整合彩电产业链的途径

彩电产业的发展会带动关键配套元器件的发展，而相关配套产业的发展又是彩电产业发展的基础。彩电整机和系统复杂度的提高，需要集成电路、嵌入式软件产品和占整机成本50%以上的新型显示器件（PDP, LCD, CDT）的发展与之相配套。因此，要加速这些基础产业的发展，不断提高本地化配套能力，完善上下游配套的产业链，形成产业聚集效应和规模化的协同效应。

5．加快数字彩电工程实施，推动相关标准的制定

加快我国数字电视的技术开发与创新，掌握核心技术，把握彩电产业发展的主动权；鼓励企业合作，促进联合发展。加大数字电视技术体制和相关标准、规范的研究力度，尽快完成数字传输模式、技术体制和相关标准、规范的制定。同时，研究建立体现具有行业导向作用的国家投入机制，如联合企业组建国家数字电视技术研发中心、建立国家数字电视技术发展基金等。

6. 行业协会等在促进彩电行业发展中的作用将进一步得到发挥

我国加入 WTO 后，随着政府职能的转变，行业协会将发挥更加重要的作用。主要是做一些政府不方便出面，一家企业又做不了的工作，为行业健康发展做出了积极贡献。一是及时跟踪了解行业内企业的状况，定期发布市场信息，建立相应的数据库，组织信息交流、加强行业引导；二是对市场进行调查监督，技术成果的评定推广，技术标准的制定，质量检测，价格协调，国际交流，及时反映企业意见和传达政府的意图；三是在行业自律、规范市场秩序、产品认证、技术推广等多方面发挥了作用；四是多次组织对外反倾销应诉、知识产权保护、协助有关部门处理国际贸易纠纷，建立产业损害预警机制、制定生产防治污染管理办法、明确规定废旧彩电使用安全期限，并建立废旧彩电回收渠道运作机制等。

随着数字技术、信息技术的发展，数字彩电、信息家电已经成为今后的发展方向，彩电作为重要的多媒体网络终端，发展空间依然很大，彩电行业的发展前景仍十分看好。对此，我们应努力抓住机遇，推动数字彩电工程实施，加快结构调整，促进企业合作，培育国际市场开拓经验，并进一步规范市场秩序，引导行业健康发展。

信息产业部经济体制改革与经济运行司

2003年中国计算机市场回顾与展望

一、2003年全球计算机市场发展概况

2003年，随着世界经济复苏步伐的加快，近年来遭受沉重打击的全球信息技术产业开始恢复活力，个人电脑和芯片等产品及软件与服务的销售快速回升，第三季度全球个人电脑销量比2002年同期增长了14.8%，为2000年以来的最大增幅。

由于企业与个人用于PCs的开支大增，全球信息技术硬件设备投资在连续三年下滑后，2003年增长1.4%，达到3900亿美元；2003年全球软件销售额达到1725亿美元，比2002年增加2.3%；而信息服务比2002年更增长3.4%，达到3420亿美元。在芯片方面，美国半导体工业协会预计全球芯片销售额将在2003年增长16%的基础上，2004年增长19.5%，达到1950亿美元。

信息技术产业的好转还表现在信息技术服务、电信、电子消费品等其他领域。2003年，全球电信设备销售额将比2002年增加8%，达到1905亿美元，这将是自2000年以来的首次增长。在数码消费品方面，数码相机、数字电视机、DVD播放机和MP3播放机等产品热销。

全球信息技术产业全面趋好的主要原因是，随着经济的明显好转，美国及西方发达国家公司盈利大幅增加，从而对信息技术设备和软件的需求大幅回升。另外，由于过去几年用于信息技术的投资急剧减少，许多大公司的电脑设备等已经相对陈旧，目前急需更新换代；而亚太等区域市场的增长仍然在继续。

二、2003年中国计算机市场发展现状

（一）市场规模及结构

1．市场总体发展状况

据赛迪顾问调查显示，2003年中国计算机市场销售收入达到3326.9亿元，与2002年同比增长15.4%。

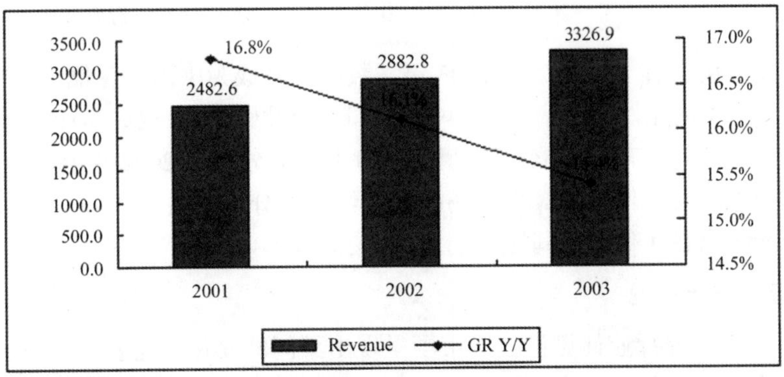

数据来源：赛迪顾问　2004，02

图1　2001年～2003年中国计算机市场销售收入及增长状况（单位：亿元）

2003 年，中国计算机市场在硬件、软件及信息服务等领域销售收入分别为 2383.2, 399.6 及 544 亿元，其增长率分别达到 13%, 15.8%, 26.7%，如表 1 所示。

表 1　2001 年～2003 年中国计算机市场硬件、软件与信息服务销售收入及增长

单位：亿元

类　别	2001 年	2002 年	2003 年	02～03GR
硬件	1874.5	2108.5	2383.2	13.0%
软件	285.0	345.0	399.6	15.8%
信息服务	323.1	429.3	544.0	26.7%
合计	2482.6	2882.8	3326.9	15.4%

数据来源：赛迪顾问　2004，02

随着计算机软件，特别是信息服务的高速增长，中国计算机市场结构也发生着深刻的变化，截止到 2003 年，中国软件与服务市场比重已经上升到 28.4%，图 2 显示了 2001 年～2003 年中国硬件、软件以及服务市场份额变化情况。

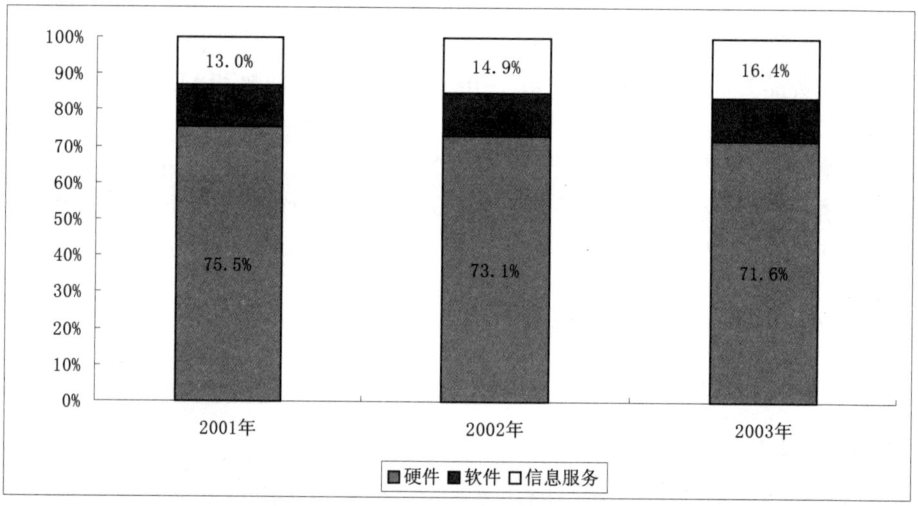

数据来源：赛迪顾问　2004，02

图 2　2001 年～2003 年中国计算机市场硬件、软件与服务份额变化

从细分产品市场来看（见表 2），2003 年，数码产品成为中国计算机市场中最大的亮点，其销售额实现 122.3 亿元，同比增长 77.4%；IT 服务和网络产品也成为计算机市场稳步增长的推动力，二者分别实现销售额 544 亿元和 171.1 亿元，分别比 2002 年增长 26.7%和 23.9%；而计算机系统和外围设备作为计算机市场的重要组成部分（见图 3），增长相对缓慢，实现销售额 1036.8 亿元和 443.4 亿元，同比分别增长 9.2%和 8.8%。

2．行业应用市场状况

2003 年，中国细分行业计算机应用市场呈现出不同的变化（见表 3），家庭个人 IT 应用市场不仅保持了 24%以上的增长，同时已经成为中国计算机市场中最大的细分市场，其销售收入达到 436.6 亿元。除此以外，制造、电信以及政府部门的 IT 投资在行业市场中保持前三的位置，其年 IT 投资额均超过 300 亿元。银行 IT 投资在 2003 年出现负增长（－5.7%），在各商业银行数据大集中基本完成以后，2003 年银行 IT 应用尚未找到新的兴奋点（见图 4）。

表 2　2001 年～2003 年中国计算机细分产品市场规模与变化

单位：亿元

类　别	2001 年	2002 年	2003 年	02～03GR
计算机系统	846.4	949.5	1036.8	9.2%
外围设备	381.3	407.3	443.4	8.8%
数码产品	42.0	69.0	122.3	77.4%
网络产品	121.1	138.2	171.1	23.9%
软件	285.0	345.0	399.6	15.8%
信息服务	323.1	429.3	544.0	26.7%
应用产品与其他	483.7	544.6	609.7	12.0%
总计	2，482.6	2，882.8	3，326.9	15.4%

数据来源：赛迪顾问　2004，02

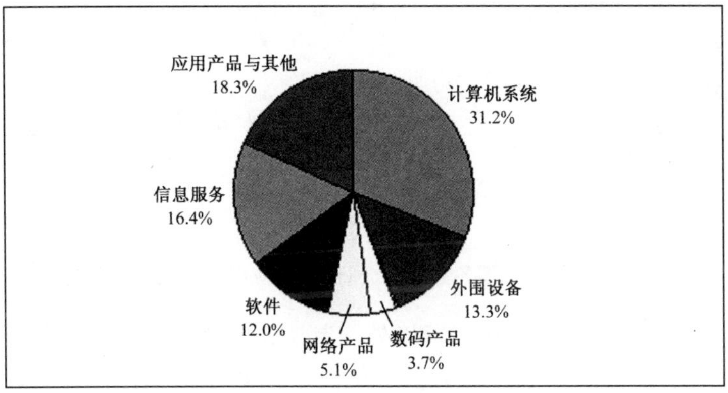

数据来源：赛迪顾问　2004，02

图 3　2003 年中国计算机细分产品市场销售收入份额状况

另一个值得关注的行业是医疗卫生行业，2003 年其 IT 投资增长超过 40%。尽管 SARS 在第二季度抑制了中国计算机市场的增长，但同时也促进了中国医疗卫生行业 IT 投资的增长。另外，包括物流、零售、建筑以及法律、旅游等服务行业在 2003 年也保持了较高的增长。

表 3　2001 年～2003 年中国主要细分行业 IT 应用市场规模变化

单位：亿元

行　业	2001 年	2002 年	2003 年
制　造	286.7	359.5	410.1
电　信	332.6	311.1	349.7
政　府	229.8	279.6	332.1
银　行	284.0	287.0	270.8
教　育	144.9	181.7	221.2
交　通	115.2	140.3	165.5
能　源	105.6	123.8	143.9

续表

行　业	2001 年	2002 年	2003 年
证　券	50.3	53.6	59.5
医　疗	13.3	18.4	25.8
保　险	17.1	21.7	26.3
家　庭	275.2	350.8	436.6
其　他	178.9	230.9	283.8
总　计	2033.6	2358.4	2725.2

数据来源：赛迪顾问　2004，02

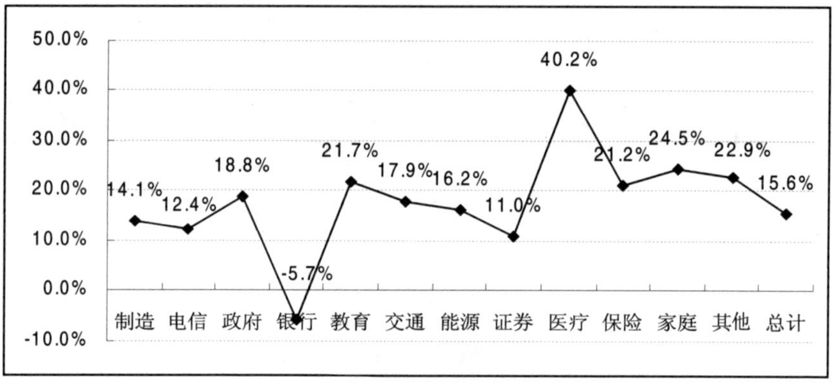

数据来源：赛迪顾问　2004，02

图 4　2003 年中国各主要细分行业 IT 应用市场增长率状况

在行业份额方面，除家用个人市场段以外，制造、电信以及政府行业的市场份额已经占整个中国计算机市场的 40%；银行 IT 投资萎缩到 10%以下，包括银行、证券和保险在内的整个金融行业的 IT 投资在 2003 年占有 13.1%的份额；而教育 IT 投资的份额在近两年得到极大的增长，从 2001 年的 7.1%上升到 2003 年的 8.1%。

3．区域市场发展状况

2003 年，中国计算机区域市场中，增长最快的仍然是华东市场，其增长率达到 17.9%，市场规模为 628.2 亿元（见表 4），超过华北市场成为中国最大的区域市场。华北以及华南市场在 2003 年是受 SARS 影响最为严重的地区，其 2003 年计算机市场增长也受到相应的冲击；而东北市场在 2003 年表现较为突出；西部地区整个市场增长均在 16%以上，高于全国平均增长水平（见图 5）。

表 4　2003 年中国七大区域计算机市场规模与增长状况

单位：亿元

区域市场	2001 年	2002 年	2003 年	02～03GR
东　北	178.5	201.2	233.3	16.0%
华　北	481.5	554.7	627.1	13.0%
华　东	446.9	532.8	628.2	17.9%
华　南	385.6	441.3	507.2	14.9%
华　中	202.6	229.2	263.5	15.0%

续表

区域市场	2001 年	2002 年	2003 年	02～03GR
西　北	131.4	157.3	184.0	16.9%
西　南	207.2	242.0	282.1	16.6%
总　计	2033.6	2358.4	2725.2	15.6%

数据来源：赛迪顾问　2004，02

在区域市场份额方面，以上海、广州以及北京为中心的长三角、珠三角以及环渤海湾地区仍然占据了中国计算机市场近 65%的市场份额，尽管西部、东北等区域市场受政策驱动成长较快，但中国区域计算机市场不平衡状况在短期内很难改善。

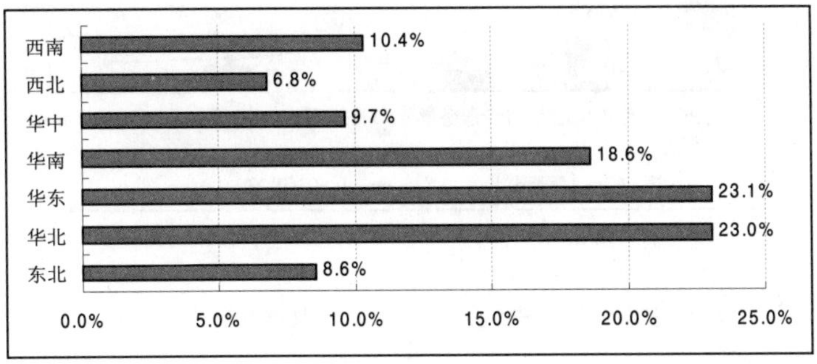

数据来源：赛迪顾问　2004，02

图 5　2003 年中国各区域计算机市场份额对比

（二）细分产品市场状况

1．计算机系统市场

计算机系统市场占据整个中国计算机市场 30%以上的销售收入份额，该市场段在产品市场中具有举足轻重的地位。2003 年中国计算机系统市场保持了 17.4%的累计销量增长（见表 5），但由于价格迅速下降，特别是 PCs 产品的价格下跌导致该市场销售收入增长缓慢，全年销售收入增长 9.2%，成为首次跌入个位数增长的一年。

表 5　2001 年～2003 年中国计算机系统市场产品销量与增长状况

单位：万台

产　　品	2001 年	2002 年	2003 年	02～03GR
台式 PC	868.7	990.7	1，141.1	15.2%
笔记本电脑	63.3	88.5	126.0	42.4%
PC 服务器	20.1	23.5	27.7	17.9%
NT 工作站	2.0	2.4	2.7	14.8%
RISC 服务器	1.9	2.1	2.3	10.6%
UNIX 工作站	1.1	1.3	1.4	7.8%
总计	957.2	1108.4	1301.2	17.4%

数据来源：赛迪顾问　2004，02

从以上数据可以看到，PCs 产品中笔记本电脑增长显著，达到 42.4%的年度增长，全年销量 126 万台；而台式 PC 的销量在 2003 年也超过 1000 万台；除 UNIX 工作站以外，PC 服务器、RISC 服务器以及 NT 工作站均保持两位数的销量增长。

在销售收入方面（见图 6），2003 年中国计算机系统市场总销售收入超过 1000 亿元，达到 1036.8 亿元，与 2002 年相比增长 9.2%。台式 PC 销售收入 2003 年增长缓慢（6.6%），但规模巨大，占据整个计算机系统市场近 2/3 的市场份额；包括 PC 服务器与 RISC 服务器在内的服务器市场规模也超过 150 亿元；笔记本电脑销售收入同比增长 26.5%，达到 173.2 亿元。

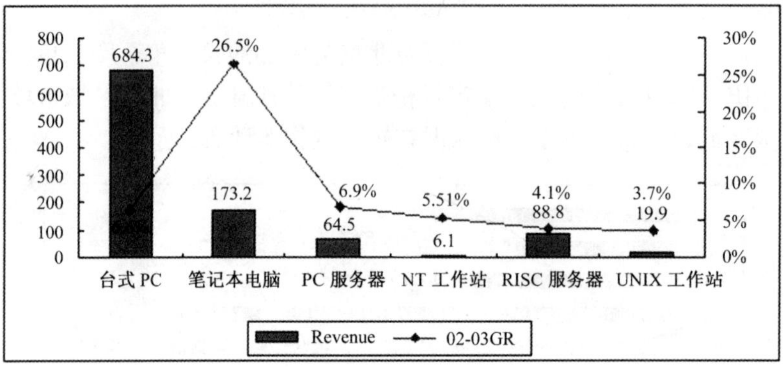

数据来源：赛迪顾问　2004，02

图 6　2003 年中国计算机系统市场销售收入及增长状况（单位：亿元）

2．外围设备市场

2003 年外围设备市场中，整体销售量方面由于多功能一体机（MPF）、投影机以及外部磁盘存储系统容量的增长带动，使外部设备市场整体销售量有较大幅度的增长。同样，由于外设产品价格的急剧下降导致外设产品整体销售收入呈现个位数增长。

包括 OEM 及自有品牌的显示器在 2003 年销量突破 1300 万台，LCD 显示器增长迅猛，传统 CRT 显示器已经逐步退出市场；打印机产品大众化趋势已经在 2003 年表现得十分明朗，包括照片打印机在内的喷墨打印机在计算机消费市场中表现突出；多功能一体机在销售量方面出现了 153%以上的增长；而扫描仪产品销量在 2003 年出现负增长；另一个值得关注的产品是投影机，其 2003 年销量增长超过 60%，而 UPS 增长缓慢。

外部磁盘存储系统安装容量在 2003 年增长 57%，达到 6871TB；光存储产品中 DVD-ROM 及 DVD 刻录机增长明显（见表 6）。

表 6　2001 年～2003 年中国外围设备市场销量及增长状况

单位：万台

产　　品	2001 年	2002 年	2003 年	02～03GR
显示器	960.1	1，131.3	1，304.9	15.3%
打印机	350.9	433.0	520.7	20.2%
多功能一体机	11.6	19.7	50.0	153.5%
扫描仪	98.6	110.3	105.5	−4.3%
UPS	79.1	84.2	91.2	8.3%
投影机	6.1	10.1	16.3	60.9%
光存储	1054.6	1223.5	1540.7	25.9%
外部磁盘存储系统（TB）	2823.6	4376.6	6871.2	57.0%
总计	5384.6	7388.7	10500.5	42.1%

数据来源：赛迪顾问　2004，02

在销售收入方面，由于主要外设产品大众化趋势明显导致产品价格迅速下降，尽管相关产品销售量呈现较大幅度的增长，但销售收入增长有限。赛迪顾问数据显示，2003年中国外设产品市场销售收入443.4亿元，同比增长8.8%。除UPS产品销售收入与销量基本保持一致以外，其他产品的平均价格都有较大幅度的下跌（见图7）。

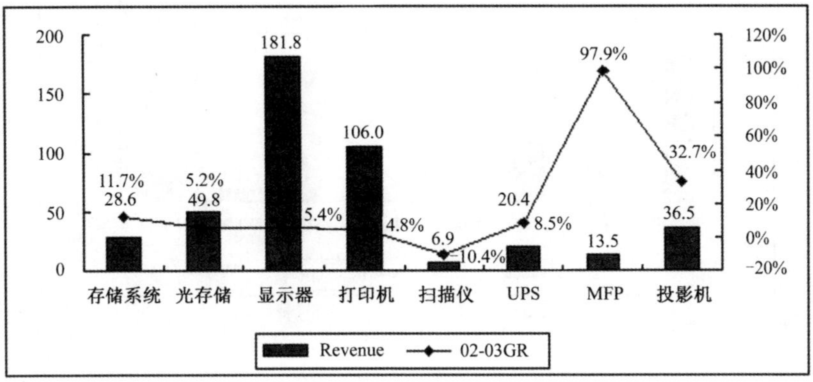

数据来源：赛迪顾问 2004，02

图7 2003年中国外围设备市场主要产品销售收入及增长状况（单位：亿元）

从图7可以看出，外设产品中最大的两块市场分别是显示器和打印机市场，其市场规模均超过100亿元，占整个外围设备市场的65%。其他市场规模较大的产品包括光存储、投影机和外部磁盘存储系统市场。

3. 网络设备市场

2003年中国网络产品市场取得了较大的增长，其主要驱动因素来自于行业与企业网络建设、电子政务以及校园网工程，同时宽带的热潮推动了网络产品及ADSL终端的快速增长。赛迪顾问数据显示，2003年中国网络设备市场销售收入增长23.9%，最主要的增长来自于包括无线网络（WLAN）、宽带终端接入（ADSL）以及网络安全设备等新兴网络设备市场。

在传统网络产品领域，交换机端口数增长24.9%，达到1789万端口；路由器23.5万台，同比增长18.7%。宽带刺激ADSL增长337.5%，达到700万线，除集线器以外，其他网络产品均有不同程度的增长（见表7）。

表7 2001年～2003年中国主要网络设备销量及增长

单位：万台

产 品	2001年	2002年	2003年	02～03GR
交换机（万端口）	1132.0	1431.9	1789.0	24.9%
网卡	669.0	832.0	1016.0	22.1%
ADSL	51.0	160.0	700.0	337.5%
Modem	196.0	269.0	356.0	32.3%
集线器	484.0	525.0	480.0	−8.6%
路由器	17.0	19.8	23.5	18.7%
总计	2549.0	3237.7	4364.5	34.8%

数据来源：赛迪顾问 2004，02

2003 年中国网络设备销售收入超过 170 亿元，总体增长 23.9%。增长最快的两类产品涉及无线与宽带网络，其中 WLAN 增长 290.9%；ADSL 终端增长 214.5%；另一个增长显著的是网络安全设备，其市场规模已超过 10 亿元，增长 53.6%（见图 8）。

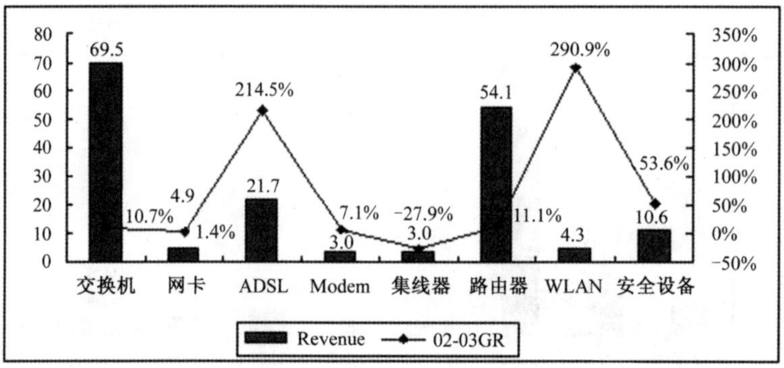

数据来源：赛迪顾问　2004，02

图 8　2003 年中国网络设备市场分类产品市场销售收入及增长（单位：亿元）

4. 软件市场

据赛迪顾问调查数据显示，2003 年中国软件市场销售收入 400 亿元，同比增长 15.8%。其中中间软件增长 27.8%，应用软件增长 17.2%，平台软件增长 10.1%（见表 8）。

2003 年中国软件市场没有取得更高的增长，主要原因来自于第二季度 SARS 的影响，多数企业重大项目以及电子政务项目受到影响导致软件市场增长率降低。从第三季度末开始，企业及政府对软件的投资开始恢复。

表 8　2001 年～2003 年中国软件市场规模及增长

单位：亿元

类　别	2001 年	2002 年	2003 年
平台软件	85.9	99.7	109.8
应用软件	183.3	222.7	260.9
中间软件	15.8	22.6	28.9
总　计	285.0	345.0	399.6

数据来源：赛迪顾问　2004，02

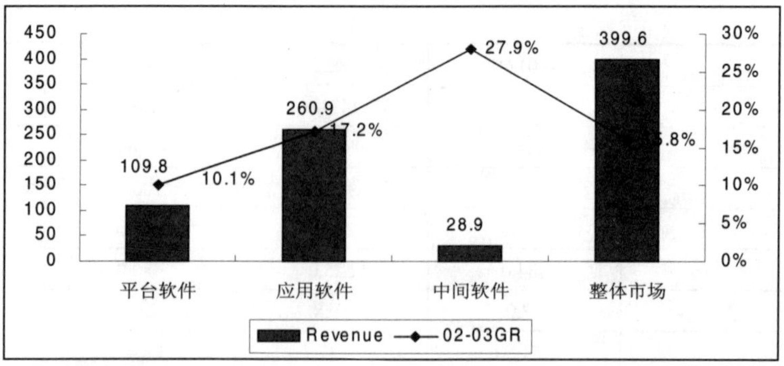

数据来源：赛迪顾问　2004，02

图 9　2003 年中国分类软件市场规模与增长（单位：亿元）

从图 9 中可以看到，包括系统软件、数据库平台、开发平台以及嵌入式系统在内的平台软件市场总体规模超过 100 亿元；以管理软件、行业应用软件、办公软件等为代表的应用软件市场总体规模达到 260 亿元；而包含网络安全软件、中间件在内的中间软件市场规模为 28.9 亿元。

赛迪顾问数据显示，2003 年中国数据库软件市场增长平稳，市场规模近 18 亿元；网络安全软件市场增长迅速，市场规模超过 23 亿元人民币；管理软件市场规模已经扩张到近 40 亿元，同比增长 19.7%。表 9 显示了 2002 年～2003 年中国数据库软件、安全软件及管理软件市场规模与增长状况。

表 9　2002 年～2003 年中国数据库软件、安全软件及管理软件市场规模与增长

单位：亿元

类　别	细分产品	2002 年	2003 年	02～03GR
平台软件	数据库	16.6	17.92	8.0%
中间软件	网络安全产品	18.36	23.57	28.4%
管理软件	财务管理软件	7.11	8.3	16.7%
	ERP	15.38	18.83	22.4%
	CRM	1.46	1.78	21.9%
	SCM	4.09	4.43	8.3%
	EAM	1.55	1.74	12.3%
	HR	1.26	1.81	43.7%
	其他	2.2	2.67	21.4%

数据来源：赛迪顾问　2004，02

在管理软件市场中，除 ERP 软件以外，值得关注的细分产品包括新兴的人力资源管理软件（HR），其 2003 年增长率高达 43.7%。目前，ERP 软件已经占据了整个管理软件市场 47.6% 的份额，预计在 2004 年，ERP 软件的市场份额将超过 50%。

5. 信息服务市场

信息服务市场是中国计算机市场增长最迅猛的市场。据赛迪顾问调查显示，2003 年中国信息服务市场增长 26.7%，市场规模达到 544 亿元。其中，专业服务市场规模突破 200 亿元；网络服务继续保持高增长态势，市场规模接近 190 亿元（见表 10）。

表 10　2001 年～2003 年中国信息服务市场规模与增长

单位：亿元

类　别	2001 年	2002 年	2003 年	02～03GR
支持与维护	120.6	141.4	154.2	9.1%
专业服务	140.9	169.7	200.1	17.9%
网络服务	61.6	118.2	189.7	60.5%
总　计	323.1	429.3	544.0	26.7%

数据来源：赛迪顾问　2004，02

2003 年，传统支持与维护市场增长平缓。随着用户 IT 基础架构的日益完善，企业 CIO

面临如何整合优化现有系统，提高运营效率，降低企业成本等一系列问题。2003 年包括 IT 咨询、集成开发、运营管理外包服务等在内的专业服务取得了近 18%的增长，销售规模突破 200 亿元，特别是 IT 咨询与运营管理外包服务成长迅速。

表 11　2001 年～2003 年中国专业服务市场规模与增长

单位：亿元

类　别	2001 年	2002 年	2003 年	02～03GR
IT 咨询	14.3	19.4	24.0	23.7%
系统集成	77.0	91.5	104.9	14.6%
IT 教育与培训	21.3	25.3	28.8	13.8%
运营管理（外包）	28.3	33.5	42.4	26.6%
总　计	140.9	169.7	200.1	17.9%

数据来源：赛迪顾问　2004，02

IT 大众化趋势已经十分显现，基于互联网的服务内容日益丰富。2003 年中国宽带市场呈现跳跃式增长，宽带用户突破 1000 万，互联网在经历了两年的没落以后重新焕发活力。伴随着互联网的起落，包括 ISP、ICP、网络游戏、短消息以及在线培训、网络下载等在内的“网络服务”呈高速增长态势。

赛迪顾问数据显示，2003 年中国网络服务市场增长率高达 60%，市场规模近 190 亿元。其中网络短信、搜索引擎、在线游戏等服务增长迅猛并已经形成较大的市场规模。

表 12　2002 年～2003 年中国网络服务市场规模与增长

单位：亿元

类　别	2002 年	2003 年	02～03GR
互联网接入	81.3	115.6	42.2%
网络短信	13.0	28.6	120.0%
网络游戏	10.2	18.7	83.3%
网络广告	6.4	11.5	79.7%
收费邮箱	3.6	6.1	69.4%
搜索引擎	1.1	5.4	390.9%
域名服务	1.1	1.4	27.3%
其他服务	1.5	2.4	60.0%
总　计	118.2	189.7	60.5%

数据来源：赛迪顾问　2004，02

三、2003 年中国计算机市场特点

2003 年，随着全球市场重心逐步转向中国内地，中国计算机产品生产的重心也逐步出现北移的趋势，新的产业链条正在形成；同时，市场供给和需求的重心继续向软件和 IT 服务转移，服务正在成为计算机企业竞争的制高点，服务的价值日益凸显；由于互联网的日益复苏和宽带网络的迅速普及，产业之间互相融合的趋势日渐明显，与网络相关的应用及网络服务也显现出良好的发展机遇；与此同时，新兴数字产业的蓬勃兴起已经成为带动计算机产业、尤其是软件产业持续增长的新的动力；在行业应用市场，中小企业和政府、教育等非商用市

场已经成为计算机厂商新的利润增长点。

1．3C 融合趋势日益明显

目前，IT 技术的融合已经成为不可逆转的趋势。2003 年，IT 和通信技术融合、IT 和家电技术融合的趋势越来越明显。Intel 大力提倡计算和通信技术的融合；联想推出“关联应用”的概念和产品；摩托罗拉、HP、Dell 进军消费电子领域；亚信投入巨资开发具备融合特性的软件等。其所显露的本质是基于计算、通信以及消费电子的产业融合之势已经来临。在 IT 产业及相关产业，越来越多的领域正在从孤立的状态走向融合.这也意味着，IT 企业中谁能够抓住产业融合时代浮现出来的市场机遇，谁就能获得更长久的竞争力。

2．本土企业国际化进程显现

2003 年，TCL 宣布与法国汤姆逊公司合资，立志要成为国际大型企业集团；联想集团正式启用企业新标识“Lenovo 联想”，并在全球范围内广为注册“Lenovo”标识，掀开了国际化联想的“红盖头”；华为与思科关于知识产权的诉讼案牵动了 IT 业界人士的“眼球”，中兴通讯的传输和智能网产品在俄罗斯取得了电信市场准入权，以中兴、华为为代表的一批通信企业的营业收入中来自海外市场的部分越来越多；同时除了抢先一步在全球设立销售网络的海尔之外，方正、华旗等 IT 企业均在海外设立了分公司；还有更多的 IT 企业像浪潮一样发出了把产品做到国际市场去的宏愿。2003 年，中国 IT 企业在国际化上纷纷迈出了关键的一步。

3．外包趋势汹涌澎湃

全球 IT 制造业的迁移曾经是中国 IT 本土市场全球化的第一波浪潮，后续的研发迁移则成了第二波，而现在越来越活跃的 IT 服务/运营业务外包迁移，正成为发生在中国乃至全球市场的第三波浪潮。2003 年，IBM 在印度、墨西哥、阿根廷和中国等低成本国家广设服务中心；Siebel Systems 在 7 月中旬宣布计划将部分营运单位移往海外；而微软已经抢在竞争对手之前，在上海等地建立了自己的研发机构，在印度的班加罗尔开设了服务支持中心，等等。在这第三波浪潮中，中国企业正在积极争取以软件外包为主的巨大机遇，无论是东软、中软等传统软件企业，还是神州数码等向软件和服务转型的综合性 IT 企业，或是中讯等一批刚诞生便定位于提供外包服务的企业，都在外包市场中寻找自己新的定位。

4．IT 企业向多元化迈进

2003 年，中国 IT 企业多元化之路越走越快。在这一年中，北大方正以迅雷不及掩耳的速度宣布全资收购苏钢集团、入股西南制药公司、控股浙江证券。在 IT 产业结束暴利年代、行业整体平均利润率回落的背景下，尽管很多优秀公司的危机与衰亡都与公司的多元化扩张战略有关，但“东方不亮西方亮”的观点还是让 IT 企业开始走向了多元化之路。2003 年，包括联想、实达等 IT 企业也在进行多元化的尝试，同时其表现无一例外都很“谨慎”，而且还赋予了一个新概念——GE 模式，或许这就是未来的趋势。

5．应用导向成为市场主流

2003 年中，无论是惠普发布的“动成长企业战略”，IBM 大力倡导的“按需计算”，还是 Intel 不再以技术指标，而是以应用解决方案推动市场发展，无不说明了一个新的趋势已经浮现：应用导向正在成为计算机市场中的风潮。另一方面，“SARS”灾难让很多企业调低了年初的盈利指标。然而，在低潮中，IT 服务商正在潜心研究和关注用户的需求与变化，厂商们正在从过去以项目为导向改变为今天的以应用为导向。不仅如此，这一趋势在2003年也越来越多地波及到了IT产品供应商。用友、金蝶等国内企业纷纷认识到了IT企业必须实现从过去的靠产品、技术更新带动市场需求发展，到以应用和用户为主导发展的转型。

6. Linux收获颇丰

2003年，Linux在中国市场收获颇丰，中国市场上的Linux应用似乎终于可以摆脱“叫好不叫座”的怪圈。随着中国政府对Linux系统推广力度的加强，更多的Linux系统和应用软件进入了政府部门的信息系统之中，IBM与广东省政府就设立Linux研究中心达成协议、金山等软件厂商正在投入巨资开发基于Linux平台的办公软件，Dell服务器全面预装红旗Linux等。另一方面，Linux应用系统被运用到了3D声音等更多的领域。

7. 内容经济崭露头角

2003年，互联网经济经过三年“冰河期”，终于出现了全面“解冻”的迹象。新浪、网易、搜狐等企业不仅仅实现了盈利，而且正在向赚大钱的方向进军——网易创始人丁磊因为所持股票而成为了中国首富。事实上，包括短信、在线游戏以及搜索引擎在内的网络服务市场呈现高速增长态势。随着信息技术大众化趋势的日益显现，基于宽带、移动和无线的互联网内容得到全面的提升与释放，内容经济即将全面启动已经成为了不争的事实。

8. IT厂商积极涉足消费电子

假如说IT厂商前几年走向家用消费市场的步伐是谨慎的和小心的话，在2003年中，IT厂商们则不再犹豫和徘徊。在国际市场，HP推出了158种针对家用市场的产品，而Dell和摩托罗拉更是推出了家用电视产品；在国内市场，无论联想、方正、同方、TCL、神州数码，还是宏基、明基等来自台湾地区的IT企业，大家纷纷把目光转向了家用市场，越来越多的IT公司开始推出数字家电、手机、MP3等消费产品。IT厂商转向消费领域的趋势非常明显。应该说，消费市场的火热既有IT厂商大力推动使然，也有技术发展趋势使然。

四、2004年中国计算机市场发展预测

展望未来，中国的国民经济将继续保持良好的发展态势，产业政策的推动作用也日益显现。随着中国政府“以信息化带动工业化”战略和区域经济发展战略的深入实施，传统的制造、流通、医疗、建筑等行业和西部、东北地区将成为中国计算机市场新的动力源泉。赛迪顾问认为，未来的中国计算机市场在经历过去三年平缓发展以后，将重新步入快速平稳的增长轨道。赛迪顾问预测，2004年中国计算机市场的整体增长率将达到18.9%，累计市场规模近4000亿元人民币（见图10）。

在市场稳定增长的同时，中国计算机市场将呈现如下发展趋势：技术进步的推动和应用需求的拉动将继续作为计算机市场发展的两个主要力量，促进市场的增长；产业之间融合趋势的加快将促进产品和技术应用的不断拓展和逐步升级，并创造更多新的产业发展机会；IT应用系统运营管理等高端服务形式将成为计算机企业竞争产业链高端的重心；拓展渠道覆盖能力、提高渠道服务质量将成为重点厂商实施区域战略的基础；行业应用的持续纵深发展将促进计算机企业产品和服务品质的提升。

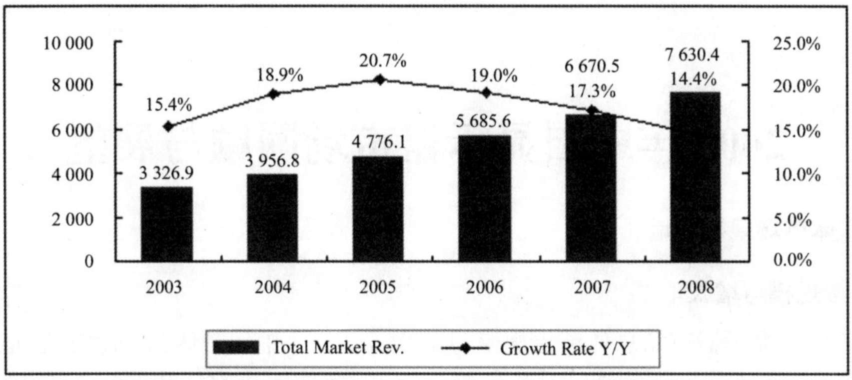

数据来源：赛迪顾问 2004，02

图 10 2004 年～2008 年中国计算机市场规模与增长预测（单位：亿元）

赛迪顾问股份有限公司

2003年中国显示器市场回顾与展望

一、整体市场规模与增长

1、总量规模与增长

2003年中国显示器市场总体销售规模为1304.7万台，销售额达到181.75亿元（见表1）。销量和销售额均低于预期，主要原因有两点：第一，第二季度突如其来的SARS冲击，使得显示器厂商的物流、销售，以及消费者的购买行为基本上都处于停滞状态。第二，由于全球液晶面板的短缺，导致液晶显示器价格不断上涨，延缓了液晶显示器对CRT显示器的更替步伐。

表1　2002年～2003年中国显示器市场销售情况

时　　间	2002年	2003年	增长率
自有品牌销售量（万台）	532.9	606.3	13.77%
OEM出货量（万台）	598.5	698.4	16.69%
总销售量（万台）	1131.4	1304.7	15.32%
总销售额（亿元）	172.5	181.75	5.36%

数据来源：赛迪顾问 2004，02

2. 2003年各季度市场规模

就2003年各季度市场销售情况而言（见表2），第二季度是全年的低谷，第三季度受市场周期规律和前期积蓄需求恢复性爆发的双重拉动，销量大幅增长，达到年度高峰。在自有品牌市场上，纯平CRT显示器在第三季度业绩最为出色，销售量为143.0万台，升至全年最高点，球面CRT显示器则在第一季度达到峰值10.3万台后逐渐下滑；LCD显示器市场呈现鲜明的季度变化特征，具体可概括为：第二季度市场启动，第三季度全面爆发。

表2　2003年中国显示器市场季度销售情况

时　　间	2003年Q1	2003年Q2	2003年Q3	2003年Q4
CRT销售量（万台）	249.9	226.8	313.5	297.1
LCD销售量（万台）	47.86	47.55	59.37	62.64
总销售量（万台）	297.76	274.35	372.87	359.74

数据来源：赛迪顾问 2004，02

二、CRT市场规模与分析

1. 市场规模与结构

赛迪顾问最新的研究报告显示，中国CRT显示器销量在2003年达到了空前的1087.3万台（见图1），从构成来说，无论是自有品牌市场，还是OEM市场，均攀上了历史的新高。

但在市场增长方面，却都跌落至个位数的增长率水平。这表明中国 CRT 显示器市场已经处于生命周期的成熟期，尽管市场规模未来一至两年还有望继续增长，但发展势头已经不容乐观。市场的周期规律不可阻拦地运转，CRT 显示器市场也不能例外。

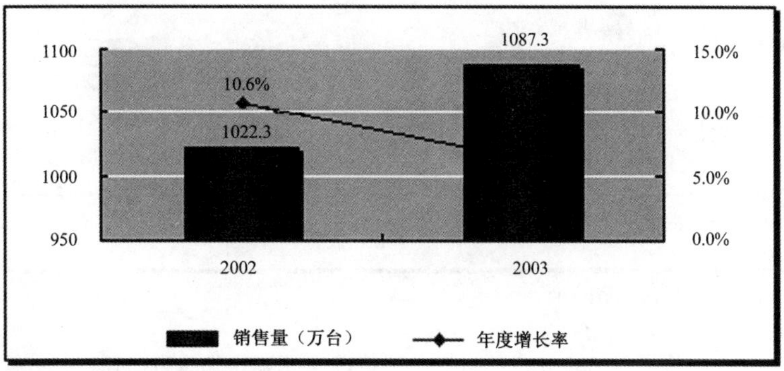

数据来源：赛迪顾问 2004，02

图 1　2002 年～2003 年中国 CRT 显示器市场销售情况

在中国自有品牌 CRT 显示器市场上，17″纯平 CRT 的主流地位无可动摇，占据了中国自有品牌 CRT 显示器市场 85.2%的比重（见图 2）。作为大屏幕显示器的主力，19″CRT 产品的发展也十分迅速，2003 年 19″纯平 CRT 显示器增长了 95.1%，19″球面 CRT 显示器也达到了 95.7%的高增长，19″产品合计占到了自有品牌 CRT 市场的 7.9%，比 2002 年增长了 3.7 个百分点，成为 2003 年中国 CRT 显示器市场的一个亮点。

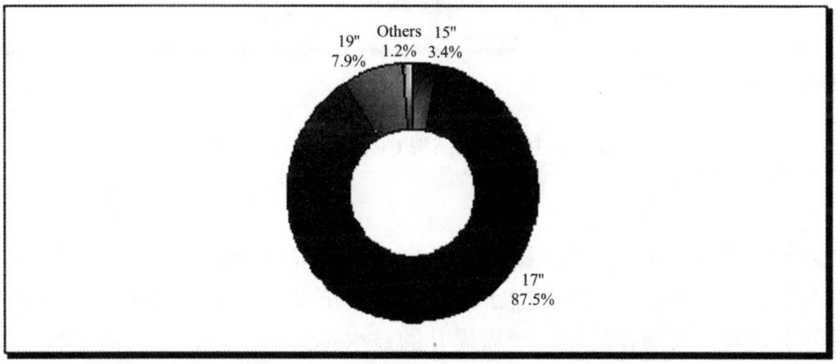

数据来源：赛迪顾问 2004，02

图 2　2003 年中国自有品牌 CRT 显示器市场尺寸结构

在市场应用结构方面，家用市场仍然是 CRT 显示器消费群的主力，但发展势头已不及往年。2003 年家用市场实现了 3.2 的增长率，略低于整体市场的增长速度。中小企业在 2003 年市场规模有较高增长，占中国自有品牌 CRT 显示器市场的比重增加了 1 个百分点（见图 3）。

华东市场仍然是中国 CRT 显示器消费的重心（见图 4），2003 年销售规模达到 113.5 万台，领先第二名华南市场 6.9 万台，但较之 2002 年却下降了 4.7%，LCD 显示器在该区域的热销是负增长的主要原因。华南市场在 2003 年再次力压华北，排名第二。华北市场销售规模为 100.0 万台，屈居第三。

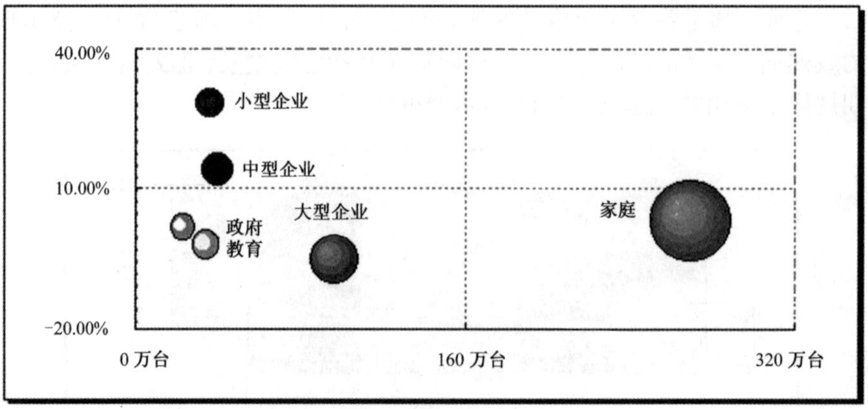

数据来源：赛迪顾问 2004，02

图 3　2003 年中国自有品牌 CRT 显示器市场垂直增长

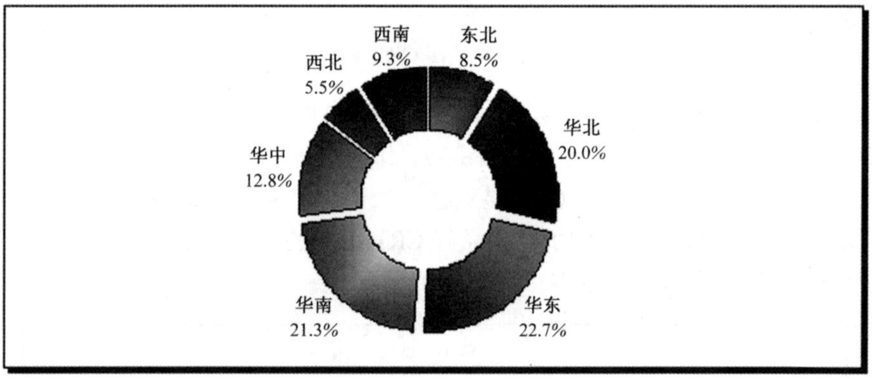

数据来源：赛迪顾问 2004，02

图 4　2003 年中国自有品牌 CRT 显示器市场区域结构

2．市场特征分析

（1）产品供需基本平衡。中国 CRT 显示器市场的产品供需关系在多年的博弈之后，2003 年基本上实现了供需平衡。在用户需求最旺盛的 17″产品段，厂商推出了诸多产品供用户选择，各种高亮技术大行其道，色彩、画质提升的技术也纷纷出现，极大地丰富了中国 CRT 显示器用户的可选择性。在 19″产品段，主力厂商也纷纷完善产品线布局，提高产品品质和性能，更好地满足了发烧友、行业用户的需求。

（2）价格竞争更趋激烈。价格因素历来是中国 CRT 显示器市场的决定性因素之一，在 2003 年市场进一步成熟之后，价格杠杆的重要性愈加突出。Philips 在 2003 年的成功，很大程度上要归功于其正确有效的价格策略。昔日总是作为高端显示器代名词的珑管也在 2003 年完全低下了高傲的头颅，几经价格厮杀的洗礼之后，年底时分 AOC 将珑管显示器的售价调低至 1200 元线以下，直逼非珑管 CRT 显示器的价格水平。在日益惨烈的价格竞争重压之下，2003 年中国市场上一线厂商的低端 17″纯平主力型号降到 950 元上下，CRT 产品的利润普遍摊薄至只有区区几十元。

（3）渠道扁平大势所趋。面对已经步入成熟期的市场，面对趋于白热化的价格竞争，厂商们别无选择，纷纷祭出渠道扁平化法宝，渠道扁平步伐大大加快，以期压缩流通成本、提高反应能力、贴近用户需求、占领竞争高点。

2003 年，除了早已走向扁平化的 BenQ 之外，Philips 这样的老牌厂商也不声不响展开了扁平渠道的努力，几大总代的角色逐渐向省级代理转化。MAG 也在大力推进专卖店、加盟店的建设，事业平台制的渠道体系彻底颠覆了原有渠道模式，为此一批原有渠道伙伴相继离 MAG 而去。Samsung 作为市场的领头羊，也开始了渠道扁平化的征程。年初三个分公司的设立被视为 Samsung 显示器渠道扁平化的第一步，在经历了一年的风风雨雨之后，分公司制渠道体系得到了确立。2004 年，Samsung 还将继续扩张分公司数量，进一步扁平渠道。

（4）促销形式多样。在市场促销上，用户最敏感的是降价，同时持续、激烈的价格竞争也反过来强化了用户的降价期望，因而降价力度成为显示器促销供需关系的焦点问题。2003 年，日益成熟的用户对降价空间的期望程度升高，需求方对于降价、赠礼等促销方式的态度呈现挑剔化的特征。对于抬高原价、夸大降幅的降价行为，市场反应平平，对于赠送这样的变相降价形式，用户也对那些名不副实、虚夸价值的赠品不甚感冒。

另一方面，在把握用户促销需求变化方面，厂商的促销供给稍显滞后。面对日趋普及的市场，专业用户和玩家在新增用户群中的比重逐渐下降，以往针对该类用户屡试不爽的抽奖、赠送 IT 产品，在 2003 年促销效果也有下降之势。从 2003 年显示器市场的促销供给来看，多数厂商并未意识到抽奖、赠送非 IT 产品的重要性正在上升，对 IT 产品家电化的趋势把握不够。

三、LCD 市场规模与分析

1．市场规模与结构

LCD 显示器无疑是 2003 年中国外设市场的明星产品，开始步入由高速成长期向成熟期过渡的关键通道，市场规模呈现大面积“雪崩”态势。经过厂商、业界几年不遗余力的市场培育与宣传推广，2003 年，中国 LCD 显示器市场开始进入“叫好又叫座”的丰收期，用户认知与接受程度大幅提高，市场规模迅速扩大。赛迪顾问的最新研究显示：2003 年，中国 LCD 显示器市场共计销售 217.4 万台，同比增长 99.3%，销售额达到 51.12 亿元，同比增长 64.4%（见图 5）。

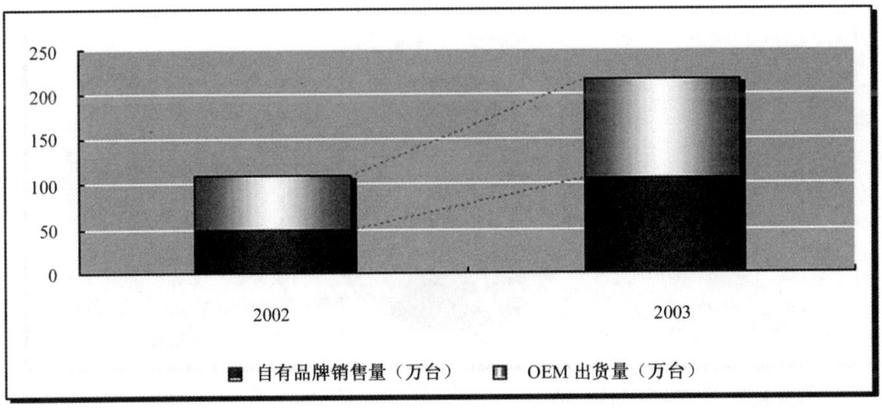

数据来源：赛迪顾问 2004，02

图 5　2002 年～2003 年中国 LCD 显示器市场销售情况

在中国自有品牌 LCD 显示器市场上，2003 年仍然是以 15″LCD 产品为主流，销售量达到了空前的 91.3 万台，占据了自有品牌市场 86.2%的份额。17″LCD 产品受限于价格因素，2003 年的市场比重不高，未能达到业界的期望水平。但从发展势头看，作为更大尺寸、更符合人眼阅读习惯、更高分辨率的 17″LCD 显示器，其未来的市场前景更值得期待。2003 年的同比增长率也显示，17″LCD 产品比 2002 年增长了 290.3%，远远高于 15″LCD 产品的 107.2%（见图 6）。

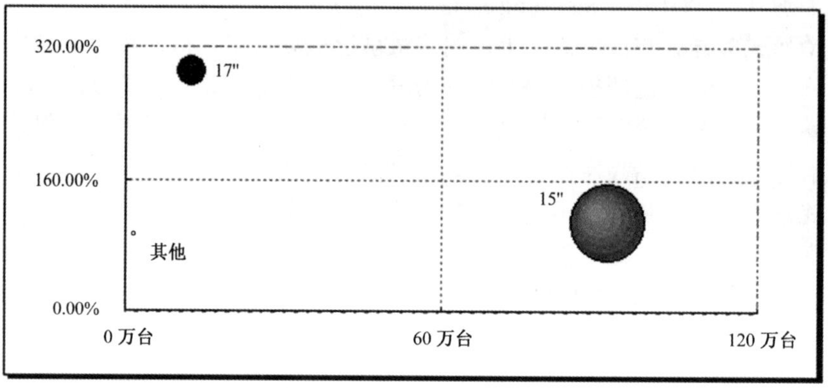

数据来源：赛迪顾问 2004，02

图 6　2003 年中国自有品牌 LCD 显示器市场尺寸增长

从区域市场结构来看，华东市场已经成为中国自有品牌 LCD 显示器消费的重心所在（见图 7），2003 年销售规模直逼 30 万台，领先第二名华北市场 6.5 万台之多。华南市场在 2003 年快速扩大，同比增长 146.4%，为各区之冠，市场规模也与华北相差无几。总体来看，2003 年中国自有品牌 LCD 显示器市场呈现“强者愈强”的马太效应。华东、华北、华南三大区域的增长显著高于其他区域，成为中国市场的增长引擎。东北、华中、西北、西南四地虽然也有较大幅度的增长，但增长速度均低于全国平均水平。这一现象与各地经济水平、IT 普及程度、用户认知、消费能力等因素高度正相关，预计短期内这一差异仍将维持，两三年后才会逆转。

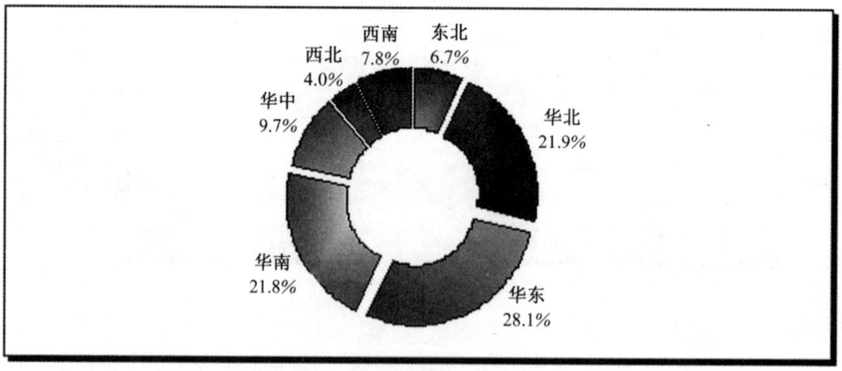

数据来源：赛迪顾问 2004，02

图 7　2003 年中国自有品牌 LCD 显示器市场区域结构

2．市场特征分析

（1）**面板供给制约市场。**全球性的供给瓶颈加剧了中国 LCD 显示器市场的供应不足，由于中国 LCD 显示器市场占全球的比重还较为有限，利润水平较之欧美市场也稍低，上游面板厂商在 2003 年下半年面临供给困难之际，选择了优先供应欧美市场 LCD 电视和大屏幕 LCD 产品的策略，间接地加大了中国市场的供需矛盾，制约了中国 LCD 显示器市场的更快发展。预计 2004 年随着全球供应能力的提升，这一矛盾将会逐渐得以缓解。

（2）**15 英寸和 17 英寸是主流。**2003 年中国自有品牌 LCD 显示器市场上，厂商推出了诸多型号的新品，力度之大堪称历年之最。新上市的产品纷纷从响应时间、亮度、外观、性能、扩展功能等方方面面提升产品品质，更好地满足了用户多元化、个性化的需求。从各厂商新品投放的情况来看，15″是主要的供给段，60%以上的新品均属于这一尺寸段。17″作为厂商下一个主力尺寸段，也有众多新品面市，28%左右的新品为这个尺寸段的产品。

（3）**2500 元成为分水岭。**价格因素是 2003 年中国 LCD 显示器市场的决定性因素，在 LG“春雷行动”将一线厂商 15″ LCD 产品的价格水平击穿 2300 元之后，用户需求得到了极大地释放，MAG 一度把一款 17″ LCD 产品的价格最低降至 2880 元的价位，也迅速引起了市场的热烈反应。2003 半年起，价格受到供给缺口的压力开始回升，市场的热情有所回落，15″LCD 产品零售价格重上 2500 元关口之后，需求逐渐回落，波浪式起伏成为价格供给显著特征。综合来看，2500 元是需求的临界点，无论对于当前的 15″LCD 显示器还是未来的 17″LCD 显示器，这都是一个十分重要的价格关口。

（4）**行业代理悄然兴起。**与促销相比，渠道的供需关系则恰好对调了位置，厂商的前瞻性渠道供给在 2003 年引导用户需求升级。自 2003 年初起，多家厂商大力加强了行业代理渠道的建设与完善，厂商与渠道通力合作，共同开拓行业市场，使行业渠道在几年的培育之后终于在 2003 年取得突破，市场作用悄然兴起。预计未来会有更多的行业用户认识到行业代理这类渠道的价值，从而在厂商的引领下更新观念、实现渠道需求升级。

（5）**多功能显示器崭露头角。**2003 年，多功能显示器（即内置电视调谐的 MFM TV）由于兼具显示器与 LCD 电视的特点，开始受到高端用户和发烧友的关注，全年实现销售 2.3 万台，宛如出水小荷，吸引了业界众多的目光。但从总体来看，多功能显示器还稍显稚嫩，未来有待厂商加强宣传推广、提高用户认知、拓展销售渠道，从而培育这一市场蓬勃发展。

四、2004 年中国显示器市场发展预测

1．整体市场发展预测（见表 3）

（1）**国民经济步入新一轮上升期。**作为影响中国显示器市场的基本面，宏观经济在 2003 年克服了自然灾害及国际经济形势动荡的不利影响，国民经济增长率达到 9.1%，GDP 突破 11 万亿元人民币，迈上历史新台阶。2004 年及未来几年，中国经济预计还将继续保持 8.5% 左右的高增长态势。国民经济的运行态势显示，中国经济正在进入一个新的快速增长期，对中国显示器市场的增长打下了坚实的经济基础，提供了广阔的发展空间。

（2）**LCD 上游供给能力逐渐改观。**2003 年成为 LCD 显示器产业“瓶颈”的上游面板供应能力，在 2004 年及未来几年将逐渐得到改善。随着第五和第六代（5G 和 6G）生产线开始批量生产，2004 年全球范围内 LCD 显示器供给能力可望得到加强，预计当年上游供给将超过需求的 5%，之后几年供给将有明显改观。2003 年全球有八座第五代面板生产厂投产，2004

年将新增加六座，其中，友达、群创科技各有一座五代厂投产，Samsung、日本夏普各一座第六代厂投产，同时，中国内地厂商也正在规划两条生产线。

（3）显示器整机与上游零部件仍存在倒挂。2004 年 1 月，我国再次调低了电子产品的进口关税税率。其中，计算机用 CRT 显示器及 LCD 显示器新的税则号分别为 84716012 和 84716011，LCD 显示器用 LCD 显示板税则号为 90138030，取消显示器原税则号 84716010，彩色图形显示管（CDT 管）及显示管玻壳实行暂定税率分别为 4%及 6%。CDT 管暂定税率、LCD 显示板税率 2004 年仍存在关税倒挂问题。其中 CDT 管与上游部件倒挂有所减少，LCD 屏与整机倒挂加大。这一因素对于中国 LCD 显示器产业的发展不利，对于中国 LCD 显示器市场的发展也无益处。显示器先出口后进口的现象在近两年已经出现，关税问题刺激走私的经济规律也导致市场上出现非正当渠道进来的 TFT－LCD 显示器，对市场秩序造成冲击，不利于中国 LCD 显示器市场的规范发展。

表 3　2004 年～2008 年中国显示器市场预测

年度	销售量（万台）	增长率	销售额（亿元）	增长率
2004	1540	18.03%	219.32	20.67%
2005	1750	13.64%	256.2	16.82%
2006	2000	14.29%	300.57	17.32%
2007	2300	15.00%	328.48	9.29%
2008	2580	12.17%	345.12	5.07%

数据来源：赛迪顾问 2004，02

2．CRT 市场规模预测

放眼未来五年的中国 CRT 显示器市场，赛迪顾问认为，这一市场将逐步走入成熟后期的稳定阶段，在未来几年里保持相对稳定的市场规模，逐渐进入稳步下降的发展通道。预计 2004 年，中国 CRT 显示器市场将登上市场销量的顶峰，达到 1132.7 万台，纯平 CRT 显示器的巅峰则会在 2005 年出现（见图 8）。

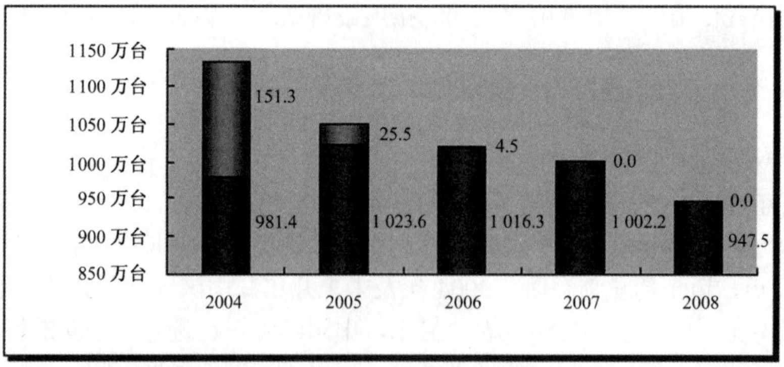

数据来源：赛迪顾问 2004，02

图 8　2004 年～2008 年中国 CRT 显示器市场销售量预测

就市场结构而言，赛迪顾问认为，2006 年中国自有品牌 CRT 显示器市场将完成 17″纯平显示器向 19″大屏 CRT 显示器的主流地位过渡，从而与 LCD 显示器市场一起，实现中国自有品牌显示器市场大屏主流时代的来临（见图 9）。

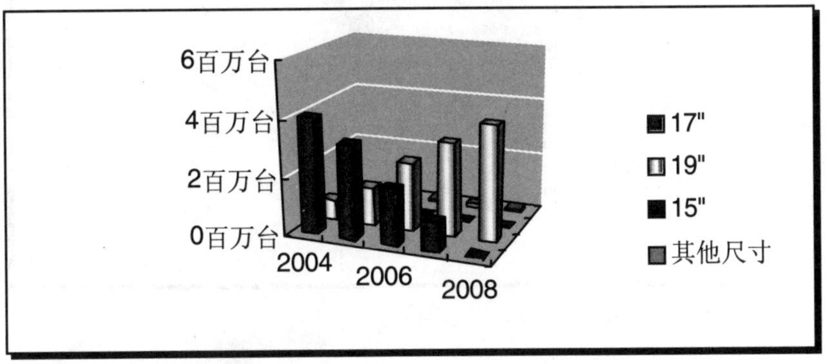

数据来源：赛迪顾问 2004，02

图 9　2004 年～2008 年中国自有品牌 CRT 显示器市场尺寸构成预测

3. LCD 显示器市场规模预测

对于未来五年的中国 LCD 显示器市场，赛迪顾问持以积极的乐观态度（见图 10）。受益于国民经济步入新一轮上升期和上游供给能力的逐渐改观，中国 LCD 显示器市场的外部环境将进一步向有利的方向发展。在控制芯片、制造、检测、产品性能等重要技术环节，预计也将相继取得重要进展，从而有力地推动中国 LCD 显示器市场的发展。赛迪顾问预计，2004 年及其未来五年，中国 LCD 显示器市场将保持高速发展的势头，实现 41.5%的销售量复合增长率，销售额的复合增长率也将达到 30.3%。

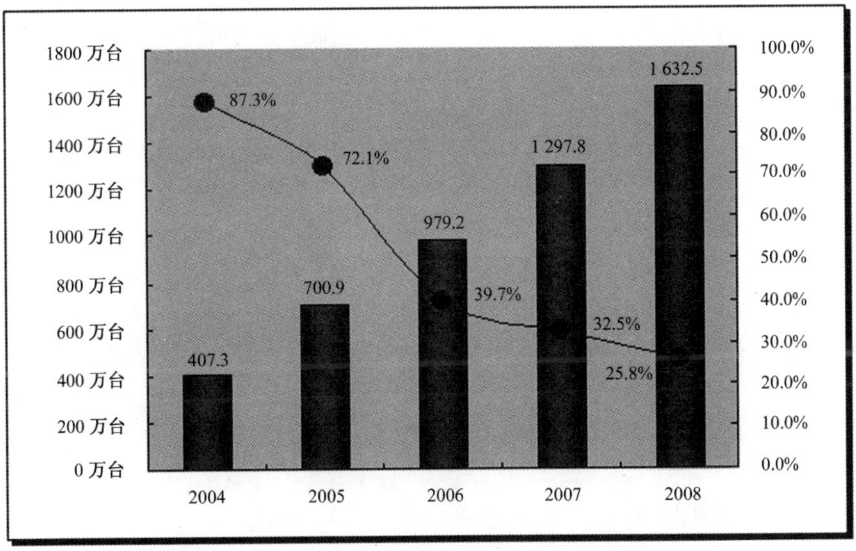

数据来源：赛迪顾问 2004，02

图 10　2004 年～2008 年中国 LCD 显示器市场销售量预测

就市场结构而言，赛迪顾问预测 2006 年将会成为市场发展中“里程碑”式的一年。在这一年，中国自有品牌 LCD 显示器市场会实现“两个超越”，即 LCD 显示器销售量超越 CRT 显示器，17″LCD 显示器销售量超越 15″LCD 显示器（见图 11）。

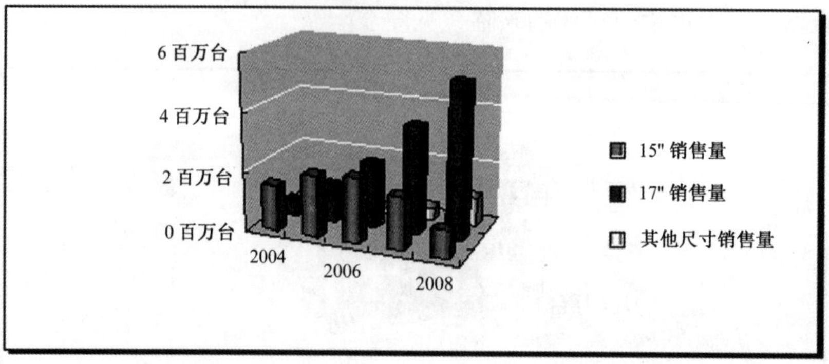

数据来源：赛迪顾问 2004，02

图 11　2004 年～2008 年中国自有品牌 LCD 显示器市场尺寸构成预测

赛迪顾问股份有限公司

中国电子元件产业现状

随着2004年第17届电子元件百强企业的揭晓，人们在赞叹中国电子元件产业迅猛发展的同时，更加关注中国电子元件全行业的现状。2003年，我国继续实施了积极的财政政策和稳健的货币政策，全社会投资加速增长。伴随宏观经济的快速发展，电子通信、汽车等工业也出现强劲增长，有力地拉动了电子元件产业的发展。这其中有机遇，也有挑战，更有对行业发展不利的隐患。通过对全行业经济运行情况的分析，可以让我们保持清醒的头脑，去抓住机遇，消除隐患，迎接挑战，从而保证中国电子元件行业快速、健康地发展。

一、行业基本概况

根据电子元件行业2003年3116家主要生产企业资料统计，2003年电子元件产业实现销售收入2609.91亿元，利润总额144.22亿元，税金合计63.08亿元，出口交货值1066.15亿元，全行业有从业人员约113万人，人均利税1.83万元，人均销售收入22.99万元。销售收入超过一亿元的企业有617家，超过5000万元的企业有1037家，见表1。根据2004年电子元件百强企业资料统计分析，2003年电子元件百强企业销售收入同比增长22.6%，利税同比增长27.2%，出口创汇同比增长15.8%，可见，2003年电子元件产业保持了较高的发展速度。

表1　2003年电子元件各行业经济指标表

行业分类	企业数（个）	销售收入（亿元）	利税合计（亿元）	出口交货值（亿元）	从业人员（个）	人均利税（万元）	人均销售收入（万元）
综合性企业	69	137.46	7.35	99.00	92590	0.79	14.85
光电线缆	1062	864.37	61.77	63.94	199154	3.10	43.40
印制电路板	275	317.26	21.19	194.24	121473	1.74	26.12
微特电机	255	215.36	18.04	126.54	121813	1.48	17.68
接插件	262	163.68	14.86	102.59	99184	1.50	16.50
电容器	239	144.67	10.55	62.32	70151	1.50	20.62
电声器件	188	134.53	10.39	91.68	66564	1.56	20.21
电子变压器	133	124.39	7.83	74.67	59362	1.32	20.95
磁性材料与器件	118	94.45	10.28	55.32	63260	1.63	14.93
继电器	47	45.27	5.67	28.05	26793	2.12	16.90
压电晶体	77	41.59	1.87	25.94	30037	0.62	13.85
电感器件	59	34.71	2.54	27.92	33167	0.77	10.47
电阻电位器	87	30.00	4.01	11.68	23147	1.73	12.96
敏感元器件及传感器	32	28.05	3.89	16.84	11812	3.29	23.75
电子陶瓷及器件	38	26.86	2.03	15.85	14114	1.44	19.03
混合集成电路	6	4.35	0.29	0.58	2511	1.15	17.32
电池	169	202.91	24.73	68.99	100107	2.47	20.27
合计	3116	2609.91	207.29	1066.15	1135239	1.83	22.99

注：

① 为避免重复统计，各行业分类均按企业的主营业务分类，如风华、飞乐为综合性企业，揭阳无线电二厂（生产阻容元件）划分为电阻电位器行业，敏感电阻未统计为电阻电位器，而是划分为敏感元器件及传感器。

② 光电线缆行业中不包含电力电缆。

③ 印制电路板行业销售收入不含伟创力实业（珠海）有限公司（销售收入156亿元）、伟创力科技（珠海）有限公司（销售收入48亿元）、旭电（苏州）科技有限公司（销售收入72亿元）等企业。

④ 电子变压器行业销售收入不含东莞三星电机（生产VCD机芯、软驱、偏转线圈，销售收入43亿元）等企业，也不包含电力变压器。

⑤ 磁性材料行业销售收入不含深科技、海量存储（销售收入29亿元）等磁头企业。

⑥ 混合集成电路行业销售收入不含广东风华、湖北东光、成都宏明、东芝大连、罗姆电子大连等综合性企业。

二、行业特点

1. 产品多元化战略将提升企业的成长性

产品多元化战略将提升企业的成长性，减小产品单一所带来的经营风险。

经过 20 多年的改革开放，中国电子元件生产企业已有了一定的竞争实力，企业成长方式也逐渐由粗放式外延为主向集约式内涵为主转变，资源进一步向优势企业集中，现代企业制度逐步建立。全行业资源继续向优势企业不断集中，形成了一批具有较强竞争力的大企业、大集团。产品多元化生产的企业优势明显，如广东风华高新科技股份有限公司、厦门 TDK 有限公司等企业均是产品多元化生产的典范。厦门 TDK 有限公司成立于 1994 年，公司努力致力于品质提升与技术创新，经过 9 年的发展，目前其产品涵盖陶瓷电容器、变压器、线圈、谐振器、滤波器、磁铁芯、磁头等，产品广泛应用于通信、家电、电源和计算机周边产品，2003 年销售收入 24.56 亿元，同比增长 52.3%。广东风华高新科技股份有限公司生产阻容元件、磁性材料、电感、半导体分立器件等产品。

2. 光电线缆、印制电路板（PCB）占据“电子元件行业”龙头地位

由表 1 可见，在电子元件 15 个分行业中，光电线缆行业（不含电力电缆）无论是从企业数量还是生产规模上都占有举足轻重的地位。3116 家电子元件生产企业中，光电线缆企业 1062 家，企业数超过了总数的三分之一，从业人员 199154 人，实现销售收入 864.37 亿元，占电子元件全行业的 33.12%；人均实现销售收入 43.40 万元，在电子元件 15 个分行业中人均实现销售收入最多；但出口交货值仅 63.94 亿元，出口比例较低，大部分产品均内销，同时也说明了我们产品的国际竞争力不强。尽管光电线缆行业近几年竞争激烈，价格下滑幅度较大，但由于受通信产业的拉动，人均实现利税仍然在电子元件 15 个行业中占据第二位。

在 3116 家电子元件生产企业中，PCB 企业 275 家，实现销售收入 317.26 亿元，占电子元件全行业的 12.16%，行业比重排在第二位；出口交货值 194.24 亿元，在电子元件 15 个行业中排名第一，占全行业的 18.22%；从业人员 121473 人，人均实现销售收入 26.12 万元，在电子元件 15 个行业中人均销售收入排名第二，人均利税 1.74 万元。

3. 电子元件出口创汇功不可没

2003 年，中国电子元件进出口贸易额为 378.7 亿美元，其中进口用汇额 219.5 亿美元，出口创汇额 159.2 亿美元。2003 年的出口创汇额与 1996 年相比，从 1996 年的 41.42 亿美元增加到 2003 年的 159.2 亿美元，增长 3.84 倍；在世界电子元件处于谷底的 2001 年，我国电子元件的出口创汇额相对于峰值的 2000 年仅减少了约 5 亿美元，仍保持 102.5 亿美元的出口

创汇额。在进口方面，2003 年用汇额与 1996 年相比，增长 5.75 倍。由表 1 分析，在电子元件 15 个行业中，除阻容元件、混合集成电路、电池、光电线缆行业的出口交货值占销售收入的比重小于 50%外，其余行业出口比重均大于 50%。其中我国在磁性材料、电子变压器、电声器件、微特电机等行业已进入世界产量大国行列，在进出口贸易中始终处于顺差，在历年出口创汇中均发挥着重要作用。阻容元件的出口交货值占销售收入的比重小于 50%，但其出口量占产量的比重并不低于 50%，这主要是由于阻容元件产品附加值较低，且出口产品档次低而造成的。

4. 压电晶体行业效益下滑

近几年，由于压电晶体行业相对于电子元件其他行业来说，投资小，见效快，新兴企业如雨后春笋般涌现。但上规模的企业少，中小企业居多，缺少行业规范，导致企业恶性竞争，竞相压价。在电子元件 15 个行业中，压电晶体行业人均销售收入较低，并且人均利税是全行业中最低的。

三、地区分布

中国电子元件生产企业分布在全国 29 个省市，主要集中在以深圳、广州为龙头的珠江三角洲，以上海为龙头的长江三角洲，以厦门为龙头的东南基地，以北京、天津为龙头的环渤海湾基地。其中，广东省有 812 家企业，江苏省 540 家，浙江省 499 家，上海市 253 家，山东省 149 家。随着市场经济体制和投资环境的不断完善，这些地区以机制灵活高效、产业链条较完备等优势吸引着国内外资金和人才的聚集，在国内日趋激烈的地区竞争中，经济发展保持旺盛活力，外向型经济格外活跃，增长速度处于全国前列。

由表 2 可见，中西部地区共 20 个省市所实现的销售收入仅占电子元件全行业的近 10%，人均出口交货值远远落后于其他地区，因此促进中西部地区的崛起是当务之急。

表 2　2003 年各地区电子元件企业经济指标表

地区分布	企业数（个）	销售收入（亿元）	利税合计（亿元）	出口交货值（亿元）	从业人员（个）	人均销售收入（万元）	人均利税（万元）
广东省	812	784.66	52.21	498.15	409208	19.18	1.28
江苏省	540	488.55	41.87	136.73	183280	26.66	2.28
浙江省	499	312.60	29.82	67.31	119759	26.10	2.49
上海市	253	203.92	17.34	78.27	66537	30.65	2.61
山东省	149	195.06	17.94	75.64	61697	31.62	2.91
福建省	105	129.30	8.06	83.09	62110	20.82	1.30
天津市	112	79.91	2.83	35.78	38301	20.86	0.74
辽宁省	80	77.39	6.79	51.08	33145	23.35	2.05
北京市	59	52.31	4.70	13.47	15993	32.71	2.94
其他 20 省市	507	286.21	25.73	26.63	145209	19.71	1.77
合计	3116	2609.91	207.29	1066.15	1135239	1.83	22.99

首先，应培育完善的市场体系。市场发育不够是中西部地区的一大弱点。广东的企业技术创新成就巨大，是因为广东很早就开始建立市场经济体制以促进经济的市场化，形成了外

向型经济格局，从而吸引了大量海外投资和先进技术。加快各类、各层次的市场建设，培育成熟完善的市场体系，最大限度地发挥市场在资源配置中的基础性作用，是中西部区域经济迅速提升的重要前提。

其次，积极引导非公有制经济发展。从经济结构上来看，非国有经济发育不足是中西部地区与东部地区的主要差距之一，尽管中西部地区许多地方政府已经意识到这一差距的存在，却一时拿不出有效的办法改变这一现状。因此中西部地区必须尽快为改善民营经济发展采取有效的开明政策，以健全的法律环境对非公有制经济和私有财产给予普遍的公平尊重和保护，尽快形成产权制度清晰的区域环境，让各种类型的企业有一个公平竞争的平台。打造投资和劳动力供应及成本都相对优惠的局部环境，形成对外部资金的吸引力。

四、不同所有制企业的发展状况

20 世纪 90 年代以后，我国政府制定了一系列鼓励和支持个体、私营企业发展的政策。个体、私营、三资经济等非公有制经济蓬勃发展，规模越来越大，从业人员越来越多，特别是长江三角洲和珠江三角洲已成为当地国民经济全面发展的主力军。

由表 3 可见，电子元件行业中，国有企业、集体企业已退出主导地位，前两者销售收入之和仅占电子元件销售收入的 12.74%，而有限责任公司、港澳台资企业、外商投资企业三者销售收入之和为 2100 亿元，占电子元件全行业销售收入的 80%。非公有制经济纳税额为 154.74 亿元，占电子元件全行业的 74.65%。在非公有制经济中，直接就业人员达 887238 人，占电子元件全行业的 78.15%。

表 3　2003 年不同所有制企业经济指标表

经济类型	企业数（个）	销售收入（亿元）	利税合计（亿元）	出口交货值（亿元）	从业人员（个）	人均利税（万元）	人均销售收入（万元）	人均出口交货值（万元）
国有企业	156	111.26	8.78	10.92	75873	1.16	14.66	1.44
集体企业	321	221.28	18.79	28.11	99616	1.89	22.21	2.82
有限责任公司	1274	673.57	60.86	70.02	257286	2.37	26.18	2.72
股份制企业	112	176.84	24.98	35.97	72512	3.44	24.39	4.96
港澳台资企业	723	621.42	37.47	368.49	299227	1.25	20.77	12.31
外商投资企业	530	805.54	56.41	552.64	330725	1.71	24.36	16.71
合计	3116	2609.91	207.29	1066.15	1135239	1.83	22.99	9.39

港澳台及外商投资企业在出口创汇中发挥着更重要的作用，两者出口交货值之和为 921.13 亿元，占电子元件全行业的 86.4%，其中港澳台资企业人均出口交货值为 12.31 万元，外商投资企业人均出口交货值为 16.71 万元，两者远远超过其他经济类型的企业。

可见，现在电子元件行业中非公有制经济创造的增加值已占主导地位，在纳税方面也担任着重要角色。随着国家鼓励、支持非公有制经济有关政策的进一步落实，非公有制经济将保持快速发展的好势头，在电子元件行业中的地位也会越来越重要。民营、外资等非公有制经济的发展，尤其是外资企业的发展，直接带动了电子元件行业科技水平的提高，同时拓宽了销售渠道，促进了市场竞争，引进了现代企业制度，对于增强电子元件行业的经济活力，使内资企业适应国际竞争具有重大意义。

五、电子元件行业面临的机遇与挑战

世界电子元件产业在 2001 年坠入谷底，2002 年从谷底中反弹，2003 年步入全面恢复期。此间，我国国民经济、电子信息产业及电子元件产业受国际大环境影响甚微。反之，由于中国加入 WTO，北京申奥成功，加之我国投资环境和投资政策进一步优化，北美、西欧、日本、韩国及台湾地区元件业的一些大公司，为转嫁经济衰退带来的负面效应，加速了中、低档电子元件产品向中国的转移步伐。因此，在世界电子元件业衰退之时，中国电子元件业依然逆市走强，春意盎然，保持着适应国际电子巨头的强劲增长势头，从而确立了中国成为世界电子元件生产大国的地位，让世人的目光再一次聚焦中国、关注中国。

1．根据需求解决供需矛盾

虽然我国电子元件应用需求被看好，但目前我国电子元件市场的供需矛盾仍然比较明显，突出表现为元器件产品供给与整机需求之间的脱节。一方面，我国很多领域的电子元件产品产量位居世界前列，并大量出口；另一方面，我国也是全球最主要的电子元件产品进口国之一。形成这种局面的主要原因是，首先，国产电子元件产品主要集中在技术含量较低的中低端领域，大量新型电子元件只能依靠进口；其次，我国电子元器件企业与整机企业不能进行深层次合作，导致元器件企业信息不灵，与整机配套十分被动，且明显滞后。总体形成了通用元器件生产能力过剩，而对于新产品所需的新型元器件，企业却很难整机生产成套供货的被动局面。如手机和便携计算机等产品，生产配套所需元器件一半以上需要进口。另外，价格、渠道、服务因素也在很大程度上影响了我国电子元件产品进入稳定的整机配套体系。

2．利用外资提高产品档次

海外企业再一次加速向中国转移，为中国电子元件行业提高现有产品档次与生产规模带来了契机。面对良好的发展机遇，当前国内电子元件企业的问题在于如何尽快提高自身的技术水平和产品档次，提升市场和服务能力，更高质量地满足整机配套需求。而尽快适应国际电子巨头的采购和营销体制，成为其供应体系中的稳定环节尤为重要。

国内元件生产厂应积极适应国际整机巨头的经营模式和运作模式，适应国际采购规则，努力成为其供应链中的相关环节，是适应“全球电子信息制造业向中国转移”、“国际市场国内化”新趋势，争夺多元化市场的重要条件。因此，国内电子元件企业需尽快缩小在品种、规格上与国际水平的差距，并利用自己的优势，主动参与客户的产品开发，与客户形成战略伙伴关系，将简单加工变成合作经营，最终在国际竞争中胜出。

3．增强培育自主品牌的意识

在经济全球化的背景下，在中国加入世贸组织之后，中国的企业应当充分重视自主品牌的培育和保护，增强企业的技术开发和创新的能力，向自主品牌要竞争力。

我们必须加强民族品牌意识。纵观世界各国经济发展历程，通常是在经历了粗放经营、模仿、合作等过程之后，积累了一定的力量和经验，有了足够的资格之后，品牌问题就自然提上了议事日程。此外，国际贸易是建立在比较优势的基础上的。由于各国都有自己的比较优势，即使是发达国家，也不可能在所有的产业领域囊括全部品牌，例如日本的家电行业就优于美国。据此，我们也只能在具有比较优势的领域拥有自己的品牌，而不是也不可能是全部产业。

4. 防止无序价格竞争对企业的冲击

价格竞争是一种行之有效的手段。使用得当，既可以淘汰落后的企业，又可以提高有发展潜力的企业所占的市场份额，最终使产品先进、符合市场需求的企业获得更大的利润，从而推动整个行业的发展。但无序的价格竞争对企业来说是有百害而无一利的。首先，它使大部分企业几近无利可图，甚至亏损，严重妨碍了企业的再生产；其次，它破坏了市场经济秩序，干扰了企业的正常发展规划；第三，它使企业无力投资研发新产品，造成全行业科技水平停滞不前，降低了行业内产品在国际市场上的竞争力。

2003 年，在我国电子元件企业战胜“非典”疫情的影响，取得了骄人的业绩之后，我们应该清醒的认识到，我国电子元件行业的整体水平与世界先进水平相比还是落后的。这表现在大部分企业的产品技术含量较低，只是靠低廉的劳动力来获取利润；国内终端厂家急需的高技术产品产量很小或不能生产，只能依赖大量进口；拥有自主知识产权的产品较少，核心技术上处于受制于人的地位；新产品研发投入不足，影响企业发展的后劲。所有这些应引起各企业和行业主管部门的高度重视，一旦核心技术全都掌握在别人的手里，我们的企业就变成了名副其实的来料加工厂，只能任人宰割。因此，在 2004 年，各企业应根据市场需求，加强拥有自主知识产权的新产品的研发，尽快掌握世界先进技术。同时，企业间应加强合作，共同开发技术含量高的新产品，并在合作的基础上展开有序的竞争，共同创造良好的市场环境，从而提高全行业在国际市场上的竞争力。

中国元件行业协会

新型电子元器件的回顾与展望

一、概述

新型电子元器件是指利用新原理、新技术、新工艺或新材料制造的具有新结构、新功能、新用途，能够促进电子技术进步和整机更新换代的新一代电子元器件。新型电子元器件包括片式元器件、传感器和敏感元器件、高频频率器件、绿色电源、厚膜电路、电力电子器件等门类，以下重点介绍前四类产品及其专用设备的有关情况。

① 片式元器件（SMC/SMD）：指为满足表面贴装工艺需要且具有扁平化、短/无引线封装形式的电子元器件，主要包括阻、容、感等无源元件和石英晶体器件、二极管、三极管等有源器件。

② 传感器和敏感元器件：指能够感受规定的被测量并按一定规律转换成可用输出信号的器件和装置，通常是指各类传感器，如热敏、气敏、力敏和湿敏等传感器。

③ 高频频率器件：在此主要指高频声表面波器件、微波介质器件以及其他高频微波元器件和组件。其中，高频声表面波器件是指将电信号转化成声信号，声信号沿媒质表面再转换成电信号的器件。

④ 绿色电源：指将化学能和光能转换成电能的无污染化学和物理电源，主要包括锂离子电池、镍氢电池、动力电池和太阳能电池等。

片式元器件是电子整机系统小型化和模块化的基础。片式元器件的多样性及其生产工艺的特殊性，决定了片式元器件生产设备的多样性和专有性。片式元器件与其生产设备相互促进、相互制约、互为因果。片式元器件的发展取决于生产工艺和生产设备的进步，片式元器件生产专用设备水平直接决定着片式元器件的发展水平。

传感器和敏感元器件是工业自动化的基础。其设备专用性很强，很少有专门厂商制造，传感器专业生产厂商往往利用其他行业的通用设备或对其自行改造后使用。因此，传感器和敏感元器件生产单位的设备研制和改装水平就代表了传感器和敏感元器件产品的水平。

以声表面波器件（SAW）为代表的高频频率器件是信号处理系统中必不可少的核心部件之一，具有无源、抗干扰及制造灵活等特点，广泛应用于国防、通信、汽车、生物工程等领域。声表面波器件的制造立足于压电晶体或压电薄膜材料的平面工艺，其生产设备需要在标准半导体工艺设备的基础上增加特殊工艺功能后才能满足器件制造的要求。

发展绿色电源是致力于解决人类面临的日益严重的环境污染和能源危机问题的有效方案。先进的绿色电源专用设备目前被发达国家电源生产商所控制，并已成为产品竞争的核心内容之一。

新型电子元器件专用设备业是集成专用技术和专用工艺的高技术产业。纵观国际社会和全球信息化进程不难发现，电子专用设备始终保持着与元器件、整机的发展以及对未来高新技术变异性正相关的对应关系。因而，电子信息产品竞争的核心就集中体现在电子专用设备的竞争上。谁掌握先进的电子工艺制造技术和拥有一流的制造设备，谁就能够生产出高水平的产品，就能够占领市场并在竞争中立于不败之地。

二、新型电子元器件的现状与发展趋势

（一）表面贴装元器件

电子信息产业规模急速扩大，各种微小型电子产品需求日趋增长，带动了片式元器件的高速发展。2002 年，全球片式元器件产量为 10000 亿只，到 2005 年将达到 15000 亿只，至 2010 年将达到 25000 亿只，年均增长率在 10%以上。片阻、片容、片感等的用量较大，占片式元器件总量的 90%。我国 2000 年片式元器件产量为 1500 亿只，到 2005 年和 2010 年将分别达到 4000 亿只（年均增长率 20%以上）和 6500 亿只（年均增长率 10%以上）。若按 100 亿只产能的专用设备投资为 1 亿元考虑，“十一五”期间全球至少需 150 条生产线，近 150 亿元的专用设备投资。若考虑存量市场的更替，设备投资将达到 200 亿元左右，其中国内市场容量为 30~50 亿元。

总体来讲，片式元器件的发展趋势是：单功能电子元器件继续向片式化、小型化及大容量、高精度方向发展；在保持微型化的同时，向组件化、模块化、多功能化、无源/有源元器件集成化发展。

（二）传感器和敏感元器件

传感器和敏感元器件产业规模较大、发展持续稳定。2000 年，全球市场总额为 360 亿美元，预计 2010 年将达到 550 亿美元。

我国 2000 年产量为 10 亿只，产值约 60 亿元。目前，国内开发的传感器和敏感元器件品种达到了 3000 余种，然而市场产品的 80%却来自于国外，另有 10%为采用国外传感器和敏感体进行二次组装的产品，其余 10%是国产产品。

传感器和敏感元器件产业发展的总趋势是：增加力、热、湿、气敏四大类传感器的品种并扩大生产规模；半导体传感器和光纤传感器的比重将不断增加，占传感器总量的 40%~50%；基于平面工艺基础和 MEMS 技术的 SMART 传感器应用领域和规模将日益扩大；在追求高性能、高可靠、低成本的同时，向小型化、集成化、智能化、网络化及多功能单片一体化（SOC）发展。

（三）高频频率器件

全球 SAW（声表面波器件）市场 2000 年为 28 亿只，2004 年将达到 55 亿只（见图 1）。在应用方面，2002 年射频手机器件占 56%，中频手机器件占 11%，消费类器件占 27%，双工器占 5%，基站类产品占 1%。

SAW 器件未来技术走向为：微型化、多功能化和基于 SOC、WSI 或 MCM 等技术基础上的复合化。随着技术进步，国际上预计在 2010 年前攻克金刚石薄膜和 AIN 薄膜的低成本制作技术，金刚石薄膜和 AIN 薄膜制造技术将使 SAW 器件的频率达到 6GHz 左右，插入损耗将低于 1dB，单个器件尺寸可能达到 1mm×1mm 的水平。

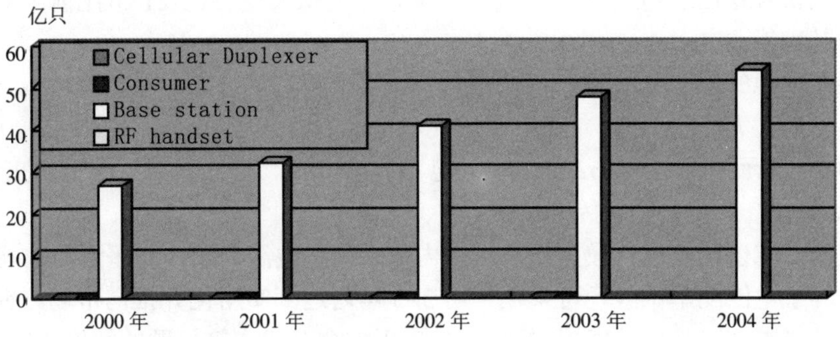

图 1　全球 SAW 产品分布

国内 SAW 研究生产与国际水平存在较大差距，目前主要生产中心频率 1000MHz 的产品。其中，低附加值的电视用 SAW 器件占了大量份额。采用 SMD 封装形式的器件，在总数中所占的比例不到 10%。目前，从事 SAW 器件生产的厂家有 20 余家，装备条件较好的有 5 家，具有较强研制能力的有 3 家。

（四）绿色电源

镍氢电池中，由于用贮氢合金替代了镉，消除了镉污染，而氢能源的发展又是世界重点发展项目，所以 20 世纪 90 年代初，镍氢电池一出世就显示了强大的生命力。但在 1999 年后，由于锂离子电池的开发生产，使得镍氢电池在手机等小型电器的市场份额逐步降低，但其独特的优势又使其在电动工具、应急灯、混合动力车、电动车市场中显示了强大的生命力（见表 1）。

表 1　二次电池产值比较

单位：亿美元

	1999 年	2000 年	2001 年	2002 年	2003 年
镍氢电池	11.0	13.0	8.0	7.5	6.0
锂离子电池	25	28	23	25	33
聚合物电池		1.5	1.5	3.0	3.5

我国锂离子电池生产厂有 40 余家，其中，90%以上采用单机、手工生产，部分厂家已实现月产 500~1000 万只的生产能力。天津力神电池公司、光宇电池公司等从日本引进关键装备及部分自动装配线，产能已达到月产 500 万只水平。中国锂离子电池的迅猛发展，已使日本几大公司在世界市场的占有率从 2000 年的 90%以上下降到 2002 年的 75%左右，预计 2003 年我国锂离子电池产量约占世界市场的 30%。

国际光伏工业过去 15 年年均增长率为 15%。20 世纪 90 年代后期以来，世界市场出现了供不应求的局面。1997 年，世界太阳电池光伏组件生产达 122MW，比 1996 年增长 38%，1998 年光伏组件生产达到 157.4MW，比 1997 年增长 29%，超出光伏界专家最乐观的估计。在世界各国尤其是美、日、德等西方发达国家先后兴起的大规模国家光伏发展计划和太阳能屋顶计划的刺激和推动下，世界光伏工业近年来保持着年均 30%以上的高速增长。目前，世界光伏发电累积装机容量已经超过 1500MW。专家预测光伏发电将在 21 世纪前半期超过核电成为最重要的基础能源之一。

中国光伏电池的地面应用始于 1973 年，30 年来随着系统技术不断提高，应用项目不断增多，市场不断扩大。到 2002 年底，中国光伏电池的累计用量已达 36MW。2003 年，国家还将投资约 20 亿元在所剩的 362 个偏远无电乡继续实施“送电到乡”工程，使全国实现乡乡通电的目标。

动力电池目前以镍氢电池较为成熟。国内蓝天高科电源公司、和平海湾公司等生产厂家已完成或参与了电池配车试验，可望在今后 3~5 年内达到实用化并推向市场。锂离子电池、燃料电池和超级电容器是今后发展的方向，但由于安全及成本等问题的解决还需要一定周期，目前离实用化尚有较大距离。国际著名的汽车公司，如丰田、本田、通用等公司均在潜心研究电动车，已有样品样车在试验，可望在 10 年左右逐步推向市场。

2003年我国电子专用设备行业经济运行情况

2003年是全面贯彻落实党的十六大精神的第一年，我国经济进入了全面建设小康社会的新发展阶段，继续面临深化改革、扩大开放、快速发展的大好时机。在我国电子信息产业的继续快速发展的推动下，全行业继续保持了产、销和经济效益稳定的增长态势。尽管上半年一场突如其来的“非典”疫情，给企业的生产和经营带来了很大的困难，但是，我国电子专用设备行业认真贯彻党中央、国务院的部署和要求，抗“非典”，抓发展，夺取了防治非典和发展经济的双胜利。

（一）经济运行基本情况

根据对行业内91个企事业单位的统计，2003年行业的工业总产值、销售收入、税金总额和实现利润分别比2002年同期增长了12.9%、21.1%、75.6%和22.2%。2003年我国电子专用设备行业完成的各项主要经济指标见表1。

表1　2003年我国电子专用设备行业各项经济指标完成情况表

序号	主要经济指标	单位	2003年	比2002年增长（%）
1	总产值（现价）	万元	363288	12.9
	其中：设备	万元	306885	12.6
	工模具	万元	56403	14.6
2	工业增加值	万元	115585	
	其中：设备	万元	92075	
	工模具	万元	23510	
3	销售收入（不含税）	万元	342165	21.2
	其中：设备	万元	300200	23.5
	工模具	万元	41965	7.5
4	税金总额	万元	25623.8	75.6
	其中：设备	万元	20605	85.4
	工模具	万元	5018.8	44.3
5	实现利润	万元	28851.6	22.2
	其中：设备	万元	25299	23.2
	工模具	万元	3552.6	15.4
6	出口交货总值	万元	17937.9	59.6
	其中：设备	万元	4830.2	11.6
	工模具	万元	1926.7	93
	其他产品	万元	11181	89.3
7	行业职工总人数	人	33910	1.6
	其中：工程技术人员	人	16902	135.3

续表

序号	主要经济指标	单位	2003 年	比 2002 年增长（%）
8	行业固定资产原值	万元	338636	-8.3
	其中：设备	万元	265431	-12.9
	工模具	万元	73205	13.9
9	行业固定资产净值	万元	214662	-15.4
	其中：设备	万元	170157	-21.4
	工模具	万元	44505	19.8
10	新产品完成项目	项	443	159.1
	其中：设备	项	344	156.7
	工模具	项	8	-20
	其他产品	项	91	237

（二）经济运行特点

1．产、销、税、利继续保持增长，并且销售收入和经济效益出现较大幅度的增长

2003 年行业总产值、销售收入、利税总额和实现利润继续保持增长态势。虽然 2003 年产值的增长幅度低于 2002 年产值的增长幅度，但是 2003 年销售收入的增长幅度（21.2%）大大高于 2002 年销售收入的增长幅度（6.1%）。2003 年利税总额增长幅度（43.6%）不仅高于销售收入的增长幅度，而且也比 2002 年利税的增长幅度（12.9%）要高得多。这是自 2001 年以来增长幅度最高的一年，如图 1 所示。

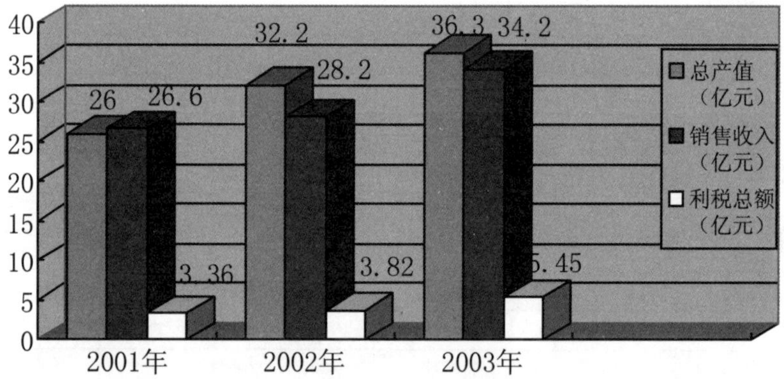

图 1　行业总产值、销售收入和利税总额

2．行业内前十名单位销售收入和利税总额继续占到全行业的一半以上，江苏苏净集团有限公司仍位居行业之首

2003 年，电子专用设备行业前十名（见表 2）销售收入总额为 17.89 亿元，占全行业的 52.3%（2002 年为 51.1%），2003 年的前十名销售收入比 2002 年的前十名增长了 23.3%。2003 年进入前十名的销售收入额最低为 8237 万元，比 2002 年提高了 1901 万元。

2003 年的行业前十名完成利税约 3.13 亿元，占全行业利税总额的 57.3%（2002 年为 60%），比 2002 年的前十名增长了 36.5%。2003 年的行业前十名实现利润 18000.9 万元，占全行业利润总额的 70.3%。2003 年的行业前十名出口交货值为 11557.8 万元，占全行业出口交货值的

64.4%。

江苏苏净集团有限公司仍然位居行业榜首，销售收入、利税总额比2002年分别增长25%和15.7%，高于2002年的13.3%和18%。

表2　2003年电子专用设备行业销售收入前十名经济运行情况（不含亏损单位）

单位：万元

03年序	02年序	单位名称	销售收入	利税总额	实现利润	出口交货值
1	1	江苏苏净集团有限公司	40961	6229.0	4646.0	901.0
2	2	北京七星华创电子股份有限公司	34607	6041.8	3553.4	4454.8
3	4	西北机器厂（709厂）	19020	1741.0	1389.0	462.0
4	3	兰新高科技产业发展股份有限公司	17723	5447.0	2156.0	0
5	6	铜陵三佳电子股份有限公司	17022	4235.0	1712.0	1093.0
6	7	四川丹甫制冷压缩机公司（4501厂）	12317	716.0	47.0	0
7	10	中国电子科技集团公司第45研究所	10223	1197.0	1064.0	1278.0
8		中国电子科技集团公司第48研究所	9878	2134.0	1221.0	192.0
9	9	广州爱斯佩克环境仪器有限公司	8937	2765.0	1557.0	1041.0
10		中国电子科技集团公司第2研究所	8237	747.0	655.5	133.0
		合计	178925	31252.8	18000.9	11557.8

3．2003年半导体器件和集成电路设备、电真空器件和光电器件设备、电子整机装联设备和电子通用设备销售额有了较大幅度的增长

2003年各类电子专用设备和电子工模具销售情况见表3。2003年，电子专用设备销售额占设备销售总额的66.3%，比2002年提高了5.8个百分点。2003年电子工模具销售额占工模具销售总额的46%，比2002年下降了7.7个百分点。

2003年除电子元件设备的销售额和2002年基本持平及电子模具销售额比2002年有所下降外，其他各类产品的销售额都取得了增长。其中半导体器件和集成电路设备、电真空器件和光电器件设备、电子整机装联设备和电子通用设备摆脱了2002年负增长的困境，2003年出现了较大幅度的增长。

2003年电子专用设备总产量为133551台，产销率为101.5%，比2002年提高了5.4个百分点。

表3（a）　2003年各类电子专用设备销售情况表

产品类别	销售量（台、套）	比2002年增长（%）	销售总额（万元）	比2002年增长（%）
半导体器件和集成电路设备	1174	-28.8	25361	51.3
电真空器件和光电器件设备	1295（22631 m）	54.7	24536	35.2
电子元件和机电组件设备	10953	205.6	39401	-0.3
空气、水净化和气体纯化设备及电磁屏蔽设备	94858（88409 m^2）	14.7	49582	20
气候环境模拟和可靠性试验设备	2153	14.6	17887	15.9
电子整机装联设备	1261	128.9	10912	196.2
电子通用设备	23904	46.7	35640	161.6
合计	135598（88409 m^2）（22631 m）	26.3	203319	38.1

表3（b）　2003年电子专用工模具销售情况表

产品类别	销售量	比2002年增长（%）	产销率（%）	销售总额（万元）	比2002年增长（%）
电子专用工具	489.1万件	17.7	98.6	5871	21.5
电子专用模具	930付	2.9	83.4	13425.7	-15.4
合计				19296.7	-8

4．2003年出口大幅增长

2003年行业出口交货值达到17937.9万元，比2002年同期增长了59.6%，达到了行业历史上的最高水平。其中，电子工模具出口增长了93%，但是电子专用设备的出口增长幅度并不高。

5．新产品完成项目大幅度增加

2003年完成新产品项目443项，比2002年增加了272项。其中，电子专用设备和电子专用工模具共完成352项，比2002年增加了208项。这些新产品的投产，也将为今年我国电子专用设备开拓新的市场。

6．亏损企业和亏损额有所增加

2003年亏损企业有18家，比2002年增加了2家，其中设备单位13家，工模具单位5家。由于湖北建昌机器有限公司的改制使该公司2003年的亏损额达到8240万元，所以2003年全行业亏损总额达到14528.8万元，比2002年增长了89.5%。

（三）2004年经济运行展望

2004年是实现“十五”计划的关键一年，也是全面落实党的十六大和十六届三中全会精神的重要一年。中共中央经济工作会议指出，2004年要继续坚持扩大内需的方针，实施积极的财政政策和稳健的货币政策，适时适度调整政策的力度和重点，保持经济平稳增长。会议特别明确要紧紧抓住结构调整主线，提升制造业水平，加快发展以信息产业为主要代表的高新技术产业，运用先进适用技术改造传统产业，全面提高制造业的竞争力，这为我国电子专用设备市场进一步发展提供了强大的动力。根据信息产业部有关资料分析，2004年我国电子信息产品市场将稳中有升，为信息产业提供装备的电子专用设备行业也将继续保持增长的态势。这除了信息产业的发展为电子专用设备行业扩大了市场的容量外，还因为：

1．2004年“十五”规划将全面启动，为行业的发展提供有力的支持

今年，“十五”规划将全面启动，改造东北老工业基地，国家组织实施五大信息化工程，改造电力网和电源建设项目，铁道网的改扩建项目和奥运项目的建设为电子信息产业带来了商机，也将推动我国电子专用设备行业的发展。

2．2004年外资企业和民营企业加入电子专用设备行业，将促进行业的发展

由于我国电子专用设备市场需求大，近年来已有不少外商到中国投资电子专用设备，民营企业也不断加盟到电子专用设备行业来。今年加入我协会的9家新会员中，有2家是外商独资和控股企业，1家台资企业，3家民营企业。这些企业的发展都将使我国电子专用设备行业的实力得到进一步加强。

3．2004年半导体器件和集成电路产业、LCD和LED产业将强劲拉动我国电子专用设备产业的增长

在发达国家中，半导体器件和集成电路一直是电子专用设备行业的最主要的用户。今年，我国“十五”期间投资建设的集成电路项目已经或正在启动，这为我国半导体设备生产企业提供了很多的商机。同时，我国半导体生产企业研制的6英寸生产线设备已得到越来越多的用户的认可，并在大规模生产线上得到应用。一批8英寸生产线设备，今年也将投入市场，将为我国半导体设备的市场增加新的增长点。2004年，半导体设备的合资、合作项目也将启动，这将加快我国半导体设备的发展。预计2004年我国半导体设备销售额增速将超过50%。

LCD和LED是目前发展快速的产业，年增长速度都超过两位数。2004年～2005年我国将建设8家TFT-LCD工厂。我国高亮度LED今年市场销售规模将增长10%以上。今年LCD和LED的生产设备的需求将比2003年有较大幅度的增长。

磁性材料设备仍将是拉动我国元件设备发展的主要力量。目前，国产磁性材料设备国内市场占有率已经达到 90%。“十五”期间我国不仅是世界磁性材料生产大国，而且要成为世界磁性材料生产的强国。因此，2004年我国磁性材料生产企业将继续加大投资力度，向生产高档的磁性材料发展。这也为我国磁性材料设备生产企业提供了一个大市场。

2004年净化设备和试验设备将继续保持15%~20%的增长速度。

由于中高档自动贴片机我国今年还不能投产，所以表面贴装设备这个大市场我国仍将依赖进口。

预计，2004年全行业的总产值、销售收入和利税总额仍将继续保持同步增长态势，2004年工业总产值和销售收入的增速将保持在13%和20%左右，利税总额的增长速度不可能再大幅度增长，增速将比2003年有所回落，增长率将在20%左右。

中国电子专用设备工业协会

全国主要省市电子信息产业发展情况

2003年，是我国贯彻实施党的十六大提出的全面建设小康社会宏伟目标的第一年。尽管我国遭受了严重的“非典”疫情，全球经济尚在调整和恢复期，但全国人民在以胡锦涛为总书记的党中央的正确领导下，齐心协力，万众一心，取得了抗击“非典”的重大胜利。全国电子信息产业在积极抗击“非典”的同时，认真抓好经济运行的各项工作，大胆创新，开拓进取，依靠科技创新，加快结构调整，加大投资力度，继续推进利用高新技术和信息技术改造传统产业的步伐，全面推进国民经济和社会信息化建设，使我国电子信息产业继续保持快速健康发展。

北京市

2003年，面对全球IT产业增长缓慢、国际经济贸易磨擦不断加剧及“非典”带来的不利影响，在市委市政府领导下，北京市电子信息产业抓住机遇，克服困难，沉着应对，使北京市电子信息产业保持全行业经济运行持续、快速、协调、健康发展。2003年实现工业总产值945亿元（不包括软件的380亿元），销售收入1012亿元，利润总额52.6亿元，工业增加值204亿元，继续保持北京工业第一支柱产业的地位（数据来自北京市统计局）。台式电脑、笔记本电脑、移动通信手机等主要电子信息产品增长迅速，一批重点电子信息企业快速发展。2003年，有15家企业入围2003年信息产业部第17届电子信息百强，中国普天、北京联想、北大方正、京东方分别以602亿元、355亿元、145亿元、87亿元的销售收入列第2、3、9、13位。作为信息产业基础的集成电路产业发展迅速，基本形成了集成电路设计、生产、材料设备和封装测试产业链同步发展的格局。

一、经济运行的主要特点

（一）大型企业成为北京电子信息产业的主要力量

按照信息产业部提出的大公司、大集团战略，从政策和资金等方面我们重点支持各电子企业体制改革和产品结构的调整，支持他们做大做强，努力培育一批具有国际竞争力的大公司、大企业集团，促进北京市电子信息产业的快速发展。据统计，2003年北京市电子信息十大企业总销售收入达588亿元，占整个全市电子信息58.3%。

2003年北京市电子信息产业累计销售收入前10名的企业如下。

1	联想（北京）有限公司	173.49	亿元
2	普天首信集团	141.97	亿元
3	北京爱立信移动通信有限公司	66.29	亿元
4	北京松下普天通信设备有限公司	45.98	亿元
5	清华同方股份有限公司	39.29	亿元
6	北京松下彩色显像管有限公司	39.21	亿元

7	北京东方冠捷电子有限公司	31.70	亿元
8	北京诺基亚航星通信系统有限公司	26.41	亿元
9	北京北大方正集团公司	23.68	亿元
10	北京国际交换系统有限公司	17.87	亿元

（二）通过产业结构的调整，北京市电子信息产业出现新的格局

北京市电子信息产业近几年来一直是移动通信产业一枝独秀。我们通过调整产业结构，在做大、做强移动通信、计算机的同时，重点培育集成电路、显示器产业等，形成多点支撑的局面。

① 京东方科技股份有限公司 2003 年产业结构调整力度很大，由原来的真空电子管生产企业调整为 TFT-LCD 显示屏的研发、生产与销售基地，笔记本电脑、台式电脑生产基地、网络及软件研发生产基地。2003 年最为抢眼的事情是收购韩国 TFT-LCD 事业，成立京东方科技全资子公司 BOE-HYDIS。这是全球第九大 TFT 显示屏生产商，是较成熟的国际大型制造企业。其生产线基地在电子城和亦庄经济技术开发区同时动工。2003 年京东方实现销售收入 153 亿元，同比增长 80%以上。

② 集成电路产业发展迅速，产业规模进一步扩大。2003 年北京地区集成电路产业实现销售收入 62 亿元，增长 100%以上，一批重点企业发展迅速，北京威讯联合半导体公司去年销售收入达 21 亿元，大唐微电子完成销售收入 6.2 亿元，均比 2002 年有较大幅度增长。特别是设计企业完成销售收入 25 亿元左右，同比增长 60%，占全国的 36%。有 6 家企业销售收入过亿元。

③ 清华同方股份有限公司在 2003 年实现企业的战略转移和产业结构的调整，使企业立足信息产业和能源环境产业两大领域。在信息产业领域，企业成立数字电视事业本部，并积极开拓数字电视设备、无线通信设备，以及有线/无线与宽带运营等应用领域市场。此外，清华同方还获得国家广电总局颁发的《网上传播视听许可证》，为公司在数字电视产业领域运营提供进一步发展空间。同时，通过市场细分，公司在计算机产品、远程教育、网络、软件、系统集成等项业务中，开展了针对专业群体和行业用户的市场推广活动。在能源与环境产业领域，公司加强对外合作与渠道建设，在注重市场效应同时，兼顾社会效应，发展了一批应用于环境保护领域的相关技术及产品，并在相关市场中得到广泛应用。2003 年公司在固体废弃物、建筑照明、节能工程、水务工程等项目中取得较大成绩。

④ 北京市电子控股公司将北京广播器材厂（761 厂）、北京广播电影电视设备制造厂、北京北电科林电子有限责任公司整合到一起，将市场资源、技术资源、设备资源整合到一起，成为广播电视发射、接收及演播室设备、电视转播车的大型专业生产企业。其规模在全国位居第一。2003 年实现销售收入 22 亿元。

（三）不断提高研发投入，全行业的技术创新能力进一步提高

为了提高企业的技术创新能力，北京市各电子生产企业不断加大研发投入，开发适销对路和附加值高的新产品，为企业的发展奠定了基础。

① 在对北京市 7 家手机生产企业调查中了解到，手机企业的研发能力有很大的提高，尤其是国有控股的 3 家企业：北京普天首信公司、大唐电信集团公司和中电通信科技有限公司的手机外观设计、外型功能设计、应用层软件开发、射频模块的设计技术和大批量生产技

术取得较大进展。

② 北京市集成电路产业得到较大发展。中芯国际的集成电路研发达到 8 英寸、0.25μm～0.18μm 水平和 12 英寸、0.13μm～0.09μm 先导线，使北京市的研发能力快速进入国际主流技术水平。北京市集成电路设计企业在市工业促进局的大力推动下，已有上百家企业迅速发展，入住北京集成电路设计园。一批 IC 设计公司，已成功开发出涉及国家安全、具有国际水平的新产品。例如，中芯微系统公司开发出 32 位 CPU——方舟一号，中星微电子公司开发出 330 万像素的数码相机芯片，大唐电信、清华同方开发出身份证 IC 卡芯片，并形成批量生产。

③ 联想（北京）有限公司在今年内推出多项产品：三款家用彩色喷墨打印机、“数字光芯”投影机和消费 PC 品牌。2004 年联想将立足国际市场，把所提供的产品业务范围从 PC 拓展到多种信息终端设备，服务器、数码相机及数码产品等组成体系庞大的联想海量业务。把国内市场做深做透，积极采用联盟和投资的方式进行业务拓展，积极通过合资、并购等资本运作方式，拓展国际市场。

（四）三资企业对全行业经济增长的作用继续攀升

2003 年由于外商投资环境进一步好转，电子外商投资企业进一步增加，规模迅速扩大，拉动全产业经济增长的作用进一步增强。信息产业部监测的 88 家电子企业中，销售收入达到 764.38 亿元，而外商投资企业为 435 亿元，占到电子产业销售收入的 57%。首信诺基亚集团实现销售收入 141.97 亿元，北京爱立信移动通信有限公司实现销售收入 66.29 亿元，北京松下普天通信设备有限公司实现销售收入 45.98 亿元。

（五）北京市软件企业迅速增长

2003 年北京市软件企业营业额达到 380 亿元，占全国软件营业额的 35%。一批软件企业规模不断扩大，对北京电子信息产业的发展起到了巨大的推动作用。

天津市

2003 年，天津市电子信息产业以“三个代表”重要思想为指导，紧紧围绕“调整结构，转换机制，减轻负担”的主题，克服全球电子信息产业低迷及“非典”带来的各种不利影响，奋力拼搏，继续巩固了电子信息产业在天津市第一大支柱产业的地位。

一、全行业经济指标完成情况

① 生产指标持续增长。全年工业总产值突破千亿大关，同比增长 26.4%，完成出口交货值 545.9 亿元，增长 20.9%，占天津市工业总出口额的 55.5%，继续保持第一大支柱产业和第一大出口行业地位。

② 主要电子产品产销两旺。2003 年全行业产销衔接良好，产品销售大幅度增加，全行业完成产品销售收入 979.7 亿元，同比增长 9%，产销率为 97.4%，比上年同期提高了 1.4 个百分点。主要电子产品，如：背投电视机、收录放机、组合音响、激光视盘机等产品产销量同比增长均超过了 90%以上（见表 1）。

表 1　主要电子产品产量

产 品 名 称	计算单位	产量	增减（%）
移动通信手持机	万部	3139	9.95
背投电视机	万台	8	100
收录放机	万台	8	100
组合音响	万台	105	90.9
激光视盘机	万台	272	164.1
集成电路	万块	36887	12.73

③ 经济指标出现负增长。全年完成工业增加值 280 亿元，利润 31.2 亿元，税金总额 12.35 亿元，比 2002 年均有所下降。

二、全行业经济运行的主要特点

2003 年天津市电子信息产业规模仍名列天津市各行业之首，全行业增速为 26.4%，对天津市工业贡献率为 40%，拉动全市工业增长 10.45 个百分点，是拉动天津市工业增长的主要力量。

（1）从天津市信息产业的经济类型构成看，三资经济继续是主导全行业经济的主力军，但内资经济发展较快，使外资企业对全行业的拉动力有所下降。

目前天津市全行业共有 147 家外资企业，占全行业的企业数的 38%，但全行业的 95.7%的工业总产值、96%的销售收入、91.8%的工业增加值、92.6%的利润、84.7%的税金由外商创造。

内资企业经过新一轮的嫁、改、调，生产能力、技术能力和市场竞争力均大幅提高，各项经济指标止跌回升，在外资企业利润和工业增加值均出现负增长时，内资企业增幅高达 205.8%和 28.45%，并有两家国有控股企业利润进入天津市信息产业的前十名。

（2）从行业结构看，通信设备行业和电子元器件行业成为天津市电子信息产品制造业的主要经济增长点。

以手机为主要构成的通信设备行业产值占天津市电子产品制造业的 50%以上。目前天津市共有 5 家手机生产商：摩托罗拉、三星通信、三洋通信、电话设备厂和京瓷，其中摩托罗拉手机产量位居全球第二，三星手机产量位居全球第三。2003 年天津市生产手机 3139 万部，占全国的 18.3%，天津市已成为全国重要的手机生产基地。

此外，天津市电子产品加工配套能力全国瞩目，全国 60 种主要电子产品中，天津市有 45 种产品产量进入全国前十名。其中，有 12 种产品全国排名第一，11 种产品全国排名第二，5 种产品排名第三。

2003 年电子元器件行业占天津市信息行业的 19%，目前正以 200%以上的增速快速发展，成为天津市仅次于通信设备行业的第二大经济增长点。

（3）从规模型企业拉动经济效益看，三星集团成为天津市电子信息产业新的生力军。

天津市三星集团的 8 家电子企业，2003 年产值达 294.4 亿元，占天津市信息产业的 29%，拉动天津市全行业增长 22 个百分点，实现利润 20.6 亿元，占全行业的 66%，拉动全行业增长 26 个百分点，成为天津市第一大利润集团。

（4）从出口构成看，外资企业是天津市电子产品出口的主流。

2003 年天津市信息产业出口突破 500 亿元，同比增长 21%，占全市工业出口总额的 50% 以上。天津市电子产品出口前 30 名企业占全行业出口的 94.8%，摩托罗拉出口额占全行业的 40.1%，位居榜首，三星集团的 8 家企业全部进入前 30 名，占全行业出口额的 29.8%，三星电子显示器、三星电子分别位居第二、三位。内资企业的出口额也不断增大。

（5）软件和系统集成产业发展势头强劲。

随着天津国家软件出口基地的建设，以及各项优惠政策的出台、政府支持资金的引导、环境的不断优化，全市软件和系统集成产业发展加速。统计的 181 家企业，销售收入达 18.31 亿元，其中软件产品 6.04 亿元，系统集成 6.36 亿元，软件服务 2.13 亿元。加上 5 家制造业企业的硬件产品的嵌入式软件 38.68 亿元，系统集成和服务 0.026 亿元，软件产业总销售收入达 57.02 亿元。另外，软件出口达 1.2 亿美元。

辽宁省

2003 年辽宁省电子信息产品制造业共有企业 140 家，其中内资企业 78 家（其中国有 31 家及私营企业 13 家），外商投资企业 54 家（其中外资独资企业 37 家），港澳台投资企业 8 家。职工人数 8.8 万人，资产总额 385 亿元。

一、主要经济指标完成情况

2003 年，辽宁省电子信息产业制造业共完成工业总产值（不变价）671 亿元，同比增长 26%；完成工业增加值 76 亿元，同比增长 9%；全年完成产品销售收入 410 亿元，同比增长 17.3%；实现利润总额 16.4 亿元，同比增长 5.1%；实现利税 19.8 亿元，基本与去年持平；完成出口创汇 32 亿美元，同比增长 19%。产销率达 98%。

二、主要产品产量完成情况

辽宁省电子信息产业制造业主要产品有：微型计算机、电视机、激光视盘机（DVD）、打印机、彩色显示器、汽车音响、手机、程控交换机、录像机、显像管、真空开关管、电子元器件、集成电路等。在重点考核的产品中，主导产品的优势地位进一步加强。计算机及外部设备和彩电及汽车音响为主的视听类产品产销势头良好，产量居全国前列，在国内外市场具有较强竞争力。

2003 年，6 种主导产品产量完成情况如下。彩色电视机完成 453 万台，同比增长 12%，占全国产量的 6.6%，排全国第五位。激光视盘机完成 309 万台，同比增长 57%，占全国产量的 4.4%，排全国第五位。汽车音响完成 328 万台，同比增长 11%，占全国产量 10.2%，排全国第二位。微型计算机完成 183 万台，同比增长 110%，占全国产量的 5.5%，列全国第六位。打印机完成 72 万台，同比增长 9%，占全国产量 4.2%，列全国第四位。手机完成 125 万部，同比增长 363%，占全国产量 0.7%，列全国第十二位。主导产品生产企业实现销售收入之和已达 262.8 亿元，占全省制造业比重的 64.1%。

三、主要分布地区概况

辽宁省电子信息产业制造业主要集中在大连、沈阳两市。从 2003 年全省电子信息产业制造业产品销售收入的地区分布来看，比重最大的是大连市，完成产品销售收入 261.9 万元，占全省总量的 63.9%；其次是沈阳市，完成产品销售收入 108.3 万元，占全省总量的 26.4%；余下的 10 市，完成产品销售收入只占全省总量的 9.7%。大连和沈阳两市已占全省总量的 90.3%以上，成为全省信息产业发展的主要地区，也是全省信息产业发展的主要拉动力量。

四、重点企业概况

产品销售收入超过 5 亿元的企业有 15 家。按地区分布发展不平衡，主要集中在大连、沈阳两市。而大连产品销售收入超过 5 亿元的企业已达 11 家，共完成销售收入 229.6 亿元，占 15 家重点企业的 69.7 %；沈阳 2 家，共完成销售收入 86.5 亿元，占 15 家重点企业的 26.3%。东宝和陆平两家共完成 13.1 亿元，占 15 家重点企业的 4%，由此看出大连将带动全省信息产业快速发展。

多数大企业（集团）产品销售收入都有不同程度增长，其中大显集团、三宝电脑、长白集团、中国华录集团、佳能大连办公设备有限公司、日本电产（大连）有限公司、罗姆电子大连有限公司、辽宁无线电二厂（集团）等 8 家企业集团产品销售收入均超过 10 亿元以上。全省 15 家超 5 亿元销售收入企业共完成产品销售收入 329.2 亿元，占全省制造业比重的 80.3%；完成工业增加值 51.4 亿元，占全省制造业比重的 67.6%；利润完成 13.47 亿元，占全省制造业比重的 82.1%。

五、重点产品出口情况

2003 年，全行业实际利用外资额为 3.5 亿美元；实现出口创汇 32 亿美元，比上年增长 18.6%。主要出口产品有：彩色电视机出口 325 万台，占生产量的 72%；打印机出口 65 万台，占生产量的 90%；微型计算机出口 168 万台，占生产量的 92%；激光视盘机出口 281 万台，占生产量的 91%；汽车音响出口 274 万台，占生产量的 84%；彩色显示器出口 20 万部，占生产量的 95%。

上海市

2003 年，面对突如其来的“非典”疫情的严重冲击，在信息产业部和上海市政府的正确领导下，在广大信息产业从业人员的齐心努力下，排除了不利因素的影响，既取得了防治“非典”的阶段性重大胜利，又保持了上海信息产业持续、快速、稳定发展，超额完成全年目标。

一、上海信息产业经济运行基本情况

2003 年上海信息产业经济发展保持良好势头，继续保持全市先导型支柱产业的地位，呈现高速、高位的发展态势。全年完成增加值 622.04 亿元（见图 1），比上年同期增长 17%，占全市 GDP 的 10%。全年完成制造业销售收入和服务业经营收入合计 2969.67 亿元，同比增长 67.6%。

其中，上海信息产品制造业累计完成工业总产值 2204.96 亿元（见图 2），比去年同期增长 60.3%，高于全市工业增速 26 个百分点，对全市工业增长的贡献率达到 31.8%，拉动全市工业增速 33.6%中的 10.7 个百分点，在上海 6 个重点发展的工业行业中实现总量、增速双第一。

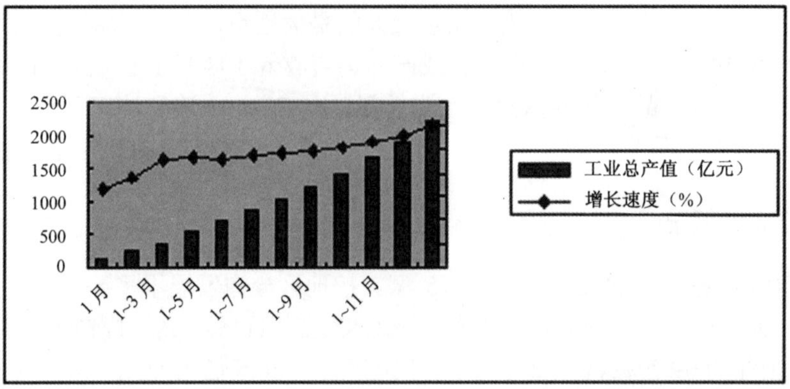

图1　信息产品制造业工业总产值一览

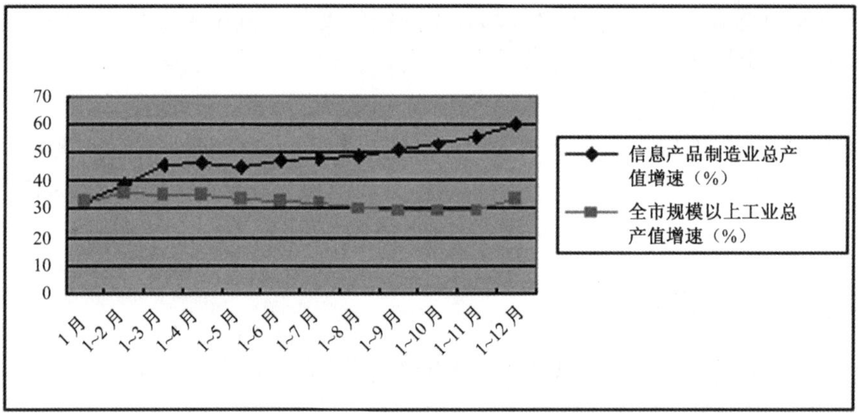

图2　信息产品制造业和全市工业总产值增速一览

在生产快速增长的同时，制造业完成销售收入2468.39亿元（见图3），比去年同期增长76.8%，创历史新高，在上海6个重点发展的工业行业中居第一位（见图4），高于全市工业销售收入平均增速39个百分点。

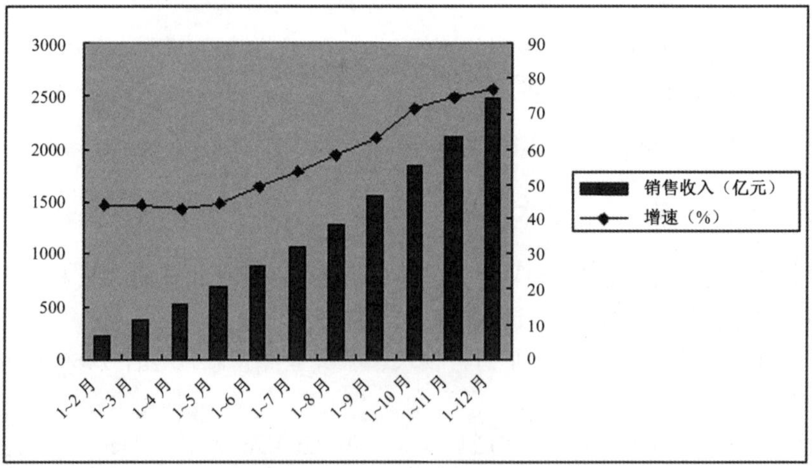

图3　信息产品制造业销售收入一览

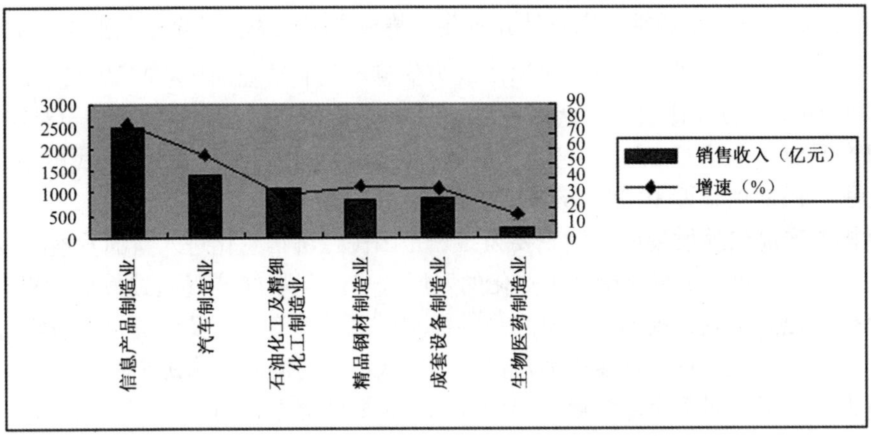

图 4　重点发展的 6 个工业行业销售收入及增速一览

信息产品出口继续保持快速增长势头，据海关统计，全年信息产业出口达到 146.51 亿美元，占全市外贸出口总额的 30.2%。

信息服务业（含软件业）全年实现经营收入 501.28 亿元，比去年同期增长 33%。其中，软件业经营收入 201.15 亿元，比去年同期增长 65%。

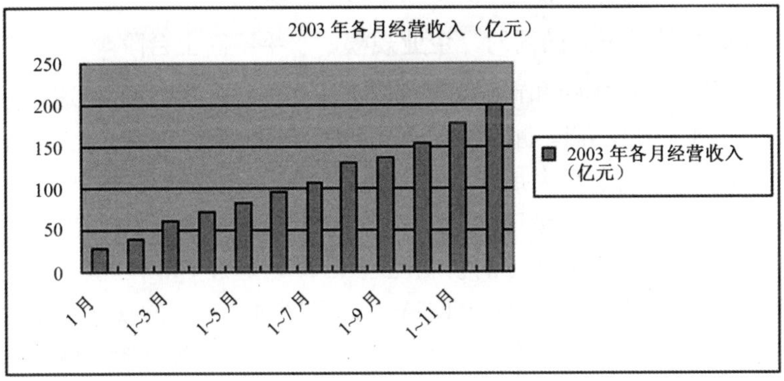

图 5　2003 年各月经营收入（亿元）

二、经济运行的主要特点

1. 积极参与国际分工，经济外向度进一步提高

2003 年上海市全市信息产业出口完成 146.51 亿美元，比上年同期增长 116.2%，占全市外贸出口的 30.2%。出口快速增长的主要特点：一是计算机产品出口增长较快，计算机及通信技术产品出口占高新技术产品出口总量的 68.1%；二是进料加工及来料加工在信息产品出口中所占比例仍较大；三是三资企业出口继续保持快速增长，居上海出口额前三位的均为 IT 外资企业。

利用外资势头良好。上海信息产业利用外资占全市利用外资的 1/3。一是资金规模大、技术含量高的集成电路大项目，继续成为吸引外资的主体；二是外商增资势头良好；三是外资集聚产业园区，形成了向产业园区，如松江、张江等集聚的趋势。

2．产业结构进一步调整，电子计算机业、集成电路成为拉动全市工业增长的主导力量

今年以来，计算机类产品发展迅速，成为信息产品制造业的核心产品。该行业全年完成销售收入 1119.72 亿元，比去年同期增长 2.4 倍，对全市信息产品制造业增长贡献率为 73.7%，拉动信息产品制造业增长 56 个百分点。相应的热点产品如笔记本电脑、台式电脑、显示器产量分别比去年同期增长近 10 倍、6 倍和 8 倍。

计算机类产品快速发展的原因主要为：一是国民经济信息化进入新的发展阶段，电子政务及互联网蓬勃发展，信息化带动工业化的发展战略，成为 IT 市场持续发展的重要动力，培育了对包括笔记本电脑在内的计算机产品的需求；二是外资企业及台资企业纷纷将生产能力转移到上海，导致生产规模迅速扩大，出口增长快；三是随着技术进步与竞争的加剧，推动产品价格大幅下降，对于市场的启动起到了至关重要的促进作用。

集成电路投资持续增加，成为吸引外资、实现产业结构调整、拉动经济增长和增强城市综合竞争力的一大亮点。上海已初步形成了结构合理、分工明确的汇集设计、生产、封装、测试、设备、材料的集成电路产业链框架，目前已有包括华虹 NEC、中芯、宏力、先进、台积电等在内的 8 英寸集成电路生产线 12 条（其中已投产 6 条），4～6 英寸生产线 6 条，拥有华虹设计、威盛上海、交大汉芯、复旦微电子等一批设计企业，另有英特尔、安靠、金朋、威宇等专业封装测试公司纷纷落户上海。全年上海集成电路制造业实现销售收入 110.31 亿元，生产集成电路 39.7 亿块，其中大规模集成电路 21.9 亿块。

3．软件业在保持持续发展的同时，企业规模、水平不断上台阶

随着上海信息化进程的加快和市场需求的不断扩大，软件业发展迅速，全市软件业实现经营收入 201.15 亿元，比去年同期增长 65%。2002 年以来，抓住国家大力发展软件业的大好时机，采取了一系列扶持软件发展和保护软件产品知识产权的具体措施，为全市软件产业的健康发展积极营造了良好的政策环境。2003 年全市已认定的软件企业累计 235 家，软件产品 730 件。全年经国家系统集成认定的企业已达 42 家，通过 CMM3 级认证的企业 6 家，受资助的通过 ISO9000 质量体系认证的企业 56 家，在境内外上市的软件企业达到 5 家。嵌入式软件发展迅速，在改造传统产业和传统产品上成绩显著，市场前景广阔，嵌入式软件的发展延伸了产业链，催生了计算机设备、数字电视设备、汽车电子等新产业。在应用软件方面，上海的物流、金融、娱乐等应用软件产品已在全国拥有一定市场份额。

4．信息服务业结构进一步优化，信息消费热点层出不穷

随着上海信息基础设施建设步伐加快，数据网、交换扩容、信息平台等逐步推进，使信息服务进一步优化。而随着人民生活水准的提高，对信息服务的需求明显加大。全年本市信息服务业（含软件业）完成经营收入 501.28 亿元，比去年同期增长 33%。

信息消费成为居民消费的新亮点。本市居民把消费支出更多地转向信息消费。全年全市固定电话用户新增 61 万户，总量已达到 733 万户；移动电话用户新增 185 万户，总量已达到 1097 万户；宽带用户新增 57.7 万户，总量已达到 92.5 万户；每百户居民家庭计算机拥有量达到 60 台。网络服务增长迅速，增速超过 50%，上海互联网业整体复苏。数字娱乐业再掀高潮，聚集了一批数字娱乐企业，如盛大网络、第九城市等；电子商务风起云涌，易趣网等企业的社会认同度不断上升，联华电子商务、中昊化工网上交易中心等电子商务企业的影响日益广泛。

江苏省

2003年，江苏省电子信息产品制造业克服了上半年“非典”带来的不利影响，在开放型经济的有力推动下，发展速度进一步加快，销售突破3000亿元，提前两年完成江苏省电子信息产业“十五”计划，电子信息产品制造业已成为江苏省工业经济快速增长的重要推动力量，产业的集聚效应进一步显现，全行业的快速发展态势吸引了国内乃至国际上关注的目光。世界经济的初步复苏以及国内经济的强劲增长，尤其是互联网及通信业的飞速发展给电子信息产品制造业带来了旺盛的产品需求，为江苏省电子信息产品制造业的发展提供了不可多得的发展机遇。

一、基本概况

2003年，江苏省电子信息产品制造业共有规模以上工业企业1470家（全国10506家），从业人员53.4万人（全国349.5万人），全年完成销售收入3032亿元，同比增长58.6%；出口完成1781亿元，同比增长78.1%；完成工业增加值728亿元，同比增长58.6%；实现利税140 亿元，同比增长47.4%，其中利润99亿元，同比增长73.6%。2003年江苏省主要电子信息产品完成情况见表2。

表2　2003年江苏省主要电子信息产品完成情况

产品名称	单位	累计完成	增长（%）
移动通信手持机	万部	510	24.7
程控交换机	万线	140	12.0
电话单机	万部	230	48.4
彩色电视机	万台	467	22.3
收录放机	万台	102	1.0
组合音响	万台	144	-3.4
激光视盘机	万部	925	-1.8
微机	万部	516	156.7
显示器	万台	4143	116.3
打印机	万台	11	5.8
电子元件	亿只	702	45.9
显像管	万只	604	10.0
其中：彩色显像管	万只	576	19.0
半导体分立器件	亿只	135	43.6
集成电路	亿块	37	76.2

2003年，江苏省电子信息产品制造业共有13家企业销售收入超过50亿元，其中4家企业超过100亿元，分别比上年增加5家和2家。10家企业进入全国电子百强企业排序（见表3），2003年共实现营业收入 609 亿元，比上年增长37.2%。按销售排序的前30家企业的销售收入1814亿元，工业集中度达到60%，外资企业销售收入占全行业的比重达到76%，全行业拥有资产总计2197亿元，比上年增长33%，全行业资产负债率为69%。

表3　2003年江苏省电子信息百强企业营业收入完成情况

单位：亿元

	企业名称	2003年	2002年	增长（%）
1	熊猫电子集团有限公司	263	164	60.4
2	江苏新科电子集团有限公司	65	61	6.6
3	华东电子集团	67	56	19.6
4	苏州孔雀电器集团有限责任公司	82	56	46.4
5	亨通集团有限公司	29	26	11.5
6	江苏宏图电子信息集团有限公司	30	23	30.4
7	永鼎集团有限公司	32	21	52.4
8	江苏赛博电子有限公司	17	15	13.3
9	江苏中天科技集团	13	12	8.3
10	江苏紫金电子信息产业集团公司	11	10	10.0
	百强企业合计	609	444	37.2

二、经济运行主要特点

1. 发展速度创历史新高

2003年，江苏省电子信息产品制造业发展速度为58.6%，高于全省经济发展速度45个百分点，高于全省工业增长速度36个百分点（见图6），充分表明江苏省电子信息产品制造业对全省工业生产增长起到了强有力的拉动作用。根据测算，2003年江苏省电子信息产品制造业对全省工业经济增长的贡献率达到31.4%，拉动全省工业经济增长7个百分点。

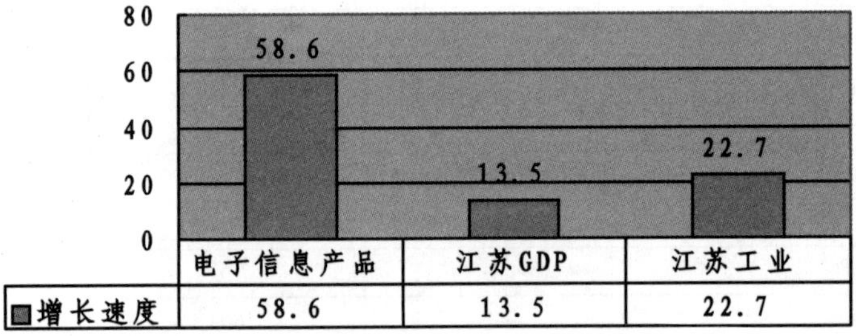

图6　2003年江苏省经济增长速度（%）

2. 出口迅猛增长，有力推动全行业的增长

2003年，江苏省电子信息产品制造业完成出口交货值1781亿元，同比增长78.1%，高出江苏省电子信息产品制造业发展速度19.5个百分点，有力地推动了全行业的快速健康发展，出口占全行业销售收入的比重已达到58.7%，电子信息产品出口交货值占全省外贸出口额的36.4%，增长速度高于全省外贸出口增长速度24.4个百分点。

2003年在江苏省的电子信息产品出口总额中，计算机类产品占出口总额的65%，家电类产品占 11%，电子仪器类产品占 3%，元器件及材料占 11%，通信及广播电视设备占 10%（见图 7）。从产品出口增长速度看，计算机类产品增长 131.8%，家电类产品增长 34.8%，电子仪器类产品增长 190.2%，元器件及材料增长 41%，通信及广播电视设备增长 103%（见图 8）。

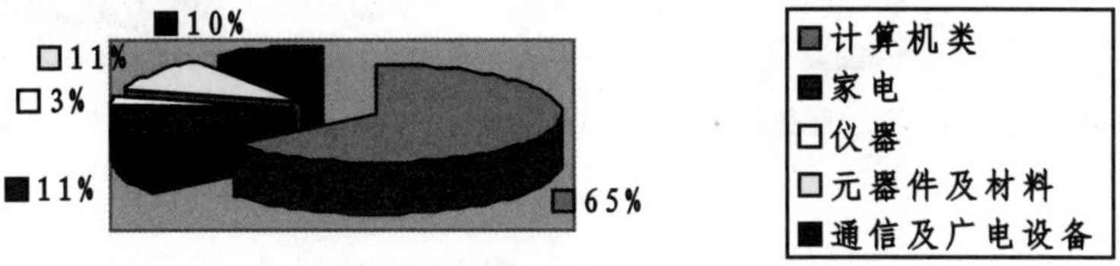

图 7　2003 年江苏省电子产品出口额构成情况

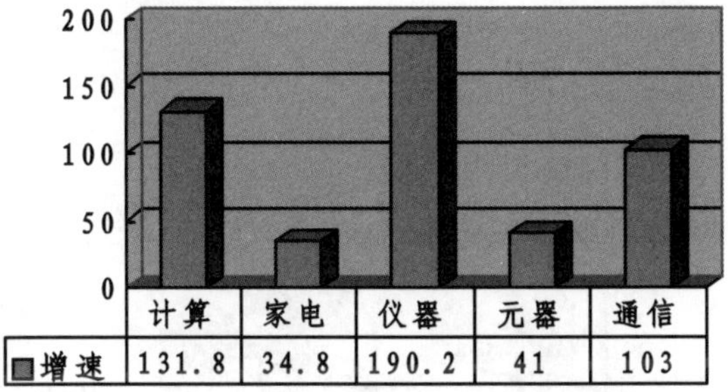

图 8　2003 年江苏省电子产品出口增长速度（%）

3. 计算机类产品对行业支撑作用明显

2003 年，江苏省微机的累计生产量为 516 万台，同比增长 156.7%，是江苏省增长最快的产品，如果加上代加工的数量（企业在财务上以加工费作为结算形式，不计入工业总产值和销售），实际数量远远超过 516 万台。据初步统计，已有 10 多家大的计算机制造商落户苏州地区，苏州地区的计算机产品制造能力已达 2000 万台。2003 年全省显示器完成 4143 万台，比上年增长 116.3%，列江苏省电子产品增长幅度第二，高附加值的液晶显示器在总量中比重有所提高。苏州飞利浦公司由于总公司关闭匈牙利、中国台湾和墨西哥等地的生产企业，苏州公司订单大幅度增加，公司生产同比增长 59%。2003 年江苏计算机类产品的生产和出口正逐步取代 DVD、彩电成为江苏省电子信息产品制造业的最大增长点，并且带动了大批配套企业到江苏省落户。

2003 年江苏省计算机、显示器、集成电路在全国中的比重及增长速度对比如图 9 所示。

4. 内资企业集团不断创新求发展

在江苏省产业的发展过程中，外资企业为江苏省电子信息产品制造业的发展起到了决定作用。而江苏省大企业集团能正视面临的激烈竞争，积极引进资金、技术和管理，创造条件走出去，不断创新求发展，特别在家电类产品、集成电路、光纤光缆及电子器件行业同样取得了较好的发展，为江苏省的产业发展做出了积极的贡献。江苏省电子信息行业的排头兵熊

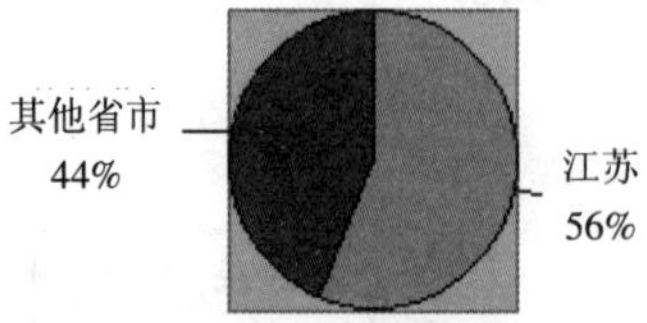

（a）2003 年江苏省显示器产量在全国中的比重

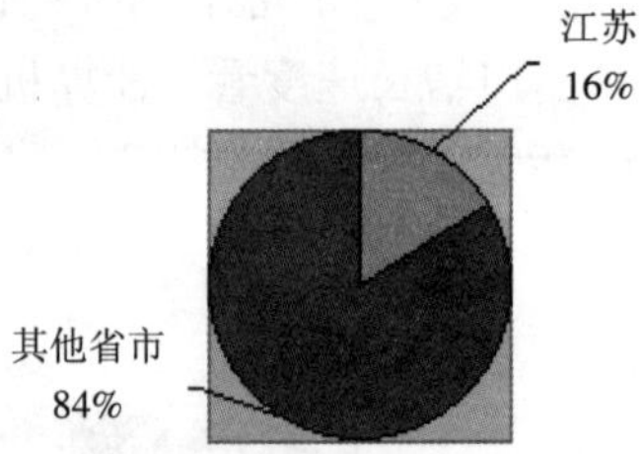

（b） 2003 年江苏省计算机产量在全国中的比重

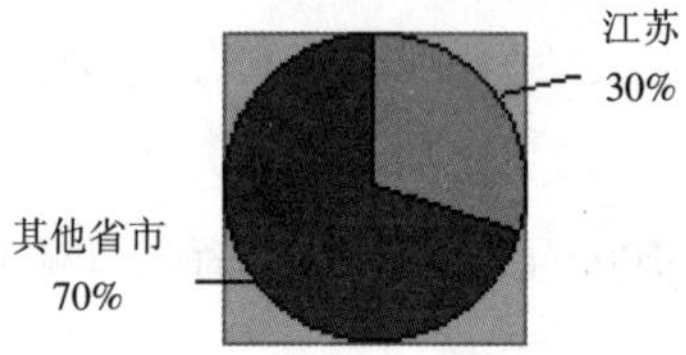

（c）2003 年江苏省集成电路在全国中的比重

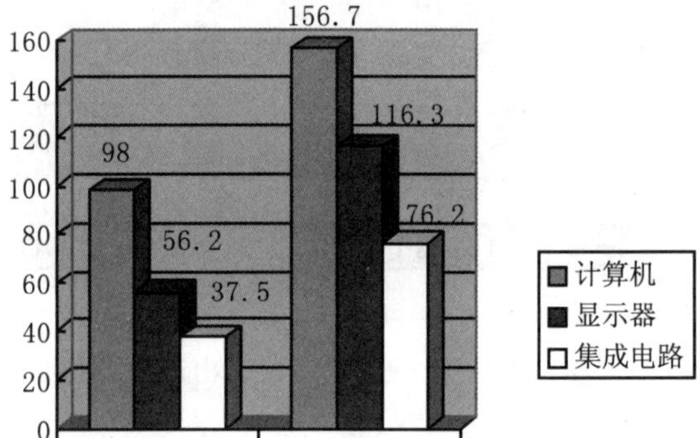

	全国	江苏
计算机	98	156.7
显示器	56.2	116.3
集成电路	37.5	76.2

（d）2003 年江苏省计算机、显示器、集成电路增长速度与全国对比

图 9　2003 年江苏省计算机、显示器、集成电路在全国中的比重及增长速度对比

猫电子集团，不断推进产业结构优化升级和核心主营业务壮大发展，2003 年实现营业收入 263 元，同比增长 60%。公司第一期向古巴出口彩电 100 万台已经于 2003 年 5 月完成，应古巴方面要求，熊猫电子集团第二期出口项目从 2003 年 6 月开始向古巴电子集团提供 30 万台彩电产品及配套天线和辅助生产设备。公司在朝鲜建立计算机生产公司的工作也取得了进展。华晶集团在经过外来资本重组后，焕发了新的生机，活力进一步增强。华润微电子（控股）有限公司实行长线产品和短平快产品相结合策略，加大在新产品开发和工艺平台建设方面的投资力度，使公司的研发能力明显提高，产品结构调整的步伐明显加快，新产品销售额在总销售额中的比重达 45%，2003 年公司完成 135 项产品的研发工作，80 多个产品形成批量生产，取得了较好的经济效益。江苏长电科技股份有限公司坚持不断加大投入，公司“七五”

期间引进三极管生产线，“八五”引进集成电路生产线，“九五”期间年年投入，滚动发展，公司作为国内首家半导体封装企业已成功上市，为今后的资本经营打好了基础。该公司坚持以科技创新为动力，与新加坡 APS 公司合资，使封装技术与世界先进水平接轨。亨通光电集团 2003 年实现营业收入 28.5 亿元，公司成立了由中国科学院、中国工程院 7 名院士及数十名企业管理、金融投资、科研开发等领域专家组成的集团发展战略智囊机构，建立了国家级企业博士后工作站，不断为集团的发展提供人力资源支持。公司目前的全资或控股子公司已达 11 家，主要生产基地已经分布到北京、上海、沈阳等地，集团下属亨通光电股份有限公司公司也已成功上市，集团通信电缆产销量连续 8 年排名全国同行业第一，光纤光缆连续 6 年进入全国行业前三名，同轴电缆排名全国同行业第二，三大类产品在国内市场的占有率分别达到 8%、14%和 30%。

5．研发机构积极落户江苏，促进产业长远发展

近年来，跨国公司及国内大公司的研发机构踊跃落户江苏省，江苏省已有包括摩托罗拉、飞利浦、明基、佳能、西门子、朗讯等多家大公司电子信息研发机构落户，国内的中兴通讯、华为等大公司也在南京设立研发机构。这些国内外大公司研发机构相继进入江苏省，说明江苏省电子产品制造业在国内具有较重要的地位，在一定程度上更表明这些公司对在江苏省的发展前景长期看好。研发中心的设立，既充分利用了江苏省相对丰富的人才优势，也为江苏省吸引省外乃至国外的人才来创业营造了良好条件。强大的研发能力使江苏省的计算机、显示产品、通信及数字音视频产品的发展与国际基本同步，极大地提升了江苏省电子信息产业的开放层次。电子信息产业是一个资本密集、人才密集的产业，人才起到关键作用，所以研发机构的进入对江苏省产业的发展具有重要意义，并将在以后发挥更强的人才集聚作用，为江苏省的电子信息产业长远发展增添了后劲。

6．产业发展为促进就业做出了较大贡献

2003 年，江苏省电子信息产品制造业取得了较大发展。由于江苏省产业的特点是外资企业多，加工企业多，在产业发展的同时，产业从业人员也逐年增长，按可比口径，2003 年比 2002 年新增加就业人员 9.3 万人（见图 10），为促进社会就业做出了积极贡献，大大推动了江苏省尤其是苏南地区的工业化及城市化进程。

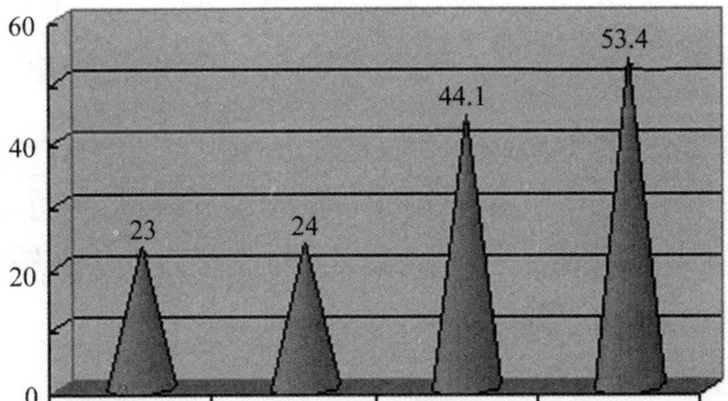

	2000 年	2001 年	2002 年	2003 年
■ 从业人数	23	24	44.1	53.4

注：2000 年、2001 年数据为电子与通信设备制造业数据，口径偏小

图 10　江苏省电子信息产品制造业 2000 年～2003 年从业人数情况（万人）

三、按地区及行业门类分析

1. 省内各地区完成情况

2003年，江苏省苏南地区完成销售收入2860亿元，同比增长60.2%，占全省总量的94%；苏中地区完成销售收入142亿元，同比增长35.5%，占全省总量的5%。苏北地区完成30亿元，同比增长34.6%，占全省总量的1%（见图11）。江苏省电子信息产品制造业在总量上排前三位的是：苏州市完成销售收入1715.9亿元，同比增长73.6%；南京市完成484亿元，同比增长60%；无锡市完成414.3亿元，同比增长39.6%。

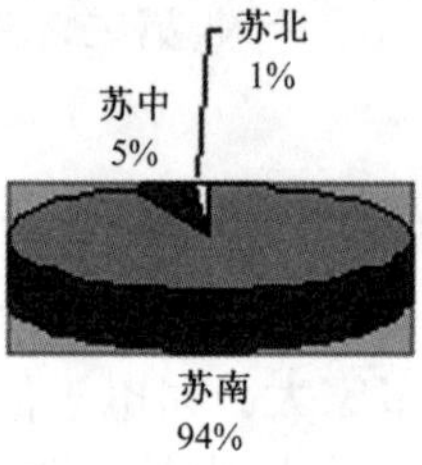

（a）2003年苏南、苏中、苏北电子信息产品制造业在全省中的比重情况

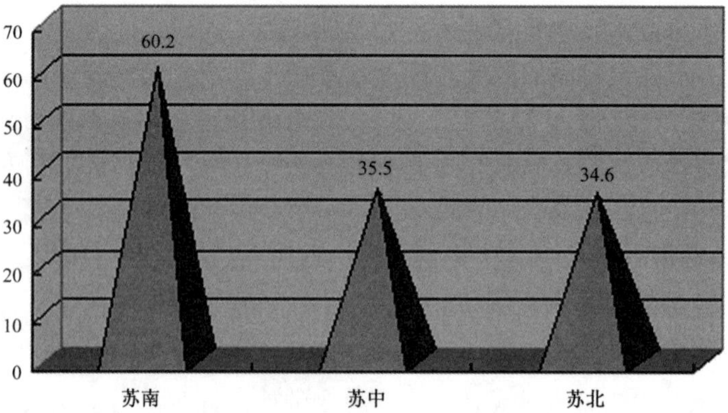

（b）2003年苏南、苏中、苏北电子信息产品制造业增长速度（%）

图11　2003年苏南、苏中、苏北电子信息产品制造业在全省中的比重情况及增长速度对比

2. 与省内其他工业门类的比较

2003年，江苏省电子信息产品制造业累计完成销售收入3032亿元，约占全省规模以上工业销售的17%，其中通信设备、计算机及其他电子设备制造业销售收入实现销售2649亿元，在全省38个工业门类中总量排位第一（见图12）。

3. 与国内主要省市比较

2003年，江苏省电子信息产品制造业销售收入总量在全国仍然处于第二的位置，占全国的16%。广东省完成销售收入6202亿元，排全国第一，占全国总量的33%。上海市完成销售收入2529亿元，排全国第三，占全国总量的13%。江苏省与广东在产业规模上差距仍较大，而上海市的经济总量正快速向江苏省靠近（见图13）。

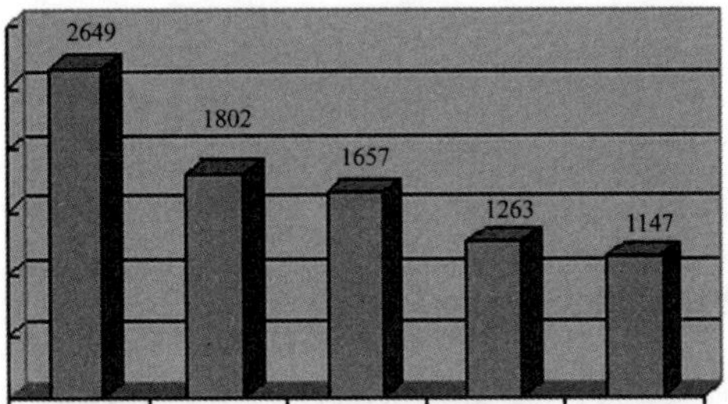

	通信设备、计算机	纺织业	化学原料及化学制品	黑色金属及压延	通用设备制造业
销售收入	2649	1802	1657	1263	1147

（a）2003 年江苏省主要工业门类销售收入完成情况（亿元）

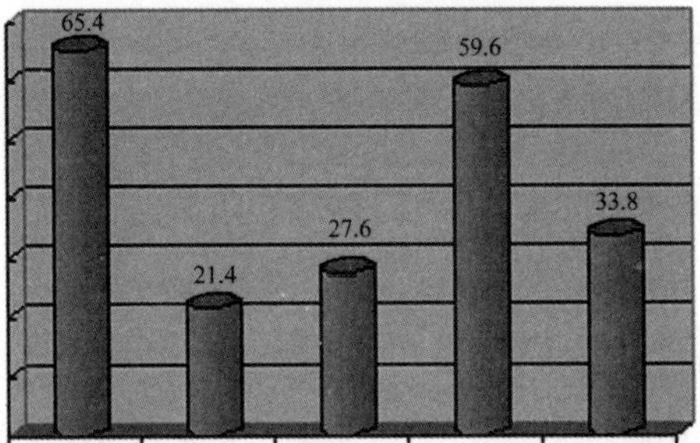

	通信设备、计算机	纺织业	化学原料及化学制品	黑色金属及压延	通用设备制造业
增长速度	65.4	21.4	27.6	59.6	33.8

（b）2003 年江苏省主要工业门类销售收入增长速度（%）

图 12　2003 年江苏省主要工业门类销售收入完成情况及增长速度对比

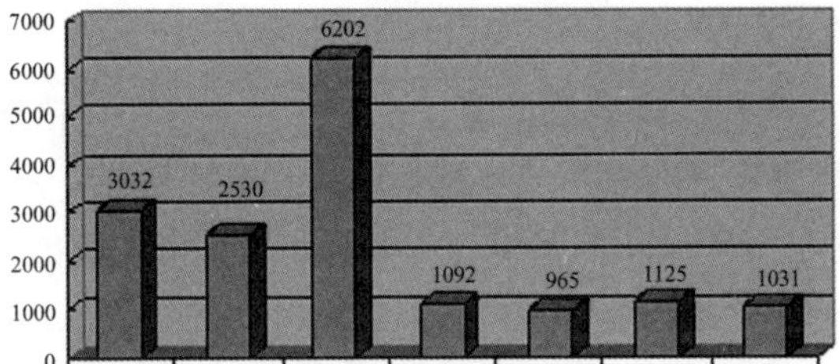

	江苏	上海	广东	北京	天津	山东	浙江
■ 销售	3032	2530	6202	1092	965	1125	1031

（a）2003 年国内主要省市电子信息产品销售收入完成情况（亿元）

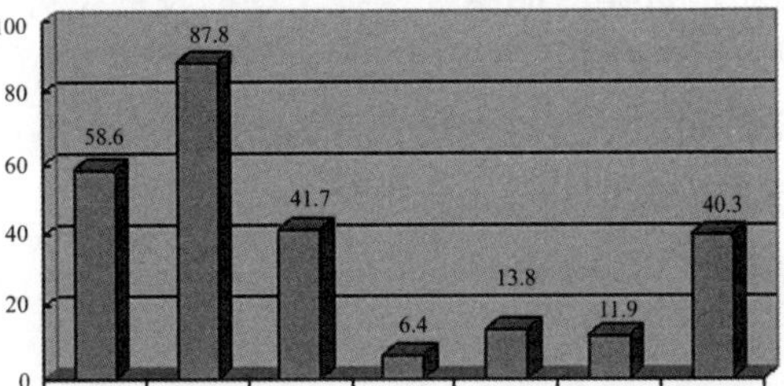

	江苏	上海	广东	北京	天津	山东	浙江
■ 增长速度	58.6	87.8	41.7	6.4	13.8	11.9	40.3

（b）2003 年国内主要省市电子信息产品销售收入增长速度（%）

图 13　2003 年国内主要省市电子信息产品销售收入完成情况及增长速度对比

浙江省

一、2003年浙江省电子信息产业经济运行情况

2003年是浙江省电子信息产业深入贯彻党的十六大精神的第一年。虽然上半年受到伊拉克战争爆发和“非典”疫情突发的影响，全省电子信息产业广大干部职工坚决贯彻落实省委、省政府关于“两手抓”的方针，万众一心，开拓进取，积极应对国内国际环境变化对浙江省信息产业发展的影响，坚持以信息化带动工业化，以工业化促进信息化，走新型工业化发展道路，积极推进结构调整，全省电子信息产业总体上继续保持快速健康的发展势头，生产快速增长，各项工作取得新的进展。

（一）2003年浙江省信息产业经济运行基本走势

2003年浙江省电子信息产业累计实现工业总产值（现价）1546亿元，生产增速为34%，完成产品销售收入1540亿元，同比增长40.6%；实现利润总额95亿元，同比增长15.4%；利税总额143亿元，同比增长16.4%；完成出口交货值290元，同比增长了28.3%。

从总体上看，2003年浙江省电子信息产业经济运行走势良好，但在产业发展中也出现了一些值得关注的新矛盾和新问题。

（二）2003年浙江省电子信息产业经济运行的主要特点

1．三大类产业结构调整不断深化，以移动通信类产品为代表的投资类产品依然是拉动全行业生产快速增长的火车头

① 移动通信类产品依然保持较高增速。在信息化建设和通信运营业快速发展的带动下，2003年移动通信产品共完成工业总产值（现行价）402.42亿元，占全省电子信息产业生产总量的比重为31.6%，对全省电子信息产业生产增长贡献率继续增强，达到44.8%，是全省电子信息产业生产增长的主要动力，对全省电子信息产业的快速发展起着强有力的支撑作用。

以移动通信产品为主体的投资类产品在国内继续保持竞争优势，2003年生产手机1892.43万部，同比增长14.3%，销售手机1904.02万部，同比增长17.5%。浙江省手机在国内市场上的占有率进一步提高，其中波导手机销量已连续四年位居国产手机全国第一。

② 元器件类产品和消费类产品继续保持平稳的发展态势。从总体上看，一些低档次，附加值较低的基础类产品受市场需求和配套整机恶性价格竞争的影响，市场形势不好，面临很大压力；而一些产品结构调整及时，新型的高档元器件产品市场形势很好，经济效益显著。消费类产品生产研发也出现新的亮点。

2．对外贸易快速增长，引进外资势头迅猛，一批外商投资大项目进展顺利

2003年浙江省电子信息产业克服伊拉克战争和“非典”疫情对外贸出口的影响，千方百计扩大外贸出口，全省电子信息产业外贸出口继续保持快速增长趋势，拉动了全省电子信息产业的快速发展。2003年全省电子信息产业完成出口交货值290亿元，比去年同期增长28.3%，出口交货值占全省电子信息产业销售产值的20%。一些主要产品如手机、东芝笔记本电脑、光通信、低频连接器、压电石英晶体元器件、驱动微电机、器件、电表及零部件等

出口形势均较好。2003 年全省电子信息产业引进外资势头迅猛，一批外商投资大项目进展顺利。据统计，2003 年全省电子及通信设备制造业共引进外资项目 280 个，合同利用外资 113753 万美元，实际利用外资额 62667 万美元，分别占全省总数的 6.3%、9.4%和 11.5%，同比分别增长 22.3%、8.6%和 69.1%。合同利用外资和实际利用外资规模均居全省工业各产业之首。一批外商投资大项目进展顺利，如东芝信息机器（杭州）有限公司已完成 75 万台笔记本电脑一期工程建设，并已于 2003 年 4 月初顺利投产，二期工程也已于 8 月初开始动工建设；一期总投资 2 亿元的华为浙江通信技术有限公司项目进展顺利，预计年底工程全部结束并投入试生产；总投资 2990 万美元的宁波中纬积体电路有限公司的一期工程也将于 2003 年下半年建设完成并投入生产。

3．优势企业保持快速发展，企业规模和综合竞争力更显突出

随着大公司战略的进一步实施和加强对重点骨干企业的培育，一批具有一定规模和核心竞争能力的大型企业和重点骨干企业在产品创新、机制转化、市场开发、品牌建设方面取得可喜成绩，资源、人才、市场份额正逐步向骨干企业集中，更加具有活力和竞争力。2003 年优势企业继续保持了稳定向上的发展态势，据 42 家优势企业统计，2003 年优势企业实现营业收入 638.78 亿元，比上年增长 23.4%，产业集聚效应进一步显现。

4．软件产业继续保持快速发展，产业发展凸显新趋势

2003 年浙江省软件产业在国务院 18 号文和国办发[2002]47 号文、省政府 2 号文件等政策的有力支持下，继续保持了健康快速发展势头。2003 年全省软件产业共实现产品销售收入 168.60 亿元，其中软件产品和系统集成实现销售收入 165.65 亿元，利税总额 12.1 亿元，分别比去年同期增长 53.2%、50.1%和 60%。2003 年全省软件产业已有近 10 家软件企业上市，形成了令人瞩目的“天堂软件”高科技板块。一批新兴软件企业也正在迅速成长。双软认证工作和计算机系统集成资质认证工作进展良好，认证总体水平位居全国前列，全省已有 281 家软件企业通过论证，已通过软件产品登记的有 1074 项，软件产品登记数和企业认定数居全国第三和第四。通过系统集成认证一级资质企业 3 家，二级资质企业 9 家，三四级资质企业有 53 家，通过计算机系统集成资质认证的企业数位居全国第四。《国家软件产业振兴行动纲要》得到顺利实施，全省共组织申报了 17 个项目，有 7 个项目入围，居全国首位，成为全国入选项目最多的省份。列入国家规划布局内的重点软件企业有 8 家，今年又新申报了 11 家，居全国第四。目前，以杭州高新软件园为代表的全省 14 个软件园区，集聚了一大批骨干软件企业。软件产业的快速发展，为全省信息产业发展提供了强大的技术支撑。

5．科技创新步伐进一步加快，关键技术研发与新技术产业化取得明显突破，行业总体实力进一步增强

2003 年，全行业通过继续坚持实施以技术创新、结构调整和优势企业培育为核心内容的产业发展战略，行业的总体实力进一步得到了增强。主要表现为：

① 科技创新对产业发展的促进作用日益增强。近几年，通过培育行业研发中心，加快推进技术创新项目和产业化项目的实施，加大对新产品开发的组织，不断推进技术创新体系的建立，企业对科技创新的意识和投入不断加强。据不完全统计，2003 年，全省电子信息行业共列入国家、部、省各类技术创新、高技术产业化和新产品项目 216 项，项目实施进展顺利。通过对大量引进技术的消化吸收和自主创新，国芯公司数字电视信道接收芯片、南望公司基于局域网视频系统技术的推广应用、天通公司具有国际同类产品先进水平的电子陶瓷变

压器、中科迈高纳米晶复合黏结永磁材料等一批关键技术的研发和创新得到突破，使浙江省电子信息产业的技术创新能力又跃上了一个新台阶。

② **投资力度进一步加大，对促进全省信息产业发展，加快结构调整的作用进一步明显。**今年行业内各类投资者投资积极性日益高涨，投资规模不断扩大，项目水平逐步提高，行业发展的内在动力明显增强。据不完全统计，2003 年，全省共计划安排重点技术改造项目 112 项，总投资 120.1 亿元，同比分别增长 31.8%和 73.1%。上述项目中，列入国家计委高科技产业化项目 10 项，总投资 7.2 亿元，列入国家经贸委国债项目 12 项，总投资 10.7 亿元。一批重大项目竣工投产，有力地拉动了全省电子信息产业快速发展。

③ **一批大公司大集团企业继续保持良好的发展态势。**波导公司继续保持国产品牌手机的市场领先地位，UT 斯达康公司取得新的发展；一大批科技型中小企业在市场竞争中脱颖而出，成为推动行业技术进步和快速发展的动力。

（三）经济运行中存在的一些突出问题

① **产业发展中长期累积的结构性、素质性矛盾没有得到根本性的改变。**这些深层次问题集中表现为：低水平生产能力过剩，产业同质化倾向严重；企业自主创新能力不足，特别是具有自主知识产权的高端产品较少；产业基础不雄厚、产业集中度低；产业结构仍然不够合理，三大类产品又出现了新的不合理因素，发展速度差异较大；地区发展不平衡，差距比较明显。

② **个别骨干企业生产经营呈现波动状况，出现大幅度亏损，全年累计亏损额已达到 8.69 亿元，应当引起高度重视。**

③ **由于伊拉克战争和突如其来的“非典”疫情给国际国内经济环境带来了许多不确定因素，企业成本增长较快，市场竞争更趋激烈，电子产品价格持续走低，提高企业经济效益压力加大。一些地区经济效益甚至出现负增长。**

④ **入世后国际贸易壁垒、技术贸易壁垒、绿色贸易壁垒等贸易保护日益增多，对浙江省信息产业出口造成不利影响。**如欧盟将实施关于电器产品废弃物及管制其所使用的危害物质等两项指令成为我国电子信息产品出口面临的新壁垒。

⑤ **外向型经济对全行业的支撑作用还不强。**除个别产品外，浙江省电子信息出口产品档次不高，技术含量较小，附加值较低；三资企业生产总量在全行业所占比重较低，仅为 31%，产业外贸依存度明显偏低。

⑥ **电力等生产要素制约矛盾趋于加大。**生产要素制约主要表现为电力紧张、原材料价格上涨，电力不足成为制约工业发展的主要瓶颈，应引起相关部门和企业的高度重视。

二、2004 年浙江省电子信息产业发展面临的形势分析

（一）2004 年电子信息产业面临难得的发展机遇

① 宏观环境有利于电子信息产业发展。美、日、欧、亚太等国家和地区的国际经济正呈现缓慢回升和稳定增长苗头，导致外部需求加强，给我国电子信息产业提供了良好的发展空间。2003 年虽然受到“非典”疫情突发的影响，但由于国家采取积极有效的措施，成功地控制了“非典”疫情的蔓延，同时国家继续采取积极的财政政策和扩大内需方针的双轮驱动，今年国内 GDP 依然保持 7%以上的较快增长，投资者信心增强。2004 年我国经济增长可望继

续保持在 7%以上，为电子信息企业应用市场需求的持续增长提供了良好前提。电子信息产业发展的宏观环境总体依然趋好。

② 经济技术全球化加快了电子信息产业发展的步伐，互联网的建设与发展促进了产业全球化，并促进了进出口贸易的快速发展。

③ 全面推进国民经济和社会信息化为电子信息产业发展提供了广阔的发展空间。党的十六大明确提出“坚持以信息化带动工业化，以工业化促进信息化，走出一条科技含量高、经济效益好、资源消耗低、环境污染少、人力资源优势得到充分发挥的新型工业化道路”，“优先发展信息产业”。为落实中央这一战略部署，加快结构调整，各级政府都把改善环境，发展信息产业摆到了十分重要的战略地位，从而迎来了电子信息产业发展的新的春天。

④ 信息产业部为实现我国由世界电子信息产业大国向电子信息产业强国的转变，决定组织推进国家电子信息产业基地和产业园建设工作，为浙江省环杭州湾电子信息产业基地建设提供了良好的发展契机。

⑤ 浙江省第十一次党代会把建设先进制造业基地作为下一轮浙江省国民经济发展的一项重大战略举措，并把电子信息产业作为先进制造业基地的核心加以重点建设，为浙江省电子信息产业的发展提供了前所未有的发展机遇。

⑥ 受中国市场和政策环境的吸引，20 世纪 90 年代以来，国际 IT 产业掀起一股向我国大规模转移产业的热潮，特别是 1997 年以来，随着中国加入 WTO 步伐的加快，全球 IT100 强企业中的 90%以上均已在中国投资，累计利用外资超过 400 亿美元。由于近年来我国对外开放的外部环境不断改善，IT 跨国公司又出现了把研发、设计、采购和运营服务产业链也逐步向我国转移的趋势，为我国参与国际 IT 产业分工、提升电子信息产业水平提供了机遇。

⑦ 需求结构升级拉动了电子信息产业不断发展。现阶段多数城镇居民家庭已经基本解决了衣食和居住问题，正在向高质量的住、行水平和生活状态过渡。除了住房和汽车消费需求强劲外，一些通信和新型电子家电产品也将成为重要的消费增长点。

（二）2004 年信息产业发展也面临诸多挑战

从国际看，一是产业经济受国际经济波动的影响更加广泛和深刻。伊拉克战争和“非典”疫情给全球经济的增长带来了不利影响，全球经济的不确定性依然存在。美国、日本经济的持续低迷，导致全球电子信息产品的需求萎缩，也影响到我国电子信息产业的发展。二是美国、英国、德国、日本等工业化国家和印度、马来西亚、菲律宾等发展中国家都在抓紧制订面向新世纪的信息技术发展战略，力图抢占科技、产业和经济的制高点，加剧了国际竞争。三是全球范围内的经济结构调整，使产业结构、产品结构和企业结构都发生了重大变化，加快了产业升级，这一方面有利于促进人才、技术、资金、设备等生产要素在各国间的流动与配置，给发展中国家带来新的发展机遇，但同时又可能导致“数字鸿沟”的增大。

从国内和行业自身发展的情况看，也有许多影响产业发展的因素：

一是如何解决浙江省产业发展长期累积的结构性、素质性矛盾，加快结构调整，提高自主技术创新能力，扩大对外开放，促进产业结构优化升级。

二是加入世贸组织对电子信息产业的影响越来越大。2004 年是我国入世第二年，国外产品对中国市场的开拓会由试探转向大规模进入，国内市场竞争将更趋激烈，对出口的影响也很大。一些国家在对我国电子信息产品提供 WTO 优惠待遇（如关税下调、配额取消、国民待遇等）的同时，开始利用反倾销、技术贸易壁垒和知识产权保护等非关税壁垒阻碍我国产品进入该国市场，一些跨国公司更在其中起到推波助澜的作用。

总体看来，浙江省电子信息产业面临的机遇大于挑战，希望多于困难。关键在于，发展要有新思路，改革要有新突破，开放要有新局面，各项工作要有新举措。只要我们全面贯彻落实十六大精神，充分利用一切有利条件，与时俱进，顽强拼搏，浙江省电子信息产业的各项工作一定会更上一层楼。

（三）2004年信息产业发展主要经济指标计划安排

全省电子信息产业销售收入1900亿元，同比增长23.4%；出口交货值330亿元，同比增长13.7%；工业增加值380亿元，同比增长31%；利税160亿元，同比增长11.9%。

三、2004年浙江省电子信息产业发展的工作重点和对策措施

2004年是深入贯彻中共十六届三中全会精神的第一年，也是加快数字浙江建设和信息产业发展的重要一年。2004年浙江省信息产业工作的总体思路和要求：深入贯彻十六届三中全会精神，根据浙江省委、省政府的工作部署，按照“突出主线，明确重点，强化创新，协调发展”的总体思路，突出一条主线：全面推进国民经济和社会信息化建设，扎扎实实地抓好“数字浙江”建设规划确定的各项任务，确保取得阶段性成果；着力抓好两大工程：一是着力抓好环杭州湾信息产业基地建设工程，二是着力抓好百亿信息化建设工程；推进三项举措：一是拓展市场；二是全面创新，积极推进技术创新、企业创新、管理创新、品牌创新、培训机制创新；三是扩大开放，坚持实施“引进来，走出去”战略，加强招商引资，扩大合作交流。

加快推进应用信息技术改造提升传统产业步伐，突出以信息化带动工业化。结合浙江块状经济特点，重点抓好若干个园区信息化的建设，推进重点行业信息化，加快优势产业集聚。

以网络和信息安全建设为重点，扎实推进百亿信息化建设工程。

以重点园区为主抓对象，务实推进环杭州湾信息产业基地建设，促进电子信息产业持续稳定快速发展。

——积极抓好电子信息产业基地和园区建设，2004年将重点培育并确保一个基地、四个园区成为国家级产业基地和产业园。

——加快培育优势产业集群，着力培育和提升通信业、软件业、计算机及网络业、半导体微电子业、新型电子元器件及材料业、数字电视业、汽车电子业等七大产业的集群优势，促进产业机构优化升级，提高全行业整体竞争实力。

——积极培育和发展具有较强核心竞争能力的大企业（大集团），采取政策扶持、项目支持、鼓励上市等手段，引导和推进业内优势企业的股份制改造，积极争取上市、吸引风险投资和多种投资主体的资金投入，增强行业发展活力和竞争力。

——大力实施技术创新战略、标准化战略和知识产权战略，加大产业关键和共性技术的研发创新、应用力度，着力发展汽车电子、集成电路、光电子、3G通信等一批对产业结构调整有明显带动作用的重点产品和核心技术，培育一批行业技术研发中心，完善技术创新体系，增强行业持续发展能力。

——改善行业指导与监督，积极营造行业发展良好环境。加强行业经济运行分析与监督，支持企业创新和开拓市场，培育名牌产品，进一步整顿和规范市场秩序。

进一步加大对外交流合作力度。深化国内外IT大公司合作，推进对外招商引资，扩大

出口。有重点地加大对韩、日和中国台湾地区的招商引资力度，积极扩大出口，鼓励企业走出去，进一步拓展参与国内外竞争的空间，提升合作层次。积极推进与长三角及西部地区IT业间的合作交流。

福建省

一、2003年经济运行情况

2003年是不寻常的一年，面对突如其来的“非典”疫情和严重干旱带来的缺电，以及国际贸易中非关税壁垒给出口带来的不利影响，福建省电子信息产业系统克服困难，努力奋斗，产业继续保持快速增长，呈现良好的发展势头。

（一）信息产业总体情况

2003年福建省信息产业完成增加值450亿元，比上年增长22.9%，占全省GDP的8.6%（占全国同行业的6.3%），比上年提高了0.8个百分点，其中信息产品制造业增加值275亿元，同比增长27.6%，占福建省GDP的6%（占全国同行业的7.8%），比上年提高了0.9个百分点。实现销售收入1022.5亿元，比上年增长29.5%，产业规模连续8年居福建省工业系统首位，销售收入居全国同行业第6位（比上年提升1位）。

20家信息产品制造业重点企业完成工业总产值（现价）766.9亿元，占全行业的73.8%。产值超100亿元以上的有2家（戴尔231.2亿元、捷联111.6亿元），超50亿元以上有6家（比上年多2家），超10亿元以上有13家（比上年多3家）。戴尔、冠捷（含捷联）、夏新、厦华和华映光电5家公司完成的工业总产值居福建省同行业前列，累计完成了601.9亿元，占全行业的57.9%。

2003年福建省软件产业共完成软件及系统集成收入56.6亿元，比上年增长43%，其中软件产品销售收入30亿元（含嵌入式软件15亿元），系统集成及计算机服务收入26.6亿元。软件产业出口1200万美元，比上年增长20%。实达网络、福大自动化、新大陆电脑、福州计通和厦门恒信网元5家公司实现的软件及系统集成收入居福建省同行业前列，累计实现了22.1亿元，占全行业的39%。

2003年福建省信息服务业收入208亿元，比上年增长31%，其中完成电信业务收入181.4亿元，同比增长15.1%。新增电话用户340万户，电话用户总数达2070万户，其中固定和移动电话用户分别达1124万户和946万户；固定电话普及率为32.4%，移动电话普及率为27.3%，分别上升5.3个和4.6个百分点；互联网拨号用户247万户；完成固定资产投资63亿元。

2003年福建省各类无线电台站数量已达874.2万台。受理申请1109份，批准设台667个，换发电台执照7252张，核发进口设备批件404份，抽检设备1793部，收频率占用费1217.8万元；共立案查处违法案件82起、干扰案件64起。

2002年及2003年电子信息产业增长情况见表4。

表 4　2002 年及 2003 年电子信息产业增长情况

单位：%

月　　份	1 月	2 月	3 月	4 月	5 月	6 月	7 月	8 月	9 月	10 月	11 月	12 月
2002 年福建省	56.3	46.3	35.2	35.1	29.9	29.2	30.3	32.7	34.4	37.1	44.4	40.8
2003 年福建省		49.8	40.1	42.3	42.4	42.3	39.9	38.4	36.6	35	35	32.7
2003 年全国		30.5	30.3	29.1	27	27.2	29	29.7	30.3	31.4		

2002 年及 2003 年电子信息产业经济增长曲线如图 14 所示。2000 年～2003 年电子信息产业实现销售收入情况如图 15 所示，实现工业增加值情况如图 16 所示。

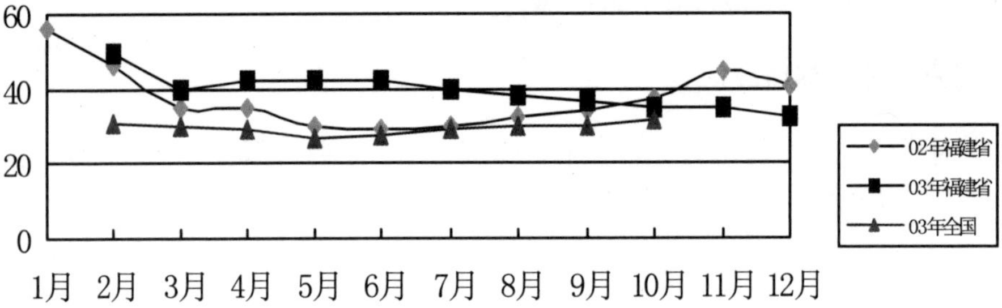

图 14　2002 年及 2003 年电子信息产业经济增长曲线

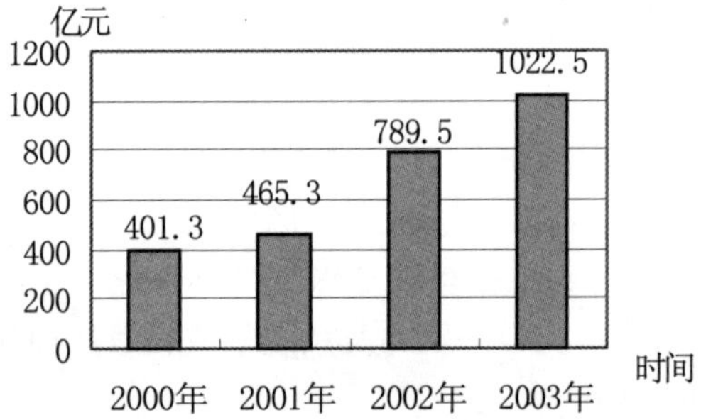

图 15　2000 年～2003 年实现销售收入情况

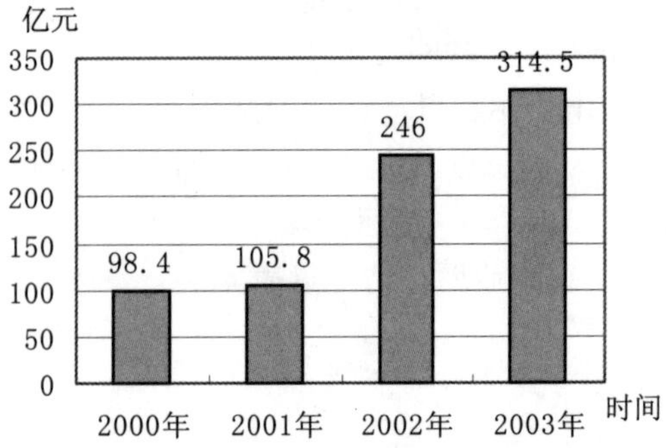

图 16　2000 年～2003 年实现工业增加值情况

2003 年，福建省主要电子信息产品生产、销售大都保持良好的增长态势，特别是手机、打印机、液晶显示器、微机、彩电等产品保持高速增长势头。受整机产品产销增长的影响，元器件类产品也保持着较高的增长速度，其中彩色显像管、电子元件、半导体分离器件、集成电路等产品产销均保持两位数的高速增长（见表 5）。

表 5　2003 年主要电子信息产品产销情况

产品名称	单位	产　量			销　量		
		2003 年	2002 年	增长率（%）	2003 年	2002 年	增长率（%）
移动通信手持机	万部	626.7	296.7	111.2	618.2	290.2	113
电话单机	万台	1261.3	1072.8	17.6	1244.1	1049.4	18.6
传真机	部	76958	98846	-23	75911.4	96691.2	-22
彩色电视机	万台	252.7	224.3	12.7	249.3	219.4	13.6
收录机及组合音响	万台	863.5	585.5	47.5	851.8	572.7	48.7
激光视盘机	万部	299.3	268.1	11.6	295.2	262.3	12.5
微型计算机	万部	241.7	174.3	38.7	238.4	170.5	39.8
显示器	万只	1582.8	1228.2	28.9	1561.3	1201.4	26.2
打印机	万台	76.5	45.5	68.1	75.5	44.5	69.7
彩色显像管	万只	1516.3	1274.7	18.9	1495.7	1246	20
半导体分立器件	万只	17731.1	13138.7	34.9	17490	12852	36.1
集成电路	万块	9847.6	8129.6	21.1	9713.7	7952.4	22.1

（二）经济运行的主要特点

1. 面临的困难比预想的多，运行的情况比预计的好

2003 年，福建省电子信息产业面临诸多前所未有的困难，如上半年的“非典”疫情，使许多项目洽谈、技术交流、展览及促销活动无法如期举行，新产品、新业务推广和市场拓展受到极大影响，原材料不能及时到货，产品销售特别是出口外运受阻，严重影响了企业的生产经营活动，5 月份的产销率仅为 93.5%，创近年来单月产销的最低记录。还有，下半年长时间干旱，带来的严重缺电和限电措施，给企业特别是中小企业的生产也造成极大影响，以至下半年全行业生产逐月下滑。此外，国际贸易中非关税壁垒及贸易纠纷的增加，出口退税迟缓，也影响了一些企业的生产和产品的出口。但在困难面前，福建省广大职工迎难而上，努力奋斗，产业仍然保持高速增长，销售收入首次突破 1000 亿元，创历史新高，这是来之不易的，也是超乎预料的。

2. 三大类产品结构总体趋于合理，区域经济发展情况有所变化

从三大类产品走势情况看，2003 年福建省投资类产品完成产值 501.7 亿元，比上年增长 39.2%；消费类产品 228.1 亿元，同比增长 26%；元器件类产品 308.1 亿元，同比增长 25%。投资类、消费类、元器件类三大类产值比为 48.3∶22∶29.7（见图 17）。元器件类产品产值首次超过消费类产品，说明福建省电子基础产品的生产规模在扩大，产业的配套能力在增强。以通信设备和计算机为主的投资类产品产值所占的比重虽略有下降，但依然稳居全行业的主导地位。

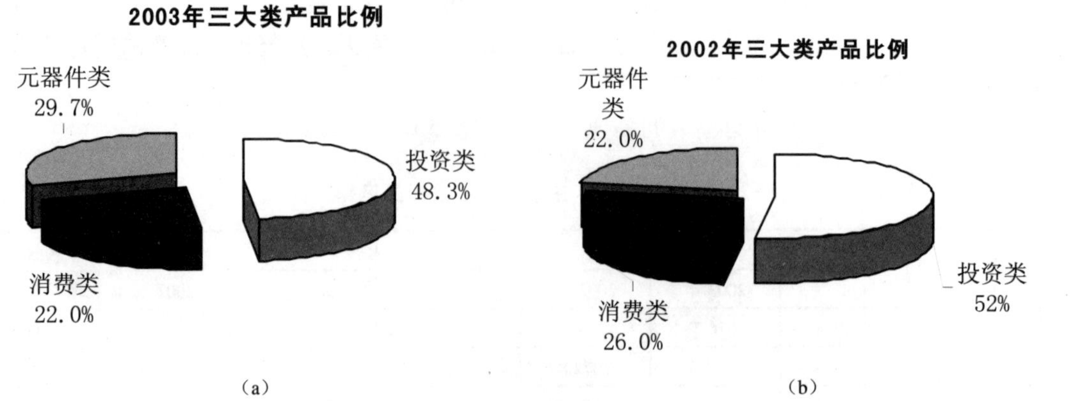

图 17　2003 年与 2002 年三大类产品比例对比

从区域经济发展情况看，福州、厦门两市工业总产值达 938.1 亿元，占全行业的 90.4%，比上年下降 2.6 个百分点。福州、厦门、漳州、泉州和莆田五个设区市的工业总产值为 1022.1 亿元，占福建省的 98.5%，比上年增长 0.5 个百分点。其中漳州市由于有了灿坤工业园这个新增长点，总产值比上年增长 161.9%，增幅居福建省第一位，产值占全行业的比重比上年提高了 0.7 个百分点；厦门市由于戴尔、夏新等一批企业的高增长，其成为拉动福建省产业增长的主要力量；而福州市下降了 4.9 个百分点，经济拉动能力明显下滑（见图 18）。

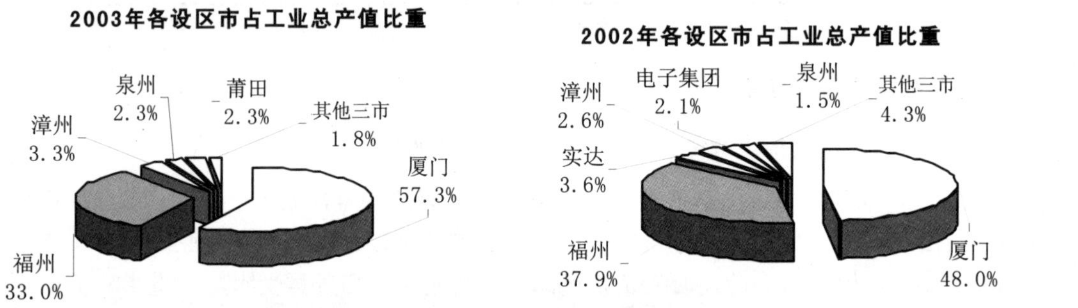

图 18　2003 年与 2002 年各设区市占工业总产值比重对比

3．大型骨干企业继续成为产业增长的主力

从全年生产情况看，戴尔、冠捷（含捷联）、夏新、厦华和华映光电等 5 家企业的产值共达 611 亿元，占全行业的比重高达 58.9%。这 5 家大型骨干企业继续成为支撑和拉动全行业快速增长的主要力量。

4．产品出口增长迅猛

据福建省统计局公布的资料，2003 年福建省出口总额为 199 亿美元，比上年增长 29.9%，而电子信息产业完成的出口额为 65 亿美元，同比增长 40.5 %，比福建省出口增幅高出 10.6 个百分点。电子信息产业出口额占福建省外贸出口总额的 32.7%，比上年提高了 6.6 个百分点。有 11 家企业（其中 9 家为外商及港台企业）全年完成出口额在 1 亿美元以上，其出口总额为 51.5 亿美元，占全行业的 79%，正是它们拉动了全行业出口的快速增长。

山东省

2003 年，山东省电子信息产业在行业竞争日趋激烈、“非典”疫情影响严重的形势下，深化改革，与时俱进，提高了技术创新的能力，加大了招商引资的力度，使得山东省电子信息产业经济运行始终保持着良好的发展态势，工业生产平稳增长，经济运行质量和效益不断提高，产品产销衔接良好，产品结构调整取得显著成效。

一、经济运行基本情况

2003 年，山东省电子信息产业完成不变价工业总产值 1937.68 亿元，同比增长 27.36%。完成现价工业总产值 1440.57 亿元，同比增长 23.50%。其中，投资类产品完成 319.92 亿元，同比增长 43.86%；消费类产品完成 644.88 亿元，同比增长 0.85%；元器件类产品完成 374.22 亿元，同比增长 48.10%；软件类产品完成 109.53 亿元，同比增长 110.72%。完成出口交货值 250.31 亿元，同比增长 37.54%，软件出口收入 1819 万美元，同比增长 75%。

2003 年，全行业实现产品销售收入 1724.62 亿元，同比增长 20.02%。其中，软件及系统集成销售收入 163 亿元，同比增长 103%。完成工业增加值 297.10 亿元，同比增长 32.66%。

实现利税 85.57 亿元，同比增长 25.15%。其中，实现利润总额 51.39 亿元，同比增长 30.46%。

二、经济运行的特点

1. 产业规模继续扩大，产业发展增幅加快

2003 年，山东省电子信息产业完成不变价工业总产值 1937.6 亿元，比去年增长 27.36%，全行业生产总体保持平稳增长态势，4、5、6 月份受“非典”影响增幅减缓，7 月份以后，增幅开始恢复，12 月份累计增幅达到 27.36%。如图 19 所示。

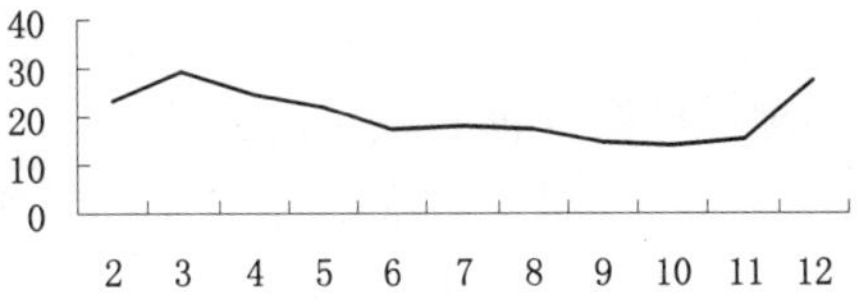

图 19　2003 年 2～12 月份工业总产值增幅（不变价）

2. 经济运行质量和效益不断提高，东部沿海地区经济发展迅速

2003 年上半年，受“非典”影响，全行业经济效益增幅缓慢；下半年总体来看，利润、利税呈增长趋势，12 月份达到增幅最高点，利润、利税增幅分别达到 30.46%和 25.15%。如图 20 所示。

青岛、烟台、威海东部沿海地区经济发展迅速，是拉动行业发展的主力军。12 月份，三市实现产品销售收入为 1508.15 亿元，占全行业总额的 87.44%，平均增长速度为 35.54%，高于全行业发展速度 15.52 个百分点；实现利税 75.56 亿元，占全行业总额的 88.30%，平均增长速度为 42.58%，高于全行业发展速度 17.43 个百分点。东部沿海地区是全行业经济发展的主力军。

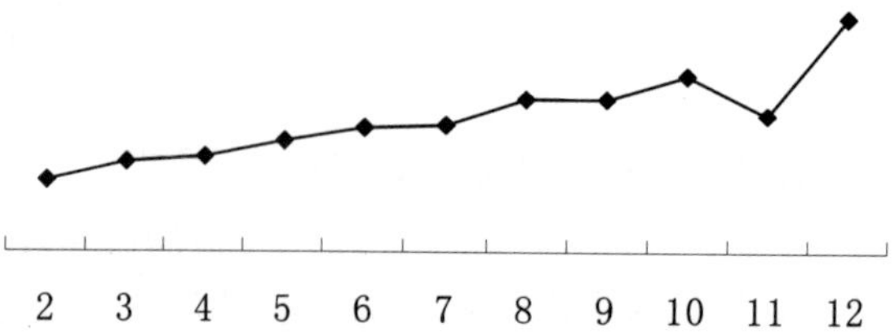

（a）2003 年 2～12 月份利税增幅

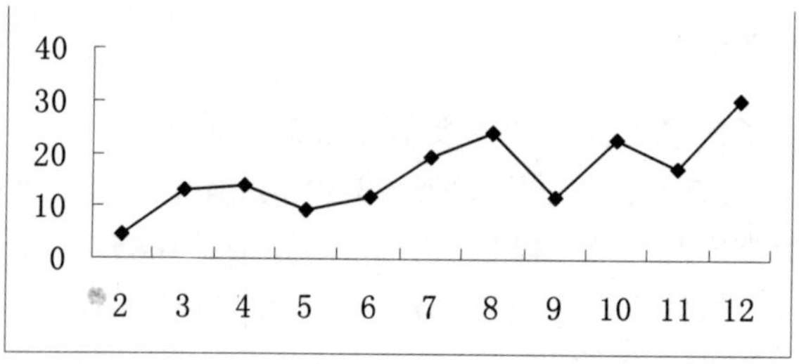

（b）2003 年 2～12 月份利润增幅

图 20　2003 年 2～12 月份利税和利润增幅

3．产品结构进一步调整，高新技术产品比重有所上升

2003 年，投资类、消费类、元器件类、软件类产品比重为 22:45:26:7。其中，投资类产品占全行业总量的比重比去年同期提高 3 个百分点，软件类产品占全行业总量的比重比去年同期提高 3 个百分点，消费类产品比重比去年降低 10 个百分点。行业产品结构的进一步调整，使山东省高新技术产品比重增加，山东省的产品结构进一步优化。

4．重点企业发展迅速，对行业的拉动作用依然明显

电子信息百强企业作为信息产业的骨干力量，在新的市场竞争环境下，积极调整企业发展战略，加强技术创新，开拓国内国际市场，不断提高企业综合竞争力。2003 年山东省电子信息百强企业海尔、海信、浪潮、威海北洋、澳柯玛、宏安、中创集团实现产品销售收入为 1176.30 亿元，实现利税 43.90 亿元，其中，利润总额 22.10 亿元，分别占全行业的 68.21%、51.31%、42.99%，重点企业的迅速发展，对行业拉动作用依然明显。

5．软件产业快速发展，前景广阔

2003 年，山东省软件产业在去年经济运行良好的基础上继续保持快速发展的态势，在浪潮、中创、鲁能积成等骨干企业的带动下，一批新的软件骨干企业发展壮大起来。例如，为通信产品配套的中鲁软件公司，2003 年实现软件收入 8000 万元。软件产业的快速发展成为行业发展新的经济增长点。

6．大行业管理取得显著成绩

在 2002 年大行业管理取得较大成绩的基础上，2003 年青岛、烟台、威海等市加大工作力度，大行业管理取得了显著成绩，年底三市有近 70 多家企业纳入行业统计范围，为领导科学决策，把握正确的投资方向提供优质信息服务。

7．利用外资的主要特点

（1）东部沿海地区（青岛、威海、烟台）仍是外商投资的重点地区。2003 年青岛地区新

增外商投资项目 135 个，项目总投资 5.3 亿美元，合同利用外资 3.15 亿美元，占全省电子信息产业合同利用外资总额的 31.1%；威海新批外商投资项目 114 个，项目总投资 5.5 亿美元，合同利用外资 3.37 亿美元，占全行业合同利用外资总额的 33%；烟台 2003 年新批外商投资项目 59 个，项目投资总额 3.97 亿美元，合同利用外资 2.8 亿美元，占全行业的 28%。

（2）由于与韩国毗邻，山东省电子信息产业新批外商投资项目中，韩国投资项目数量所占比重很大。截止到 2003 年底，新批韩国投资项目 263 个，占 2003 年山东省电子信息产业新批外商投资项目数的 74%；项目合同外资额为 6.3 亿美元，占全行业新批外商投资项目合同外资总额的 62%。

（3）外商投资山东省电子信息产业的主要方式为独资。2003 年山东省电子信息产业新批外商投资项目中，外商独资项目为 295 个，占全行业 2003 年新增外商投资项目总数的 83%；外商独资项目合同外资额为 8.2 亿美元，占全行业新批外商投资项目合同外资总额的 80.9%。

（4）外商投资项目大幅度增加，大项目增多。2003 年山东省电子信息产业新批外商投资项目中，总投资 1000 万美元以上的项目 42 个，投资总额为 8.8 亿美元，合同利用外资 4.9 亿美元。

广东省

一、2003 年经济运行情况回顾

广东省电子信息行业战胜了突如其来的“非典”疫情对经济运行所带来的影响，始终坚持深化改革，加大结构调整和科技创新力度，努力开拓国内外市场，保持了全行业经济运行快速健康发展态势。

产业保持快速增长，产业规模翻了一番。全行业完成工业总产值 5651.9 亿元，比 2000 年翻了一番，同比增长 32.7%，比全省工业总产值增幅高 6.9 个百分点；实现产品销售收入 5323.94 亿元，同比增长 29.84%，比全省工业产品销售收入增幅高 7.2 个百分点；完成工业增加值 1038 亿元，同比增长 49.4%，比全省工业增加值高 28.2 个百分点。

经济效益水平良好，亏损额大幅下降。全行业实现利润总额 221.59 亿元，同比增长 38.29%。电子行业利润额分别占全省工业利润和全国电子行业总利润的 21.44%和 22.16%，而增幅则分别高出 5.8 和 13 个百分点；亏损企业亏损额 14 亿元，同比下降 14%，比全省工业企业亏损额少 25.6 个百分点。

出口继续保持快速增长，仍然是拉动经济增长的重要力量。据海关统计，2003 年广东省电子产品出口额达到 693.92 亿美元，同比增长 43.49%，比全省出口高 14.39 个百分点，出口额占全省出口和全国电子产品出口的贡献率分别达到 45.37%和 48.84%。其中计算机产品出口 330 亿美元，同比增长 55.46%；家电产品 163.3 亿美元，同比增长 25.01%；通信设备 66.7 亿美元，同比增长 58.33%。三类产品出口占行业总出口的 80.69%，仍然是电子信息产品出口的主导力量。

重点产品产量继续保持较大增长。2003 年，全年累计生产手机 5529.41 万部，同比增长 67.7%；数字程控交换机 2929 万线，同比增长 56.3%；微型计算机 845 万台，同比增长 51.3%；显示器 1374 万台，同比增长 257%；打印机 892 万台；同比增长-17.6%；彩色电视机 3149 万部，同比增长 45.1%；录放音机 4959 万部，同比增长-0.1%；组合音响 4121 万部，同比增长5.9%；激光视盘机3539万部，同比增长44.5 %；彩色显像管1743万只，同比增长15.1%；集成电路31亿块，同比增长30.9%；半导体分立器件224.99亿只，同比增长51.89%；电子元件1910.71亿只，同比增长26.92%。

在全国524种重点工业产品中，广东省有20种电子产品产量名列全国第一。

软件产业保持良好发展势头，软件产业初具规模。2003年，软件产业发展较快，全年实现软件及系统集成收入300.5亿元，已占全行业销售收入5.33%，对行业经济的贡献明显增大。全年新认定的软件企业613家，产业集聚明显，广州、深圳和珠海市三市软件企业数占全省的软件企业总数的94%。软件企业规模和实力不断增大，在2003年年审的767家软件企业中，有62家企业年收入超过6000万元，占全省年审企业数的8.1%，其中有30家超过1亿元，占全省年审企业数的3.9%。新登记的软件产品1722件，软件企业的开发水平明显增强，开发周期大大缩短。信息工程监理资质认定工作取得较快进展，从2002年年底启动到2003年年底的短短一年间，全省通过系统集成资质认定企业共136家，其中一级资质7家。

二、2004年经济运行面临的形势与挑战

2004年，随着经济全球化和经济信息化的世界经济发展新格局的形成，国内发展环境的不断改善，为2004年电子信息经济运行创造了良好的机遇。

但由于国内外发展经济环境的变化，尤其是世界经济发展仍存在一些不确定因素和我国社会主义市场体制的不完善，2004年电子信息产业经济运行也将面临着诸多困难与挑战。

——国际贸易壁垒、技术壁垒、绿色壁垒不断增多。例如，彩电倾销案、DVD和数码相机的专利费、欧盟的两项电子电气产品新指令（《关于报废电子电气设备指令》、《关于在电子电气设备中限制使用某些有害物质指令》），据有关企业反映，由于环保回收费，一台彩电成本要增加10～15美元，成本将增加20%左右，对电子信息产品出口造成不利影响。由于广东省电子信息产业对出口的依赖程度大，出口产值已占工业总产值63%。出口减少将导致工业生产的下降。

——电力、煤炭、原油等工业原材料供应紧张，价格上涨。煤炭、原油等工业原材料供应紧张，运输困难，投资热拉动了工业用电的大幅增长等因素的影响，造成了全年性的电力紧缺，影响到正常生产。而原材料价格的上涨，增加了生产成本，降低了经济效益。例如，片式陶瓷电容器（MLCC）的原材料银浆、瓷粉、镍，价格比去年同期上涨了20%～25%。

——国内市场竞争将进一步加剧。加入WTO后，国内市场国际化的趋势更加突出，尤其是大多数电子信息产品实行低关税甚至零关税，国外产品的大量涌入，对国内市场的挤压日益明显，同时对产品价格也形成巨大的下调压力。另一方面，目前国内家电市场供过于求的局面继续存在，一些家电产品由于出口下滑，又进一步挤压了国内市场。

三、2004年经济运行的的工作要点

（1）重点发展八类电子信息产品

包括：新一代通信设备、高性能电子计算机、数字化家用视听设备、新型电子元器件、自动化电子制造装备、汽车电子设备，智能化娱乐玩具电子产品和应用软件。

（2）新建六个电子信息产业园

包括：广州通信产品产业园，惠州IT产品产业园、东莞电子产品出口产业园、顺德家用

电器产业园、江门电子材料产业园、佛山光电子产品产业园。

（3）实施三个大重点工程

——公共技术“平台工程”：广东 Linux 技术服务中心和广州、深圳、珠海集成电路设计中心等。

——关键电子元器件技术突破与产业化工程：第三代移动通信系统芯片设计与产业化工程，数字电视处理芯片设计与产业化工程，十兆光通信传输系统芯片设计与产业化工程，有机发光器件技术研发与产业化工程，白光 LED 技术研发与产业化工程等。

——企业信息化示范工程：企业信息化示范企业、示范行业与示范地区等示范工程。

（4）全面实施和推进产业竞争力研究成果转换与应用

按照广东省委、省政府关于将电子信息产业竞争力研究成果转化为先进生产力的统一部署，在消化研究成果的基础上，制订行业发展规划和相关政策措施，并转化为省委、省政府的决策，形成省委、省政府加快提升广东电子信息产业竞争力的政策性文件。

同时，要以研究成果为指导，配合《广东省工业结构调整方案》的修改，做好《广东省电子信息产业结构调整方案》目录的修订工作，提出新的重点产品、重点技术、重点依托企业、产业转移、创名牌等目录。

（5）要千方百计扩大产品出口

积极推进科技兴贸战略，进一步加大国际市场开拓力度；继续落实国家各项鼓励出口的政策措施，加强指导和服务，集中力量培育新的出口增长点；坚持以质取胜和市场多元化战略，引导企业提高出口产品的技术含量，加大新兴出口市场开拓力度，促进出口结构逐步优化；支持有实力的企业积极“走出去”，通过海外上市、加工装配、带资承包等方式，更多更好地利用国外资源，鼓励运营企业和制造企业联手拓展国际市场。

（6）加强经济运行调控，解决好影响运行的问题

要抓好行业经济运行情况的调研和分析与预测，形成季度分析制度，及时、准确地把握住经济运行动态，为政府部门提供决策参考，给企业提供正确的引导；要关注经济运行中出现的热点和难点问题，尤其是对经济运行有重大影响的国家各项政策的落实情况进行充分地调研，如国务院 18 号文件关于发展软件产业和集成电路产业的各项政策、外商投资政策、进出口税收政策等；要切实解决好当前能源和原材料供应短缺、价格上涨、出口退税率下调等所造成的困难，合理安排生产，尽量采用错峰用电以及加强科学管理、节能降耗、提高生产效率等措施，克服上述困难，千方百计保证生产的正常运行和 2004 年经济调控目标的实现。

四川省

2003 年，在四川省委、省政府的正确领导下，在信息产业部的指导下，四川省电子信息产业按照省委、省政府的要求，认真贯彻实施“三个转变”，积极推进“一号工程”建设，在遭受“非典”影响，美国对长虹彩电产品进行反倾销起诉等的恶劣外部环境下，仍然取得了较好的成绩，全面完成了年度工作目标。

一、主要经济指标完成情况

2003 年，四川电子信息产业实现营业收入 550 亿元，完成增加值 276 亿元。其中，电子及通信设备制造业完成销售产值 375 亿元，实现增加值 109 亿元；软件业完成销售收入 88.5

亿元；邮电通信业完成营业收入 184 亿元。

全年完成出口 10 亿美元。

二、重点地区、重点企业优势地位明显

2003 年，四川电子信息产业的重要载体成都高新区和绵阳科技城获得了较快发展。成都市电子信息产业销售收入同比增长 24.36%，工业增加值同比增长 22.8%。成都高新区中，摩托罗拉成都软件中心、汇源光通信、四威电子、川大能士、前锋电子、通达电子、迈普科技、奥晶科技、银河磁体等一大批电子信息公司已成为区内最具代表性和活力的企业。

经动态调整的 21 家四川电子信息产业重点优势企业完成工业增加值 77.02 亿元，占电子信息产业的 70.66%。汇源集团、九洲电器、国腾集团、神州数码成都公司、安彩成玻、内江方向、081 总厂、联想成都公司、索贝数码、三零盛安等发展势头良好，特别是九洲电器和内江方向，增加值的增长速度在 60%以上。

三、主要电子产品产销增长

2003 年，四川省长虹彩电销售量居全国第一位，世界第二位，半导体器件产销量、有线广播电视系统市场占有率居全国第一位，软件产业居全国第六位。全年累计生产彩色电视机 899.89 万台，同比增长 11.23%，销售 1159.51 万台，同比增长 4.52%；生产彩色玻壳 567 万只，同比增长 22.2%，销售 512 万只；生产电子元件 15.39 亿只，同比增长 20.93%，销售 14.83 亿只，同比增长 20.64%；生产半导体分离器件 177.64 亿只，同比增长 24.6%，销售 179.44 亿只，同比增长 24.76%。

长虹公司克服了美国彩电反倾销诉讼带来的不利影响，积极开拓俄罗斯、东南亚等地市场，全年共出口彩电 426 万台（套），较去年增长 13 万台（套）。九洲公司出口保持了较快增长，实现出口交货值 2.84 亿元，同比增长 27.4%。

2003 年四川电子信息产业科技兴贸工作获得了商务部、发改委、科技部、信息产业部等八部委的表彰。

四、软件业继续保持快速发展，信息化应用水平不断提高

软件业实现销售收入 88.5 亿元，同比增长 30%。其中软件销售收入 55.8 亿元，同比增长 33.5%。完成增加值 35.6 亿元，同比增长 42.9%。软件业出现产业相对集中趋势。软件业中纯软件收入的比重增大，出口增长较快，系统集成能力明显增强，软件产业链正在逐步形成。

目前通过认证的软件企业达 259 户。有计算机信息系统一级资质企业 3 家，二级资质企业 8 家，具有资质企业合计 100 家，总量列全国第二位。已登记软件产品 664 件，占西部省区登记软件产品总量的 33%。目前四川省通过认证的软件企业达 259 家。软件产品中包括系统软件、中间件，大部分为各类应用软件，覆盖了政府、金融、安全、教育、卫生、社保、交通、通信、电力等诸多领域。成都以其良好的环境和产业基础，获准为国家级软件产业基地。四川省是国家集成电路设计基地，南山之桥、迈普等企业的高性能路由交换核心芯片设计达到了很高的技术水准。摩托罗拉成都软件中心直属于摩托罗拉全球软件集团，已获得 CMM5 级认证。

软件业的发展，极大地提升了全省信息化应用水平。一年来，电子政务、企业信息化建设步伐不断加快。多数省级机关建立了管理信息化系统，网上服务应用有明显提高。以成都市为代表的各市州信息化建设立足于服务经营城市，引入市场机制，聚集社会资源和优化资源配置，取得了明显成效。例如，成都市的“成都通”建设项目，2003 年在市区主要街道、社区、商业区、车站投放使用了 416 座“成都通”，内容栏目总数达到 27 个，信息总数达到 23500 多条。开通了在线支付系统，市民可以刷卡进行在线购票、在线缴费、在线贷款等，实现了交互式商务交易。“城市通卡工程”通过有关公司共同出资，建成了“公交子系统”，完成了车载机及充值点建设，20 万张月票卡、10 万张普通卡的制作和发放，已经在二环路内以及 4 条区间公交线上运用。教育系统大力推进信息技术在教学中的应用，利用数据网络和电话语音开展了远程教育，实现了远程师资培训零的突破；组织开发了优质课堂教学资源，向农村学校免费开放，努力缩小区域教育水平差距。旅游系统开通了旅游公众信息网，“黄金周预测预报暨日常统计报表报送系统”实现了成都市黄金周统计数据的网上填报、汇总、统计，并及时向社会发布信息，初步实现了与企业网上互动。交通系统已实现交通办证业务的远程办理，在 1100 多辆长途客运车辆上安装应用 GPS 安全调度监控系统，一批主枢纽客运站已实现客运车票的网上互售和结算。劳动保障系统新开发了适用于非城镇人员的综合保险管理信息系统，并完成了社会保险信息系统的升级改造的准备。市政公用系统建立了基于地理信息系统基础的桥梁管理信息系统和地下管线地理信息系统。市执法局综合执法指挥信息系统和市水利局防汛指挥信息系统（一期）已经开始运用。

五、通信技术设施更加完善，通信能力进一步增强

全省光缆总长度达到 15.3 万皮长公里。其中，长途光缆线路达 2.4 万皮长公里，本地网光缆长度达到 12.2 万皮长公里。长途网与本地网光缆结构、布局进一步优化，网络整体数字化水平明显提高。

电话用户发展持续攀升。全省电话用户总数达到 2369 万户。其中，移动电话用户数达到 1243 万户，固定电话用户数达到 1126 万户。全省电话普及率达 27.96%。其中，移动电话普及率达到 14.7%，固定电话普及率达到 13.39%。

六、招商引资工作取得重大进展

2003 年，实际利用外资 6100 万美元，四川省吸引外来资金的力度排名西部第一的优势继续得到巩固和发展。英特尔公司投资 3.75 亿美元建芯片封装测试厂顺利签约，前期已到位资金 1875 万美元。摩托罗拉公司在四川省建立亚洲最大的研发中心。联想研究院分院落户四川。微软公司在成都与国家信息安全基地公司合作建立的“成都微软信息安全技术中心”（投资 2024 万元人民币，其中微软投资 1824 万元，占 90.12%）是微软公司继投资中关村科技后，在我国软件产业的第二次实质性投资，也是微软公司在四川的第一个投资项目。继这四个项目之后，爱立信（全球研发中心）、思科（全球中文呼叫中心）、微软（在川投资）、中芯国际（建立集成电路制造、封装生产线）公司有望在四川落户或扩大投资。

国际合作进一步加强。2003 年，索尼公司以 1800 万美元溢价收购索贝数码 67%的股份。迈普通讯公司获英特尔等 4 大投资基金 1500 万美元的融资等。成都市与微软公司在一些合作项目方面达成了共识。

七、基地建设进展顺利

到 2003 年底，国家软件产业基地（成都）项目已经累计完成投资 1 亿多元。在前期完成土地征用，拆迁等工作的基础上，该项目已经完成建筑面积 16000 平方米，正在争取国家级软件出口基地。信息安全基地建设顺利，已有 39 家企业入住基地。迈普安全基地园基本建成。集成电路设计基地有较大幅度增长。

八、产业结构进一步优化，新的经济增长点不断涌现

长虹公司数字电视整机、卫士通公司信息安全设备、大唐光通信公司密集波分复用系统、旭光公司低压真空管、银河公司黏结型钕铁硼磁体、南山之桥和迈普公司的高性能路由交换核心芯片等 60 多个项目获国家发改委、原国家经贸委、信息产业部资金支持。这些重点项目相继投产，并正在形成新的经济增长点，为实现四川省电子信息产业的产品结构调整和持续发展奠定了基础。

九、技术进步有新的发展

一是在集成电路领域，随着英特尔公司以及其他集成电路制造企业的进驻，四川省形成了包括设计制造、封装、测试在内的完整产业链；二是在信息安全方面，信息安全技术覆盖了基础平台、网络、通信、应用、支撑体系、终端等不同层面，初步形成了信息安全产业链；三是在数字电视领域，从数字电视芯片、发射、传输、终端以及应用软件等技术领域形成了丰富的技术储备；四是对知识产权保护和标准化战略研究有更加深入的认识，相关工作提升到新的高度。

通过技术进步和技术创新，在产品开发技术、系统集成技术、军事电子技术、信息处理与应用技术等方面取得了新的突破，建立了从原材料、元器件、整机设备到系统网络和软件等专业门类比较齐全、具有相当规模和水平的科研生产体系。特别是以微电子技术、数字技术、网络技术、软件技术为支撑而开发的产品不仅设计成熟度高，且产品的安全性进一步提高，很多产品在国内处于领先水平。

十、信息技术加快向传统产业渗透

成都市依托强大的软件产业优势，在信息化基础建设上取得了明显的成效。行业信息化建设稳步推进，成都市 10 家企业信息化试点工作全面铺开，34 个企业信息化建设项目纳入技术创新项目备案，总投资超过 2 亿元。成都市还启动了“教育信息化”工程，专门成立了“教育信息化产业公司”，社会资金已投入 1 亿多元。成都市在公交系统使用的“城市卡”，已经开始试用。内江市在重点企业在技改过程中，普遍采用信息化技术，提高了生产效率、减轻了劳动强度。鼓励企业积极组建企业内部局域网，提高自动化水平。内江川威集团在以信息化对传统工业的改造方面起到了良好的示范作用。威远白塔集团利用计算机网络进行网上销售和售后服务管理。宜宾丝利雅集团“设备自动控制及企业信息系统工程”的成功应用，为企业带来了良好的经济效益和社会效益。德阳是我国的重大装备生产基地，德阳东电、东气、罗江爱华电子公司在用信息化改造传统产业方面也取得了不小成绩。广元市加大技改投入，截止目前为止，已投入资金 2000 多万元。

尽管四川省信息产业有了长足的进步，但与发达地区相比，差距还很大，区位劣势比较

明显，上规模化企业较少，结构不尽合理，技术优势转化为产业优势不明显。

为此，四川省必须加快主动工作的积极性，创造条件，通过与国内外大公司的合作，实现资源的优化配置，壮大产业规模，使四川省的产业结构向更加合理的方向发展，提高配套能力，做好迎接产业转移机遇的各项准备，从各个方面提升为四川省经济发展服务的能力。

信息产业部经济体制改革与经济运行司

II 制 造 业

2003年电子信息产业制造业

	企业个数	亏损企业数	工业总产值（不变价）	工业总产值（现行价）
总　　计	**10596**	**2223**	**240580448**	**178344756**
一、按企业登记注册类型分列				
内资企业	6609	1176	72940837	51475498
国有企业	768	329	8680660	4989287
集体企业	837	141	4680990	5659788
股份合作企业	494	44	1341999	1355294
联营企业	92	21	806390	683286
国有联营企业	25	10	536815	464184
集体联营企业	20	4	43628	43430
国有与集体联营企业	27	6	135783	95020
其他联营企业	20	1	90164	80652
有限责任公司	1413	283	31828109	18689087
国有独资公司	67	19	16337677	6000688
其他有限责任公司	1346	264	15490432	12688399
股份有限公司	379	64	18984944	13441165
私营企业	2607	291	6332562	6392397
其他内资企业	19	3	285183	265196
港、澳、台商投资企业	2110	569	50666748	38201150
合资经营企业（港澳台资）	842	231	18141398	10574701
合作经营企业（港澳台资）	182	40	2635951	2566285
港澳台商独资经营企业	1058	294	26820606	23495441
港澳台商投资股份有限公司	28	4	3068793	1564724
外商投资企业	1877	478	116972864	88668107
中外合资经营企业	718	167	58616633	31592011
中外合作经营企业	78	18	1968638	1345664
外资企业	1053	287	52864580	54035314
外商投资股份有限公司	28	6	3523014	1695119
二、按经济类型分列				
国有经济	860	358	25555152	11454159
集体经济	857	145	4724618	5703218
股份合作经济	494	44	1341999	1355294

主要经济指标汇总表（一）

计算单位：万元

工业销售产　值	新产品产　值	出　口交货值	工　业增加值	全部从业人员平均人数（人）
174747008	**40652522**	**92387346**	**35454701**	**3564648**
49459956	19996329	8703220	9608224	1521483
4874357	1388229	1114470	957277	280482
5587232	2887869	777326	1063641	200563
1304191	113989	132563	248183	60794
684503	31251	28677	106364	17536
469902	22800	14792	70909	6435
40279	877	6210	12111	3200
94520	1873	4125	35455	5588
79802	5702	3550	30040	2313
18009632	8360046	3339291	3651834	446702
5926241	3653148	1572434	1134550	120593
12083391	4706898	1766857	2481829	326109
12578345	6811102	2268509	2340010	212718
6170429	387817	1035444	1170005	295101
251269	16026	6940	35455	7587
37826894	7230384	22967464	7516397	980284
10468695	2867426	4078886	2020918	258022
2543547	10159	2167971	496366	87157
23328957	4021649	16045399	4715475	608322
1485695	331149	675208	283638	26783
87460158	13425809	60716662	18330080	1062881
31021252	9635925	16293177	6452756	305253
1253696	17003	498139	248183	33128
53462472	3621758	43399601	11274595	700602
1722737	151123	525746	354547	23898
11270500	5064177	2701696	2162737	407510
5627511	2888746	783536	1063641	203763
1304191	113989	132563	248183	60794

	企业个数	亏损企业数	工业总产值（不变价）	工业总产值（现行价）
股份制经济	1725	328	34475376	26129563
外商及港澳台投资经济	3987	1047	167639611	126869258
其他经济	2673	301	6843692	6833264
国有控股企业	1564	541	69179960	38283583
三、按企业规模分列				
大型企业	824	222	156160844	102566794
中型企业	1017	258	26917977	21795748
小型企业	8755	1743	57501627	53982214
四、按行业分列				
（一）通信设备工业行业	940	246	46350526	34527340
传输设备制造	174	38	2694964	1829285
交换设备制造	154	44	11220848	8547399
通信终端设备制造	197	66	12073545	10372435
移动通信及终端设备制造	58	12	15511636	9228293
其他通信设备制造	357	86	4849533	4549929
（二）雷达工业行业	52	11	796398	763843
雷达及配套设备件制造	52	11	796398	763843
（三）广播电视设备工业行业	140	30	568243	575219
广播电视设备及发射设备制造	22	11	129281	120181
广播电视接收设备及器材制造	100	19	389274	400865
应用电视设备及其他广播电视制造	18		49688	54173
（四）电子计算机工业行业	759	206	68712652	55331258
电子计算机整机制造	189	51	38322710	28168147
计算机网络设备制造	69	13	2603642	2596469
电子计算机外部设备制造	426	118	26508257	23403353
幻灯机及投影设备制造	12	4	155907	171626
计算器及货币专用设备制造	63	20	1122137	991662
（五）家用视听设备行业	628	166	49589997	28019873
家用影视设备制造	288	82	42848403	22588835
家用音响设备制造	340	84	6741594	5431038
（六）电子器件工业行业	1046	225	26530290	18228106

主要经济指标汇总表（一）

计算单位：万元

工业销售产值	新产品产值	出口交货值	工业增加值	全部从业人员平均人数（人）
24661735	11518000	4035366	4821839	538827
125287051	20656193	83684126	25846477	2043165
6596019	411417	1050059	1276369	310589
36878946	18233585	9684814	7273881	793423
100191657	30932628	56441666	19744108	1254011
21716339	3853616	11096030	4195681	502707
52839011	5866279	24849650	11514912	1807930
32951718	14073663	10099561	8233948	377706
1850607	925283	215763	530493	51078
7612716	3653233	1136484	2222324	67349
10229414	5144511	4859811	2178211	124515
8860576	3704428	2029873	1937941	45031
4398404	646208	1857630	1364979	89733
750858	349768	107211	244430	43129
750858	349768	107211	244430	43129
558897	83233	243938	126548	35154
113111	36201	30397	26440	10898
392682	35216	210664	88190	22550
53103	11816	2877	11918	1706
55118889	5675277	41983603	10818000	549100
27749431	3287709	20011050	5070266	136676
2551653	143641	1804203	545259	31525
23287749	2238471	19508410	4914704	314062
172982	91	16521	49772	3101
1357074	5365	643420	237999	63736
27779916	13029633	12271879	4826336	418728
22420569	12073407	7700875	4065990	257806
5359347	956226	4571004	760345	160922
17734852	3465577	8779096	4425695	474953

	企业个数	亏损企业数	工业总产值（不变价）	工业总产值（现行价）
电光源制造	359	69	2231501	1757832
电子真空器件制造	112	21	11475526	6547600
半导体分立器件制造	210	53	2844958	1781070
集成电路制造	211	48	5827345	4481229
光电子器件及其他电子器件	154	34	4150960	3660375
（七）电子元件工业行业	2695	565	30172320	23619612
电力电子元器件制造	457	83	3116391	2883062
电子元件及组件制造	2033	435	21623978	17356112
印刷电路板制造	205	47	5431952	3380438
（八）电子测量仪器工业行业	268	41	943268	940450
环境监测专用仪器仪表制造	32	2	103987	105377
导航、气象及海洋专用仪器制造	33	9	176245	165611
农林牧渔专用仪器仪表制造	2		23420	23929
地质勘探和地震专用仪器制造	22	5	104035	99976
核子及核辐射测量仪器制造	5	2	8784	8965
电子测量仪器制造	98	12	313893	313457
其他专用仪器制造	76	11	212906	223135
（九）电子工业专用设备行业	631	134	4395990	4479290
电子工业专用设备制造	124	23	608691	655999
其他电子设备制造	507	111	3787299	3823290
（十）电子信息机电行业	2944	516	9147451	9213565
微电机制造	342	61	2557748	2694017
电线电缆制造	1998	321	1357716	1364992
光纤光缆制造	85	23	2471379	2447800
电池制造	519	111	2760608	2706756
（十一）其他电子信息行业	493	83	3373312	2646201
信息化学品制造	162	29	1936784	1428968
灯用电器附件制造	331	54	1436529	1217233
五、按省、自治区、直辖市分列				
北京市	400	112	14104672	9359425
天津市	392	145	13549471	9197722

主要经济指标汇总表（一）

计算单位：万元

工业销售产　值	新产品产　值	出　口交货值	工　业增加值	全部从业人员平均人数（人）
1732680	119040	798589	492193	119874
6374069	1409483	2212678	1571424	105955
1719741	154940	1019254	534321	75007
4322824	700523	2501311	985870	97236
3585538	1081591	2247265	841886	76881
22962394	2530690	13085589	5818411	997020
2788547	386418	746382	634274	105785
16964753	2002437	10217538	4339028	800134
3209094	141835	2121669	845110	91101
916001	143462	161676	300944	72839
101623	8113	5552	33721	5317
163645	44838	5555	52995	20319
23832		1772	7657	581
98638	15587	12747	31992	5801
7724	758		2869	1456
309559	40277	69509	100306	21222
210980	33890	66542	71403	18143
4387990	448051	1941093	1355780	167838
627423	69056	206500	170560	37072
3760566	378995	1734593	1185220	130766
8958379	702737	2447743	2207964	318524
2647521	204026	1331828	646564	130244
1332032	95778	135490	313948	35134
2405397	167787	63043	489560	26804
2573429	235146	917383	757892	126342
2627115	150431	1265957	582164	109657
1441470	138795	625354	314373	39813
1185646	11636	640604	267791	69844
8987699	5540760	2402561	1216725	99958
9144860	5684479	4991350	2483385	119742

	企业个数	亏损企业数	工业总产值（不变价）	工业总产值（现行价）
河北省	273	36	1192031	919491
山西省	48	15	162280	142621
内蒙古区	32	11	641070	431822
辽宁省	304	93	6768016	4198837
吉林省	52	16	743081	264934
黑龙江省	51	20	458521	221420
上海市	868	167	30037372	21009826
江苏省	1629	301	28407873	28414389
浙江省	1497	134	10195168	9577423
安徽省	213	47	1937264	992060
福建省	379	75	14372270	10178153
江西省	81	24	464882	358190
山东省	544	77	12101223	11481892
河南省	204	34	2062621	1393524
湖北省	267	49	2568187	2088930
湖南省	165	41	1873314	930404
广东省	2569	633	86776897	61305441
广西区	73	30	397925	223170
海南省	15	8	35141	18848
四川省	228	55	7161399	3011509
贵州省	48	21	811745	422716
云南省	34	13	189329	140267
重庆市	70	13	440271	301320
陕西省	104	33	2755126	1502081
甘肃省	38	13	356162	246852
青海省	3		1073	1076
宁夏区	2	1	12652	6917
新疆区	13	6	3411	3499
六、按单列市分列				
大连市	49	14	4171516	2683710
宁波市	61	5	3523462	2142365

主要经济指标汇总表（一）

计算单位：万元

工业销售产值	新产品产值	出口交货值	工业增加值	全部从业人员平均人数（人）
899797	147653	98588	422966	39450
123897	40979	6885		14026
421377	921	3913	77728	5533
4136004	510535	2606333	713802	94852
252677	37520	21466	82129	14983
209796	19994	71789	39856	8945
20753740	2163263	13066434	3571670	234739
27983845	4110458	18087328	6535309	515749
9272564	2505472	2033580	2490130	278276
943531	425843	87067	148809	32932
10062299	1418341	5387741	3867698	169171
345699	164643	63703	60892	29931
11290356	5450437	2376115	2181560	178337
1353807	584078	141086	306575	44488
2004314	140936	144964	543122	49679
933744	106314	143624	213993	35410
59891287	9156491	39493656	9195816	1347722
218145	29893	17360	55793	14008
18399		8481	4900	1177
2978908	1781028	838333	692647	101494
383817	245300	55448	114133	20715
136619	39303	5557	37872	8643
299889	67837	16254	48211	14725
1439850	162932	154305	300416	68510
247823	112055	62167	44433	20235
1101	828			51
7275	4219	1262	2974	736
3892	10		1155	431
2646751	383631	1945782	462706	51641
2088129	1318320	361440	351784	36383

	企业个数	亏损企业数	工业总产值（不变价）	工业总产值（现行价）
厦门市	34		7892387	5782845
青岛市	132	36	13469715	8767517
深圳市	74	8	23893802	17915333
七、 按单列集团分列				
中国电子企业集团(CEC)	29	6	2788171	1937850
中国电子科技集团	7		145158	118705
中国普天信息产业集团	1		9897825	5808658
中国长城计算机集团公司	13	5	13695788	4247271
天津电子信息集团公司	257	138	9171143	3867720
长白计算机集团公司	1		907386	360228
中国华录集团	1		996002	342901
上海广电集团有限公司	33	7	10733724	3722224
上海仪表控股公司	56	15	1603968	586720
上海航天工业总公司	5	4	34482	37813
上海长江计算机集团公司	1		63439	25245
南京熊猫集团	1		2422928	2100821
深圳赛格电子工业集团	6		378309	243582
中国振华集团公司	27	12	498108	204775
彩虹集团	1		1251713	767450

主要经济指标汇总表（一）

计算单位：万元

工业销售 产　值	新产品 产　值	出　口 交货值	工　业 增加值	全部从业人员 平均人数（人）
5732819	3969797	2951344	1896004	57385
8727241	6207681	1463744	1657686	99784
17758104	3272367	12313580	1942163	166041
1864473	1586202	259629	600330	32751
118251	76698	4566	20552	7935
5521814	3357386	924029	717905	44453
4248291	851161	2660076	289245	12987
3759671	1428209	1908536	596939	51612
352917	56	187670	33016	2830
341857	222069	283348	55606	2986
3663125	1827260	1628331	738416	27488
643075	78230	340266	140126	20922
33978		766	9017	2102
25119	14488		3144	1581
2154087	845980	753482	199650	7040
236277	38186	110146	110436	4813
177927	105784	35504	54720	12283
743730		109171	275680	21219

2003年电子信息产业制造业

	产　品 销售收入	产　品 销售成本	产　品 销售费用
总　　计	**175789524**	**153908218**	**5954305**
一、按企业登记注册类型分列			
内资企业	47621510	38536959	2632586
国有企业	4756270	3806500	241133
集体企业	5279889	4470745	328337
股份合作企业	1277869	1035801	42549
联营企业	592376	469426	17781
国有联营企业	381694	301982	8691
集体联营企业	35889	30551	1119
国有与集体联营企业	92575	77079	3612
其他联营企业	82219	59814	4359
有限责任公司	18019459	14519291	1047251
国有独资公司	5648549	4852199	350950
其他有限责任公司	12370911	9667091	696301
股份有限公司	11571336	9190871	700693
私营企业	5865527	4833988	214244
其他内资企业	258784	210338	40599
港、澳、台商投资企业	37272181	33348828	1006374
合资经营企业（港澳台资）	10066514	8558648	401214
合作经营企业（港澳台资）	2453511	2270615	11077
港澳台商独资经营企业	23320801	21295035	565544
港澳台商投资股份有限公司	1431355	1224530	28540
外商投资企业	90895834	82022431	2315344
中外合资经营企业	31966751	28062609	1195025
中外合作经营企业	1255400	1075443	68130
外资企业	55880426	51511760	889022
外商投资股份有限公司	1793257	1372619	163168
二、按经济类型分列			
国有经济	10786513	8960681	600774
集体经济	5315778	4501296	329456
股份合作经济	1277869	1035801	42549

主要经济指标汇总表（二）

计算单位：万元

产品销售税金及附加	管理费用	财务费用	利息支出	利润总额	应交增值税
238531	**7364399**	**1201255**	**859829**	**6958893**	**2338398**
197305	3545188	602251	509635	2360252	1263514
15473	559261	123765	121926	151417	128344
15978	245006	30674	25247	223080	149312
6752	69393	11234	9261	111896	47884
2485	43770	9899	7727	17699	15019
588	22011	7017	6191	10040	6590
333	2744	398	211	1645	1845
373	12889	2038	1275	1459	3518
1192	6127	446	50	4556	3066
63482	1405280	220675	186160	840130	520454
8140	328236	72723	56060	110097	124189
55343	1077043	147952	130100	730033	396265
60291	910402	146421	110169	669598	221091
32260	302472	56531	46635	350609	176272
584	9605	3053	2512	-4178	5139
21396	1114791	159560	125636	1421893	343739
10519	420899	81835	68859	509004	173829
806	58732	6081	4372	46666	17506
8229	577322	57430	39152	753293	127891
1841	57838	14214	13253	112930	24514
19830	2704421	439445	224558	3426749	731145
6828	1155337	196538	116215	1495304	347408
336	63386	6610	5705	51619	25008
10861	1420790	190724	56530	1713920	255055
1805	64909	45573	46108	165906	103674
24200	909508	203504	184177	271554	259122
16311	247750	31072	25458	224725	151156
6752	69393	11234	9261	111896	47884

	产　品 销售收入	产　品 销售成本	产　品 销售费用
股份制经济	23942247	18857962	1396994
外商及港澳台投资经济	128168014	115371260	3321719
其他经济	6299104	5181219	262814
国有控股企业	35527314	30102591	1813366
三、按企业规模分列			
大型企业	100335862	88098977	3830877
中型企业	23152947	20638356	626348
小型企业	52300716	45170885	1497080
四、按行业分列			
（一）通信设备工业行业	33892008	28502179	1593235
传输设备制造	2158654	1848652	73789
交换设备制造	7444642	5262727	590458
通信终端设备制造	10266353	9504749	431999
移动通信及终端设备制造	9652488	8329137	366124
其他通信设备制造	4369871	3556914	130865
（二）雷达工业行业	707416	519265	19533
雷达及配套设备件制造	707416	519265	19533
（三）广播电视设备工业行业	554656	461641	18604
广播电视设备及发射设备制造	111246	85337	5540
广播电视接收设备及器材制造	387411	336555	10578
应用电视设备及其他广播电视	55999	39749	2486
（四）电子计算机工业行业	57964982	53617617	1332312
电子计算机整机制造	31003545	28914867	793898
计算机网络设备制造	2622478	2291287	75144
电子计算机外部设备制造	23207253	21468837	428907
幻灯机及投影设备制造	171384	124592	15629
计算器及货币专用设备制造	960322	818035	18733
（五）家用视听设备行业	26387876	23138054	1453899
家用影视设备制造	21151679	18452303	1309137
家用音响设备制造	5236197	4685751	144762
（六）电子器件工业行业	17614245	15099757	407149

主要经济指标汇总表（二）

计算单位：万元

产品销售税金及附加	管理费用	财务费用	利息支出	利润总额	应交增值税
115634	1987445	294373	240269	1399631	617356
41226	3819212	599004	350194	4598641	1074884
34409	331092	62068	50471	352445	187995
86166	2446339	483409	411300	1284651	606827
123179	4028083	724762	517203	3630584	1226635
23195	911494	155645	124868	890801	307253
92157	2424822	320847	217758	2437508	804510
92297	2092008	264713	183598	1630822	614542
4267	153100	27760	28650	100634	32316
60389	928343	133538	98321	582332	361427
11823	394890	38177	23015	146728	64967
5774	348470	32632	11257	518121	54732
10045	267206	32607	22356	283008	101100
1002	113499	12873	12684	44759	8120
1002	113499	12873	12684	44759	8120
2409	41933	8323	6051	19269	14326
767	19577	4908	3379	-859	4575
1426	19701	3167	2584	14340	7615
216	2655	249	88	5788	2136
18129	1165953	148781	80599	1385445	243995
7767	530305	85423	32908	784375	127363
3448	104224	11172	9584	128641	14552
5594	482253	48280	36145	428533	81132
252	8849	-69	-98	15057	6941
1067	40323	3974	2061	28841	14008
26256	895083	113634	75342	801786	358317
23329	741884	100536	68777	629929	331863
2927	153199	13097	6565	171857	26454
22330	954976	246308	182513	842878	336727

	产品销售收入	产品销售成本	产品销售费用
电光源制造	1633567	1350839	55681
电子真空器件制造	6319725	5253598	170143
半导体分立器件制造	1676410	1393488	39994
集成电路制造	4310744	3858018	74543
光电子器件及其他电子器件	3673799	3243814	66788
（七）电子元件工业行业	22538942	19490843	481134
电力电子元器件制造	2773830	2264668	99367
电子元件及组件制造	16573564	14362504	350543
印刷电路板制造	3191548	2863670	31224
（八）电子测量仪器工业行业	918229	671330	51129
环境监测专用仪器仪表制造	105630	75079	8552
导航、气象及海洋专用仪器制造	158121	117794	4939
农林牧渔专用仪器仪表制造	26593	15112	700
地质勘探和地震专用仪器制造	103980	74327	5403
核子及核辐射测量仪器制造	11056	7705	935
电子测量仪器制造	305243	223277	20749
其他专用仪器制造	207606	158036	9851
（九）电子工业专用设备行业	4202847	3439368	145368
电子工业专用设备制造	563507	461746	18945
其他电子设备制造	3639340	2977621	126423
（十）电子信息机电行业	8456138	6980872	310338
微电机制造	2510993	2170782	60724
电线电缆制造	1287355	1115545	48154
光纤光缆制造	2109865	1614899	107314
电池制造	2547925	2079646	94145
（十一）其他电子信息行业	2552187	1987293	141605
信息化学品制造	1438108	1021741	114053
灯用电器附件制造	1114078	965552	27552
五、按省、自治区、直辖市分列			
北京市	10205475	8934135	469298
天津市	9019252	8202090	410408

主要经济指标汇总表（二）

计算单位：万元

产品销售税金及附加	管理费用	财务费用	利息支出	利润总额	应交增值税
8291	97042	10594	9939	106220	32749
4447	317658	115942	103667	442147	166923
2108	100640	29107	26467	114501	27363
4270	245125	44561	30304	68290	69438
3214	194512	46104	12137	111719	40255
35656	1182846	217615	157635	1204892	376206
10187	195404	33395	31874	188671	82754
23606	862947	156322	105713	870150	253926
1863	124496	27899	20049	146071	39527
4792	120167	16323	14691	65005	32414
622	10649	1238	1141	8483	4504
402	32312	5200	5150	6292	3405
250	1966	383	362	3184	202
559	14325	3878	3724	7241	5996
753	4189	24	63	-2219	516
1187	36895	3637	3072	27857	10940
1019	19831	1964	1181	14168	6852
8951	261443	46061	34675	226277	82793
1678	55593	13032	11512	16000	17325
7273	205850	33030	23163	210276	65468
20871	390376	89234	75768	507578	199881
5920	120015	13140	11144	146176	44286
4404	49387	18849	16421	51050	31875
5176	86940	27334	25886	116422	53916
5372	134034	29911	22316	193930	69805
5838	146115	37389	36273	230182	71078
3091	89324	32106	32343	179580	48873
2748	56791	5284	3930	50602	22205
9827	540429	66837	46521	544724	120525
8690	225544	35320	15700	259329	88681

	产品销售收入	产品销售成本	产品销售费用
河北省	798302	607643	36390
山西省	116740	82867	3123
内蒙古区	423776	328108	2440
辽宁省	4127151	3604239	150569
吉林省	205553	153068	6426
黑龙江省	207891	171052	9110
上海市	23639703	21443740	712833
江苏省	28571767	26206149	489713
浙江省	9634237	8172920	294021
安徽省	777011	647069	53507
福建省	9961981	8508646	470674
江西省	317308	263960	9187
山东省	10508059	8846093	607508
河南省	1423562	1119666	76643
湖北省	1899332	1371758	143942
湖南省	891621	703689	37892
广东省	57954106	50454058	1646749
广西区	191484	146289	7764
海南省	18287	15242	620
四川省	2733294	2226912	208821
贵州省	377091	290877	36649
云南省	134675	112948	3151
重庆市	269264	216816	10340
陕西省	1164064	892010	50610
甘肃省	207313	176369	5373
青海省	381	340	12
宁夏区	6906	6173	331
新疆区	3940	3293	202
六、按单列市分列			
大连市	2619492	2248600	72320
宁波市	2043537	1766725	86211

主要经济指标汇总表（二）

计算单位：万元

产品销售税金及附加	管理费用	财务费用	利息支出	利润总额	应交增值税
2743	72037	14573	13920	69931	36720
487	14098	3111	1822	3138	2067
235	5871	724	710	95065	22648
3448	223952	39068	28978	143479	34159
771	39512	9955	8300	-9052	5407
723	12084	3753	3412	9310	6057
7191	856701	150533	82324	595745	278098
22992	871294	182502	142661	910344	319091
29205	539563	91767	72309	558717	252933
1986	36013	7486	6947	43842	16889
7724	295709	89510	50882	647203	89863
794	27403	3825	3182	13755	8993
22693	456219	67144	49473	409234	241443
4847	109040	49924	48226	87526	43907
5433	114162	16429	13362	113221	34821
1839	66557	20590	19293	63006	24110
92144	2443296	238833	150120	2208563	537917
677	20592	4347	4110	6876	7238
23	2623	114	57	-222	255
4702	160747	42291	38350	107091	85076
909	41883	3033	3272	11257	9775
573	15139	2319	2275	4856	5824
727	25817	7514	7038	12739	8439
5820	124055	44206	41166	45949	43390
1279	22757	5195	5071	4354	13563
2	24	2	2	6	20
21	783	259	259	-970	285
24	497	92	91	-119	205
837	157479	21627	4170	130700	17768
6871	86391	13145	9399	107516	30294

	产　品 销售收入	产　品 销售成本	产　品 销售费用
厦门市	5885744	4833962	275708
青岛市	12353019	11089663	607901
深圳市	17435339	15762940	520563
七、　按单列集团分列			
中国电子信息产业集团(CEC)	2996969	2599622	147510
中国电子科技集团	128699	108752	37
中国普天信息产业集团	6079617	5558222	164261
中国长城计算机集团公司	1220576	1120899	24828
天津电子信息集团公司	3840633	3241752	246075
长白计算机集团公司	366754	304544	47821
中国华录集团	342631	291682	2957
上海广电集团有限公司	3819340	3312067	179321
上海仪表控股公司	600515	516676	12588
上海航天工业总公司	34218	25398	6002
上海长江计算机集团公司	75298	66616	3295
南京熊猫集团	2453191	2316555	50752
深圳赛格电子工业集团	237392	177992	3513
中国振华电子集团公司	183644	143944	14577
彩虹集团	782496	655130	14362

主要经济指标汇总表（二）

计算单位：万元

产品销售税金及附加	管理费用	财务费用	利息支出	利润总额	应交增值税
5235	159523	68943	35150	590933	53337
22024	364474	41096	27522	304121	177855
2885	452275	39247	23544	693708	107722
11743	205938	25416	26642	60118	34720
103	10067	77	66	11029	852
6913	316362	53591	33439	64542	
709	62183	8543	8467	26855	8255
1279	118602	20669	14989	188737	69943
70	11600	466	259	3500	1269
23	33345	-1475	-611	16532	997
1381	153682	43825	28234	181660	43921
719	46084	8137	3414	42385	8901
84	6650	116	-37	-1576	1624
353	7478	453	618	27	651
949	66663	25160	23760	44383	30313
343	13268	1993	2264	42517	10523
511	22008	1454	1476	5061	5421
3229	47526	5983	5983	59488	32291

2003年电子信息产业制造业

	税金总额	应收账款净额	产成品存货
总　计	**2576929**	**35017697**	**8764748**
一、按企业登记注册类型分列			
内资企业	1460819	9806862	4243553
国有企业	143817	1573490	575945
集体企业	165290	528834	239558
股份合作企业	54636	298021	79010
联营企业	17504	261690	64852
国有联营企业	7178	162883	44127
集体联营企业	2178	13122	2836
国有与集体联营企业	3891	56221	11498
其他联营企业	4258	29464	6392
有限责任公司	583936	3480301	1783966
国有独资公司	132329	1056374	724480
其他有限责任公司	451608	2423927	1059486
股份有限公司	281382	2409149	1104515
私营企业	208532	1232464	382753
其他内资企业	5723	22913	12954
港、澳、台商投资企业	365135	7275765	1864737
合资经营企业（港澳台资）	184348	1757556	661190
合作经营企业（港澳台资）	18312	324928	145706
港澳台商独资经营企业	136120	4891022	1000448
港澳台商投资股份有限公司	26355	302259	57393
外商投资企业	750975	17935070	2656458
中外合资经营企业	354236	6625875	1327945
中外合作经营企业	25344	173616	88896
外资企业	265916	10569036	1181013
外商投资股份有限公司	105479	566544	58605
二、按经济类型分列			
国有经济	283322	2792747	1344552
集体经济	167467	541956	242394
股份合作经济	54636	298021	79010

主要经济指标汇总表（三）

计算单位：万元

流动资产平均余额	固定资产净值平均余额	资　产总　计	负　债合　计	亏损企业亏损额
85705985	**32776523**	**143418433**	**86797291**	**1173722**
34754168	11223184	59348990	33596364	470247
6107771	2600417	10953610	7295668	123366
1957220	740944	3632647	1965642	15574
678423	235055	1266261	662379	3029
687424	117353	1170682	464963	10214
469095	58256	853257	252835	7783
26278	7690	38235	19993	502
132365	39408	200104	150697	1753
59686	11999	79086	41438	175
12966624	3821933	21231743	12304129	219756
4093768	1517334	6705978	3779197	32557
8872856	2304599	14525765	8524932	187199
9278978	2541125	15803036	7775024	63976
3008766	1141075	5145072	3001678	26126
68963	25282	145940	126881	8208
16324061	7280802	27481687	17624712	179481
5288738	2062857	8418908	5530861	68684
923282	404514	1464228	945327	10049
9288465	4153710	16005445	10398108	92674
823577	659721	1593106	750417	8074
34627756	14272537	56587756	35576214	523994
13684347	5459056	21434076	13186557	244530
738171	233460	1196368	796920	10171
18592972	7829984	30588490	19890639	264572
1612268	750037	3368823	1702099	4721
10670634	4176007	18512844	11327699	163706
1983498	748634	3670882	1985635	16076
678423	235055	1266261	662379	3029

	税金总额	应收账款净额	产成品存货
股份制经济	732990	4833076	2164001
外商及港澳台投资经济	1116110	25210836	4521195
其他经济	222404	1341062	413596
国有控股企业	692993	7931123	3275784
三、按企业规模分列			
大型企业	1349814	18855746	4398402
中型企业	330448	5065292	1104786
小型企业	896667	11096660	3261559
四、按行业分列			
（一）通信设备工业行业	706839	7555878	2397458
传输设备制造	36583	580808	209877
交换设备制造	421816	2467044	800397
通信终端设备制造	76790	1971086	395981
移动通信及终端设备制造	60506	1359460	757521
其他通信设备制造	111145	1177480	233682
（二）雷达工业行业	9122	155866	85771
雷达及配套设备件制造	9122	155866	85771
（三）广播电视设备工业行业	16735	111974	50315
广播电视设备及发射设备制造	5342	38918	21247
广播电视接收设备及器材制造	9041	65640	26995
应用电视设备及其他广播电视	2352	7416	2072
（四）电子计算机工业行业	262124	10918235	1273193
电子计算机整机制造	135130	5785562	551879
计算机网络设备制造	18000	525106	91901
电子计算机外部设备制造	86726	4428547	602001
计算器及货币专用设备制造	15075	153616	20945
（五）家用视听设备行业	384573	3792000	1800496
家用影视设备制造	355192	2855139	1550596
家用音响设备制造	29381	936861	249901
（六）电子器件工业行业	359057	3292671	790781
电光源制造	41040	247194	123812

主要经济指标汇总表（三）

计算单位：万元

流动资产平均余额	固定资产净值平均余额	资　产总　计	负　债合　计	亏损企业亏损额
18151834	4845724	30328801	16299956	251175
50951817	21553339	84069443	53200926	703475
3269780	1217764	5570202	3320695	36262
28003588	9461539	46850926	26949350	535305
48967756	19109153	81342244	48472317	613243
10710638	4125120	18699828	11595939	123128
26027591	9542250	43376361	26729035	437351
21810936	3838177	30621343	17714934	303213
2150677	380459	3090275	2055409	19587
7057806	1133829	10097095	5633131	67397
5398917	1337577	7774175	4062647	160013
4516004	399699	5665215	3875650	29594
2687531	586613	3994584	2088098	26623
861520	283364	1489121	1072690	6860
861520	283364	1489121	1072690	6860
409395	102961	624325	405105	8965
205539	27336	272731	218944	6731
184882	69637	314768	168071	2234
18974	5988	36826	18090	
19430038	4343173	28661031	20955846	115223
9142327	1266729	12900713	10467814	36956
1575588	398952	2217096	1426929	9778
8231712	2382995	12700473	8677606	65110
418039	239948	735707	349871	2996
11655065	2810692	17473690	10769180	47000
9796932	2289646	14677116	9058859	32984
1858134	521046	2796574	1710321	14016
9175022	8912520	22246732	12315350	260640
891064	529004	1724388	857654	6303

2003年电子信息产业制造业

	税　金 总　额	应　收 账款净额	产成品 存　货
电子真空器件制造	171370	1063301	220000
半导体分立器件制造	29471	395064	108260
集成电路制造	73708	940107	159725
光电子器件及其他电子器件	43469	647006	178984
（七）电子元件工业行业	411862	5334616	1312458
电力电子元器件制造	92941	897786	205499
电子元件及组件制造	277532	3693897	988186
印刷电路板制造	41390	742933	118773
（八）电子测量仪器工业行业	37206	337393	90213
环境监测专用仪器仪表制造	5126	27279	7789
导航、气象及海洋专用仪器制造	3807	68875	23680
农林牧渔专用仪器仪表制造	452	7600	
地质勘探和地震专用仪器制造	6555	59984	16368
核子及核辐射测量仪器制造	1269	5853	1889
电子测量仪器制造	12127	109699	26223
其他专用仪器制造	7871	58104	14263
（九）电子工业专用设备行业	91744	1051300	270884
电子工业专用设备制造	19003	144917	75533
其他电子设备制造	72741	906383	195351
（十）电子信息机电行业	220752	1980593	548100
微电机制造	50206	443835	127955
电线电缆制造	36279	293651	104375
光纤光缆制造	59092	691865	115398
电池制造	75177	551242	200372
（十一）其他电子信息行业	76916	487173	145078
信息化学品制造	51964	259538	81336
灯用电器附件制造	24953	227635	63742
五、按省、自治区、直辖市分列			
北京市	130352	1799213	378611
天津市	97371	1693506	234716
河北省	39463	172115	79141

主要经济指标汇总表（三）

计算单位：万元

流动资产平均余额	固定资产净值平均余额	资产总计	负债合计	亏损企业亏损额
3682389	3694140	8934651	4934856	36443
988747	991670	2386918	1410740	11834
2162558	2872178	6397497	3312822	136649
1450265	825528	2803279	1799278	69412
12243197	7322422	23534622	13121194	183988
1907127	592803	3146111	1818760	20440
8748200	5360392	17034356	9311141	135020
1587869	1369227	3354155	1991293	28528
1003255	377245	1657871	964442	16044
92823	28210	147906	79324	97
279212	153134	487093	265184	3340
26430	2518	52165	16463	
152433	41292	207392	158341	7009
24359	9194	47122	26763	2448
285185	85008	457934	286655	2071
142813	57890	258260	131713	1081
3045184	1056774	5078023	3001704	62449
557072	214146	1081835	704807	20065
2488112	842627	3996188	2296897	42384
4810811	2427516	8736687	4720406	158422
1019630	691788	1976867	1042564	12237
695578	313825	1199243	725756	92582
1598429	578096	2735493	1389445	20374
1497175	843807	2825084	1562642	33229
1261563	1301679	3294989	1756439	10919
759062	1090612	2433282	1241876	6451
502500	211068	861706	514563	4468
5803214	1404976	9605797	5123038	102398
3989355	1783056	6291030	3224792	64675
669042	535640	1406933	775490	8018

	税金总额	应收账款净额	产成品存货
山西省	2554	29892	16773
内蒙古区	22883	81423	7765
辽宁省	37607	732408	230149
吉林省	6178	66181	47962
黑龙江省	6780	270568	20023
上海市	285289	5063088	537783
江苏省	342083	6243708	995582
浙江省	282138	2193293	994374
安徽省	18875	152108	69233
福建省	97587	1666599	304975
江西省	9787	86180	34271
山东省	264136	1007931	447983
河南省	48754	490822	118533
湖北省	40254	526676	151362
湖南省	25949	183492	76527
广东省	630061	10776574	3214774
广西区	7915	76891	25862
海南省	278	6987	1193
四川省	89778	980534	522415
贵州省	10684	128615	41292
云南省	6397	43747	12328
重庆市	9166	105861	32713
陕西省	49210	353447	132185
甘肃省	14842	79996	31565
青海省	22	104	151
宁夏区	306	4634	3641
新疆区	229	1105	869
六、按单列市分列			
大连市	18605	387606	108649
宁波市	37165	190795	105300
厦门市	58572	518329	84491

主要经济指标汇总表（三）

计算单位：万元

流动资产平均余额	固定资产净值平均余额	资　产总　计	负　债合　计	亏损企业亏损额
153532	66368	308296	168987	6442
178117	23779	260888	69567	2104
2222515	967520	4108257	2415660	35777
313447	299860	801819	481855	27191
482170	165444	715586	526602	5252
9669260	4719577	18049074	11015589	262745
11957530	5269156	20904031	14547440	175693
6131062	1595140	9697389	5801055	102262
408482	193259	723977	447414	6637
4106827	1824525	6973285	4514879	29796
238066	129131	435002	272031	5635
3713767	1555513	6740704	3656771	30108
1642231	559384	2735487	1901227	23070
1462130	546450	2533605	1300081	13486
561854	597422	1453352	798518	6439
25958824	8458561	39915022	24068922	172456
197222	75173	343402	238692	3703
24064	15625	42812	23708	1150
3090850	836491	4612558	2528785	29578
338688	118398	641745	337965	4224
133992	41665	211827	106955	1538
263349	125285	494631	335448	5127
1638773	646938	2736341	1751053	40594
343328	197573	631311	333387	5323
396	275	837	393	
8871	21815	34989	26277	1011
5030	2526	8448	4713	1291
1308333	608197	2446180	1253940	4677
754155	249285	1438044	838307	981
2004206	542665	2782444	1986476	

	税金总额	应收账款净额	产成品存货
青岛市	199879	1012057	521265
深圳市	110607	3074547	528530
七、按单列集团分列			
中国电子信息产业集团(CEC)	46463	525921	179535
中国电子科技集团	955	12549	1526
中国普天信息产业集团	6913	1109742	430520
中国长城计算机集团公司	8964	306840	19211
天津电子信息集团公司	71222	557200	82563
长白计算机集团公司	1339	65956	17872
中国华录集团	1020	32202	1518
上海广电集团有限公司	45302	632491	101642
上海仪表控股公司	9620	136735	26272
上海航天工业总公司	1708	8036	3370
上海长江计算机集团公司	1004	18530	6205
南京熊猫集团	31262	746981	155768
深圳赛格电子工业集团	10866	48513	9036
中国振华电子集团公司	5932	67648	21063
彩虹集团	35520	46592	24688

主要经济指标汇总表（三）

计算单位：万元

流动资产平均余额	固定资产净值平均余额	资　产总　计	负　债合　计	亏损企业亏损额
3593372	1123952	5750060	3977093	21401
6105175	1407555	8844787	5651752	6684
1941476	834489	3818356	2196440	65857
180205	60084	423065	308416	
3358729	525908	5734906	2919181	
964578	251465	1707022	733136	8055
1315988	767370	2402772	1441752	71392
249172	43602	373893	292718	
224378	70691	363566	234655	
1880420	877071	3447717	1821654	8900
457997	262573	909060	354639	6665
30855	12395	58497	31677	2206
109971	13622	147623	93815	
1643322	139050	2005308	1731413	
270887	255263	616614	248078	
230212	95750	485708	249147	2486
442386	292207	836863	384742	

2003年电子信息产业制造业

	企业个数	综合经济效益指数	名次	总资产贡献率
总　　计	**10596**	**151**		**7**
一、按经济类型分列				
国有经济	860	98	7	4
集体经济	857	135	4	11
股份合作经济	494	147	2	14
股份制经济	1725	145	3	8
外商及港澳台投资经济	3987	170	1	8
其他经济	2673	130	5	11
国有控股企业	1564	131	6	5
二、按企业规模分列				
大型企业	824	183	1	7
中型企业	1017	141	2	7
小型企业	8755	131	3	8
三、按行业分列				
（一）通信设备工业行业	940	223		9
传输设备制造	174	139		5
交换设备制造	154	302		11
通信终端设备制造	197	177		3
移动通信及终端设备制造	58	363		10
其他通信设备制造	357	208		13
（二）雷达工业行业	52	115		4
雷达及配套设备件制造	52	115		4
（三）广播电视设备工业行业	140	101		7
广播电视设备及发射设备制造	22	55		3
广播电视接收设备及器材制造	100	116		8
应用电视设备及其他广播电视	18	205		22
（四）电子计算机工业行业	759	208		6
电子计算机整机制造	189	316		7
计算机网络设备制造	69	193		7
电子计算机外部设备制造	426	180		5
幻灯机及投影设备制造	12	238		21

综合经济效益指数

计算单位：%

资产保值增值率	资产负债率	流动资金周转率	成本费用利润率	全员劳动生产率（元/人）	产品产销率
113	**61**	**2**	**4**	**99462**	**98**
104	61	1	3	53072	98
102	54	3	4	52200	99
124	52	2	10	40824	96
111	54	1	6	89488	94
116	63	3	4	126502	99
129	60	2	6	41095	97
104	58	1	4	91677	96
106	60	2	4	157448	98
120	62	2	4	83462	100
129	62	2	5	57478	98
109	58	2	5	217999	95
105	67	1	5	103859	101
119	56	1	8	329971	89
94	52	2	1	174936	99
132	68	2	6	430357	96
109	52	2	10	152116	97
132	72	1	7	56674	98
132	72	1	7	56674	98
119	65	1	4	35998	97
107	80	1	-1	24261	94
123	53	2	4	39109	98
135	49	3	13	69859	98
117	73	3	3	197013	100
116	81	3	3	370970	99
110	64	2	5	172961	98
120	68	3	2	156488	100
84	31	3	10	160502	101

	企业个数	综合经济效益指数	名次	总资产贡献率
计算器及货币专用设备制造	63	116		6
（五）家用视听设备行业	628	157		7
家用影视设备制造	288	181		7
家用音响设备制造	340	125		7
（六）电子器件工业行业	1046	147		6
电光源制造	359	127		9
电子真空器件制造	112	190		8
半导体分立器件制造	210	141		7
集成电路制造	211	135		3
光电子器件及其他电子器件	154	156		6
（七）电子元件工业行业	2695	129		8
电力电子元器件制造	457	137		10
电子元件及组件制造	2033	127		7
印刷电路板制造	205	146		6
（八）电子测量仪器工业行业	268	118		7
环境监测专用仪器仪表制造	32	142		10
导航、气象及海洋专用仪器制造	33	84		3
农林牧渔专用仪器仪表制造	2	243		8
地质勘探和地震专用仪器制造	22	115		8
核子及核辐射测量仪器制造	5	-17		-2
电子测量仪器制造	98	139		9
其他专用仪器制造	76	124		9
（九）电子工业专用设备行业	631	146		8
电子工业专用设备制造	124	100		4
其他电子设备制造	507	157		9
（十）电子信息机电行业	2944	141		9
微电机制造	342	138		11
电线电缆制造	1998	144		9
光纤光缆制造	85	199		7
电池制造	519	145		10
（十一）其他电子信息行业	493	152		10

综合经济效益指数

计算单位：%

资产保值增值率	资产负债率	流动资金周转率	成本费用利润率	全员劳动生产率（元/人）	产品产销率
119	48	2	3	37341	137
107	62	2	3	115262	99
104	62	2	3	157715	99
124	61	3	3	47249	99
116	55	2	5	93182	97
114	50	2	7	41059	99
105	55	2	8	148311	97
116	59	2	7	71236	97
129	52	2	2	101389	96
131	64	3	3	109505	98
114	56	2	6	58358	97
116	58	1	7	59959	97
114	55	2	6	54229	98
117	59	2	5	92766	95
128	58	1	8	41316	97
115	54	1	9	63421	96
126	54	1	4	26082	99
352	32	1	18	131797	100
83	76	1	7	55150	99
89	57	0	-17	19703	86
152	63	1	10	47265	99
123	51	1	7	39356	95
126	59	1	7	80779	98
147	65	1	3	46008	96
122	57	1	8	90637	98
106	54	2	7	69319	97
114	53	2	6	49643	98
113	61	2	4	89357	98
91	51	1	6	182644	98
120	55	2	8	59987	95
127	53	2	10	53090	99

	企业个数	综合经济效益指数	名次	总资产贡献率
信息化学品制造	162	184		11
灯用电器附件制造	331	121		9
四、按省、自治区、直辖市分列				
北京市	400	166	8	8
天津市	392	208	3	6
河北省	273	168	7	9
山西省	48	69	27	2
内蒙古区	32	350	1	45
辽宁省	304	127	14	5
吉林省	52	62	28	1
黑龙江省	51	87	24	3
上海市	868	176	6	5
江苏省	1629	164	9	7
浙江省	1497	152	11	9
安徽省	213	126	15	10
福建省	379	250	2	11
江西省	81	93	23	6
山东省	544	177	5	11
河南省	204	122	16	7
湖北省	267	155	10	7
湖南省	165	136	13	7
广东省	2569	136	12	8
广西区	73	96	21	6
海南省	15	74	26	0
四川省	228	114	17	5
贵州省	48	105	19	4
云南省	34	107	18	6
重庆市	70	97	20	6
陕西省	104	96	22	5
甘肃省	38	75	25	4
青海省	3	186	4	4

综合经济效益指数

计算单位：%

资产保值增值率	资 产 负债率	流动资金周转率	成本费用利润率	全员劳动生产率（元/人）	产 品 产销率
132	51	2	14	78962	101
115	60	2	5	38341	97
114	53	2	5	121724	96
94	51	2	3	207395	99
100	55	1	10	107216	98
163	55	1	3		87
187	27	2	28	140481	98
110	59	2	4	75254	99
92	60	1	-4	54815	95
90	74	0	5	44556	95
115	61	2	3	152155	99
122	70	2	3	126715	98
125	60	2	6	89484	97
116	62	2	6	45187	95
119	65	2	7	228627	99
109	63	1	5	20344	97
106	54	3	4	122328	98
96	70	1	6	68912	97
93	51	1	7	109326	96
113	55	2	8	60433	100
117	60	2	4	68232	98
117	70	1	4	39829	98
151	55	1	-1	41635	98
103	55	1	4	68245	99
132	53	1	3	55097	91
150	50	1	4	43818	97
111	68	1	5	32741	100
105	64	1	4	43850	96
112	53	1	2	21959	100
1034	47	1	2		102

	企业个数	综合经济效益指数	名次	总资产贡献率
宁夏区	2	15.45	30	-1.16
新疆区	13	58.58	29	2.38
五、按单列市分列				
大连市	49	143.06	5	6.27
宁波市	61	163.13	4	10.71
厦门市	34	353.36	1	24.61
青岛市	132	197.63	2	9.24
深圳市	74	165.71	3	9.36
六、 按单列集团分列				
中国电子信息产业集团(CEC)	29	184.49	7	3.49
中国电子科技集团	7	97.97	12	2.85
中国普天信息产业集团	1	162.8	9	1.83
中国长城计算机集团公司	13	253.67	3	2.59
天津电子信息集团公司	257	182.68	8	11.44
长白计算机集团公司	1	126.41	11	1.36
中国华录集团	1	195.91	5	4.66
上海广电集团有限公司	33	254.24	2	7.4
上海仪表控股公司	56	130.63	10	6.1
上海航天工业总公司	5	59.68	15	0.16
上海长江计算机集团公司	1	61.84	14	1.12
南京熊猫集团	1	232.77	4	4.96
深圳赛格电子工业集团	6	282.04	1	9.02
中国振华集团公司	27	86.77	13	2.57
彩虹集团	1	190.62	6	12.07

综合经济效益指数

计算单位：%

资产保值增值率	资产负债率	流动资金周转率	成本费用利润率	全员劳动生产率（元/人）	产品产销率
91.83	75.1	0.78	-12.86	40409	105.19
105.87	55.78	0.78	-2.91	26787	111.25
91.58	51.26	2	5.23	89601	98.62
88.32	58.29	2.71	5.51	96689	97.47
107.43	71.39	2.94	11.07	330401	99.13
101.45	69.17	3.44	2.51	166127	99.54
69.17	63.9	2.86	4.14	116969	99.12
142.68	57.52	1.54	2.02	183301	96.21
100	72.9	0.71	9.27	25900	99.62
110.77	50.9	1.81	1.06	161498	95.06
505.74	42.95	1.27	2.21	222719	100.02
131.98	60	2.92	5.2	115659	97.21
114.41	78.29	1.47	0.96	116664	97.97
120.01	64.54	1.53	5.06	186222	99.7
102.55	52.84	2.03	4.92	268632	98.41
86.05	39.01	1.31	7.26	66975	109.61
103.86	54.15	1.11	-4.13	42897	89.86
123.48	63.55	0.68	0.03	19886	99.5
91.05	86.34	1.49	1.8	283594	102.54
80.65	40.23	0.88	21.61	229454	97
96.13	51.3	0.8	2.78	44549	86.89
117.51	45.97	1.77	8.23	129921	96.91

2003年电子信息产业主要产品

产　品　名　称	计量单位	企业个数	年　初库存量
通信设备制造			
通信传输设备制造			
一、通信发射机合计	部	1	
（三）短波自适应发射机	部	1	
二、通信接收机合计	部	2	305
（一）短波、单边带接收机	部	2	79
（三）数字接收机	部	2	226
三、微波通信设备合计	部	14	23925
（一）微波收发通信机	部	4	437
（二）微波终端机	部	2	14
（三）微波天线、馈线	套	4	248
（四）其他微波设备	部	5	23226
四、卫星应用产品合计	部	9	4161
（一）卫星通信地面站天线	部	5	1271
（五）卫星通信地面站终端机	部	2	2393
（七）卫星导航定位接收设备	部	1	497
（八）卫星气象接收设备	部	1	
（九）其他卫星地面站和天线	部	1	
六、通信导航定向设备合计	部	7	53
（二）航用通信导航定向设备	部	1	
（三）地面通信导航定向设备	部	5	52
（四）其他通信导航定向设备	部	2	1
七、载波通信设备合计	部	3	1305
（一）载波终端机	部	1	315
（二）载波增音机	部	1	6
（三）电力载波机	部	3	984
八、光通信设备合计		17	11634
（一）光缆终端机	部	12	6831
（四）WDM波分复用器	部	1	
（五）交叉联接设备	端	1	43
（六）其他设备	部	5	4803

生产量、销售量和库存量汇总表

本 年 生产量	本 年 销售量	企 业 自用量	年 末 库存量	本 年 出口量
441	441			
441	441			
2326	2384			
1187	1225			
1139	1159			
3227035	3192025			3032684
2793	2592			
1418	1420			
10073	10161			
3212751	3177852.7			3032684
287497	281318			37685
5706	4463			5
255628	250709			37680
1	307			
26000	25677			
162	162			
822	816			
6	6			
716	714			
100	96			
534	981			
	64			
534	917			
102304	100320	8	13610	1308
39246	37738	8	8331	
1846	1558		288	1300
74	89		28	
61212	61024		4991	8

2003年电子信息产业主要产品

产　品　名　称	计量单位	企业个数	年 初库存量
通信交换设备制造			
一、交换机合计	线	37	837117
（一）程控交换机（不含移动程控交换机）	线	33	829962
1. 局用机	线	17	208507
2. 用户机	线	15	68955
4. 其他	线	3	552500
（二）电报交换机	部	1	
（三）其他交换机	线	4	7115
二、用户接入设备合计	部	8	49874
（一）无线接入设备	部	3	14927
（二）电缆线接入设备	部	3	33304
（三）光纤接入设备	部	1	1020
（四）接入终端设备	部	2	623
通信终端设备制造			
一、收发合一中小型电台合计	部	15	4701
（一）短波电台	部	3	649
（二）超短波电台	部	3	101
（四）超短波跳频电台	部	5	866
（五）短波单边带电台	部	3	132
（六）其他收发合一电台	部	5	2953
二、电话单机合计	部	38	1856157
（一）普通电话机	部	19	1137275
（二）录音电话机	部	1	
（三）可视电话机	部	4	5231
（四）无绳电话机	部	14	543210
（五）插卡电话机	部	3	12072
（七）特种电话机（含保密、井下电话机）	部	1	1402
（八）其他电话机	部	7	156967
三、数据通信设备合计	部	11	41363
四、通信电子对抗设备合计	部	1	190
（三）通信干扰设备	部	1	190

生产量、销售量和库存量汇总表

本年 生产量	本年 销售量	企业 自用量	年末 库存量	本年 出口量
72193978	72051842		979213	8414517
58070012	57929432		970542	936717
19696402	19746418		162019	936081
2353029	2313261		108723	636
14775152	14627852		699800	
24000	21000		3000	
14099966	14101410		5671	7477800
13501828	13513456		31742	277858
13315871	13310564		13730	244272
161387	182111		12580	33586
14950	13820		2150	
9620	6961		3282	
14322	13646		5314	
2996	2750		832	
4412	4139		374	
3445	3286		1025	
1394	1327		199	
2075	2144		2884	
129358963	130652552	7953	1602654	41013892
86836241	86896878	7953	980727	12004550
122	122			
50104	54229		1048	3063
28576227	28519605		528685	27825258
106083	103500		14655	
1331	2131		602	
7511468	7589393		76937	1181021
1864028	1855028	5187	60998	1103000
300	308		182	
300	308		182	

2003年电子信息产业主要产品

产　品　名　称	计量单位	企业个数	年初库存量
五、通信导航车辆合计	辆	6	4
（一）无线通信车	辆	6	4
（二）有线通信车	辆	2	
（三）通信对抗车	辆	2	
六、通信配套产品		17	53334
（一）一次电源设备	部	8	748
（二）二次电源设备	部	2	26
（三）网管、计费、监控设备	部	2	0
（五）微波配套设备	部	1	38
（六）电话配套设备	部	2	1038
（七）载波配套设备	部	1	60
（八）配线设备	部	5	51424
移动通信设备制造			
一、数字蜂窝无线电话系统设备		19	
（一）基站设备	信道	7	165272
（二）基站天线	套	3	36675
（三）直放站设备	部	10	1392
三、集群移动通信系统设备		5	
（一）基站设备	信道	5	1842
四、中小自动无线电电话系统设备		2	171362
（二）其他设备	部	2	171362
移动通信终端设备			
一、移动通信终端	部	43	3060707.7
（一）GSM手机	部	37	2929926.7
（二）CDMA手机	部	17	130781
二、其他移动通信终端	部	11	198772
（二）对讲机	部	7	36019
（三）无线寻呼机	部	2	162753
（四）小灵通	部	3	0
通信设备修理其他通信设备制造			
一、其他通信配套设备		7	55807

生产量、销售量和库存量汇总表

本 年 生产量	本 年 销售量	企 业 自用量	年 末 库存量	本 年 出口量
1154	998		160	
1035	917		122	
15	15			
104	66		38	
7432649	6808021		677962	
12121	12018		851	
5975	5977		24	
20650	20540		110	
650	660		28	
6970376	6376045		595369	
1750	1606		204	
421127	391175		81376	
3026427	3070607	13758	107302	1771540
955110	964716		27069	14639
26896	26610		1650	
22190	20249		3783	
123887	273526		21723	
123887	273526		21723	
186440000	183210000	218083	5069891	89380900
163334300	160559900	217993	4522259	77128300
23107000	22657400	90	547632	12252600
17511631	17157650		552752	2446113
3057149	3025417		67751	2446113
4025	5316		161461	
14450457	14126917		323540	
279615	255458	55	79909	

2003年电子信息产业主要产品

产　品　名　称	计量单位	企业个数	年　初库存量
（一）通信用调制解调器	部	5	6258
（二）通信用配线分线设备	部	3	49549
广播电视设备制造			
广播电视制作、发射、传输设备			
一、音频节目制作和播控设备	部	1	
（一）广播专用录音、放音设备	部	1	
二、视听节目制作及播控设备		4	139
（一）电视录制和播出中心设备	部	1	
（四）录像编辑设备	部	1	75
（五）广播电视摄录设备	部	2	
（七）视频信息处理设备	部	1	64
三、广播发射设备合计	部	12	306
（一）短波发射机	部	3	1
（二）中波发射机	部	6	73
（三）调频发射机	部	11	212
（四）数字声广播发射机	部	2	20
四、电视发射及差转设备	部	5	200
（一）电视发射机	部	5	77
（二）电视差转机	部	1	123
（四）电视发射、差转配套设备	部	1	
六、有线电视网络传输设备	部	5	36707
（一）有线电视前端设备	部	3	23380
（二）光缆传输设备	部	2	2684
（三）电缆传输设备	部	3	10643
广播电视接收设备及器材制造			
一、电视接收设备	部	2	481
（二）视像监视机	部	2	481
二、广播接收设备	部	3	
（一）广播接收设备	部	3	
三、卫星广播电视接收设备	部	23	103437
（一）卫星广播电视接收设备	部	8	9188

生产量、销售量和库存量汇总表

本 年 生产量	本 年 销售量	企 业 自用量	年 末 库存量	本 年 出口量
83887	73925	0	16220	
195728	181533	55	63689	
77	77			
77	77			
24954	24953		140	56
18	18			
522	557		40	
19456	19456			
4958	4922		100	56
1337	1210	11	422	4
35	35		1	4
360	297		136	
879	823	11	257	
63	55		28	
1309	1238	7	264	
875	812	7	133	
166	158		131	
268	268		0	
161861	160817		30620	
142471	143433		16042	
2968	2332		2565	
16422	15052		12013	
37435	36886	308	722	5544
37435	36886	308	722	5544
116	116			
116	116			
3990109	4003515	311	80502	1623113
1348365	1331862	4	16954	1084013

2003年电子信息产业主要产品

产　品　名　称	计量单位	企业个数	年 初库存量
（二）卫星广播电视接收天线	部	12	32500
（三）卫星广播电视接收高频头	部	3	41643
（四）卫星广播电视接收一体机	部	2	20106
四、有线电视接收设备	部	2	65674
（一）用户终端设备	部	1	618
（三）有线电视配套设备	部	1	65056
五、专业录音、录像及重放设备	部	1	
（四）语音语言实验室设备	部	1	
七、广播电视接收设备配件及附件	部	11	800862
（一）音频电子放大器	部	2	1409
（三）磁头	部	2	
（五）麦克风	部	1	6485
（八）其他附件	部	3	13475
（十二）混合器	部	1	1859
（十三）分配器	部	5	182420
（十四）分支器	部	3	470195
（十五）用户盒	部	3	125019
应用电视设备及其他广播电视设备制造			
一、应用电视设备	部	6	33209
（一）通用应用电视设备	部	3	28813
（二）特殊环境应用电视监视设备	部	2	1232
（三）特殊功能应用电视设备	部	1	3164
二、其他广播电视设备	部	4	170
（四）电子显示屏	部	3	19
（五）触摸屏	部	1	151
电子计算机制造			
电子计算机整机制造			
一、大中小计算机工作站合计	台	4	4329
（二）小型计算机　（注二）	台	3	4324
（三）工作站	台	1	5
二、微型计算机及网络设备合计	台	56	400579

生产量、销售量和库存量汇总表

本 年 生产量	本 年 销售量	企 业 自用量	年 末 库存量	本 年 出口量
1049650	1043109	23	38533	10004
792094	824185		9552	353537
800000	804359	284	15463	175559
128695	105864		78386	
428	457		589	
128267	105407		77797	
104	104			
104	104			
2928581	2865765		851645	1584333
132624	129316		4717	103865
5015	5015			3429
93940	92953		7472	78794
920240	886985		46730	814084
1478	756		2363	
613936	605653		190203	55595
273216	316918		425273	
888132	828169		174887	528566
333464	338608		28065	6374
288997	294805		23005	6374
1306	1978		560	
43161	41825		4500	
5968	5811		327	
619	620		18	
5349	5191		309	
120693	119723		5299	1676152
120579	119615		5288	1676152
114	108		11	
32300091	31832608	4366	863690	20505803

2003年电子信息产业主要产品

产品名称	计量单位	企业个数	年初库存量
（一）台式微机	台	40	132741
1. 商用微机	台	21	104960
2. 家用微机	台	23	27781.1
（二）服务器	台	2	362
（三）工业控制机	台	3	50
（四）便携式微型计算机小计	台	19	267426
1. 笔记本电脑	台	18	258801
2. 掌上型电脑	台	2	8625
（五）学习机	台	1	
计算机网络设备制造业			
一、网络控制设备	部	1	36
（三）终端控制器	部	1	36
二、网络接口和适配器		2	12863
（四）以太网络交换器	部	2	12863
三、网络连接设备		5	19546
（二）调制解调器	部	5	17392
（五）防火墙（不含纯软件防火墙）	部	1	2154
电子计算机外部设备制造			
一、终端显示设备	台	44	987774
（一）字符汉字终端	台	2	36158
（二）图形图像终端	台	3	5687
（三）显示器	台	40	945929
1. 单色显示器（CRT）（含应用电视用）	台	1	629
2. 彩色显示器（CRT）（含应用电视用）	台	27	403826
3. 平板显示器（含液晶、PDP等）	台	16	541474
二、输入设备	台	20	33965
（三）扫描仪	台	2	8644
（四）鼠标器	个	3	
（五）键盘	个	6	1966
（六）IC卡读写机具	台	4	1397
（七）数码照相机	台	7	20606

生产量、销售量和库存量汇总表

本 年 生产量	本 年 销售量	企 业 自用量	年 末 库存量	本 年 出口量
18830418	18716039	3486	243634	8176961
10848725	10748919	1583	203183	3372676
7985105	7932439	1903	51439.3	4804285
139215	138901	23	653	
866	883	1	32	
13329592	12976785	856	441815	12328842
12874244	12528911	856	425716	11881367
455348	447874		16099	447475
599	599			
220	228		28	
220	228		28	
26292	22644	15	15558	
26292	22644	15	15558	
350045	357680	6	10313	
343986	352352		7617	
6059	5328	6	2696	
72296203.06	72283140.84	14624	933740	22398911
324668	339297	32	21423	
18833	17851	13	6656	
73260000	73730000	14579	461350	22398911
2992	2992		629	
51525961	51292782	768	329236	6946703
21730749	21630218	13811	175796	15452208
12242799	12196687		78300	2904576
258826	265425		2045	
361910	361910			1910
8680428	8657820		24574	105314
17671	17913		1155	
2897198	2872676		43351	2797351

2003年电子信息产业主要产品

产 品 名 称	计量单位	企业个数	年 初 库存量
（八）磁卡读写器	台	2	1352
三、输出设备	台	18	83575
（一）打印设备	台	17	66675
1. 针式打印机	台	9	26551
（1）通用针式打印机	台	3	16671
（2）票据打印机	台	4	9584
（3）行式打印机	台	2	296
2. 激光打印机	台	5	33041
3. 喷墨打印机	台	2	1849
4. 多功能打印机	台	1	6234
（三）图形图像输出设备	台	1	16900
四、外存储设备	台	13	1398739
（一）软盘驱动器	台	6	674498
1. 普通软盘驱动器	台	4	618095
3. 电子盘		2	56403
（二）硬盘驱动器	台	1	
1. 硬盘驱动器	台	1	
（三）光盘驱动器	台	7	724241
1. 只读光盘驱动器（CD-ROM）	台	3	361643
2. DVD驱动器（DVD-ROM）	台	5	100765
3. 可擦写DVD驱动器（DVD-RW）	台	2	208522
6. 其他光盘驱动器	台	2	53311
五、数字化信息产品	台	4	10433
（三）其他	台	4	10433
电子计算机配套产品及耗材制造			
一、微机板卡	块	8	193027
（一）微机主机卡	块	6	77919
（四）显卡	块	1	16452
（五）网卡	块	2	18616
（六）其他功能卡和接口卡	块	2	80040
二、电源	部	14	1887622

生产量、销售量和库存量汇总表

本年 生产量	本年 销售量	企业 自用量	年末 库存量	本年 出口量
26765	20942		7175	
17259200	17209500	30	133213	8663197
17168000	17135000	30	99613	8663197
803414	802608		27326	205910
296294	297536		15398	12410
264659	263264		10979	193500
242461	241808		949	
1974672	1996647	30	11036	457287
1586048	1584615		3282	
112483	112492		6225	
91200	74500		33600	
53321344	53535097		1184877	50935078
7081325	7107204		648619	5684725
5673967	5651052		641010	5649682
1407358	1456152		7609	35043
255319	236698		18512	235246
255319	236698		18512	235246
45984700	46191195		517746	45015107
20991777	21217622		135798	21002823
11125994	11072654		154105	10814006
11850784	11874939		184367	11172298
2016145	2025980		43476	2025980
38352	29829		18956	
38352	29829		18956	
51375897	50468227	19	1100663	48121725
49211897	48330955	10	958843	46717984
275638	274576	9	17498	262460
1186962	1141281		64297	1141281
701400	721415		60025	
7404967	7390057		1902532	1709091

2003年电子信息产业主要产品

产 品 名 称	计量单位	企业个数	年初库存量
（一）开关电源	部	8	1865071
（二）UPS电源	部	7	22551
三、其他配套产品及耗材		26	
（二）软盘	万片	8	2427.29
（三）光盘	万片	9	2964.18
（四）打印头	万只	2	3.58
（五）墨盒	万片	2	103.44
（六）磁卡	万只	2	1538
（七）IC卡	万片	5	199.86
电子计算机应用产品制造			
一、电子出版系统	部	3	238
（一）精密照排系统	部	3	238
（二）轻印刷系统	部	1	
二、计算机辅助教学系统	部	2	60
三、计算器	部	7	11914080
四、金融、商业、税务电子应用产品	部	11	23554
（一）点钞机	部	5	13100
（四）自动柜员机（ATM）	部	2	66
（五）银行自助服务终端	部	1	
（六）POS机	部	1	
（九）其他金融应用产品	部	3	10388
五、其他应用产品	部	11	140847
（二）汽车视频设备	部	2	
（四）其他计算机应用产品	部	9	140847
家用视听设备制造			
电视机制造			
一、电视机合计	台	59	3642134
（一）彩色电视机小计	台	50	3378366
1. 37cm	台	26	504491
2. 44cm	台	5	1557
5. 51cm	台	13	167883

生产量、销售量和库存量汇总表

本年 生产量	本年 销售量	企业 自用量	年末 库存量	本年 出口量
6956187	6931770		1889488	1287421
448780	458287		13044	421670
27116.08	27768.9	11	1763.47	18502
139895.91	139501.32		2863.61	108493
140.66	142.13		2.11	112
2967.95	2941.82	0.5	128.57	2933
27325	27272	173	1418	4372
1704.59	1716.04	63	110.96	51
4929	4830		337	
4781	4682		337	
148	148			
90	91		59	
170581050	160738049		21757081	127816000
69562	71067	54	21989	5109
22855	24418	10	11523	80
5243	5291		18	
1573	1573			
13547	13547			529
26344	26238	44	10448	4500
1576787	1572509	2112	143013	1391021
3970	3010		960	
1572817	1569499	2112	142053	1391021
69225125	68874998	9142	3937359	24768800
65214673	65001000	8280	3639792	22772000
5711371	6018500	25	198413	3576276
160324	161745		136	14801
1866258	1672820	355	338802	1247894

2003年电子信息产业主要产品

产品名称	计量单位	企业个数	年初库存量
6. 54cm	台	42	1105684
7. 56cm	台	7	320903
8. 64cm	台	39	941856
9. 74cm	台	33	1035822
10. 74cm以上	台	26	499164
（二）投影电视接收机	台	12	130835
1. 背投式投影电视机	台	12	130835
（三）PDP电视机	台	10	2714
（四）黑白电视机小计	台	12	120244
1. 11cm	台	1	63600
2. 14cm	台	3	10274
3. 31cm	台	3	2811
4. 35cm	台	7	29439
5. 44cm	台	8	6770
6. 44cm以上	台	1	7350
（五）LCD电视机	台	8	9975
摄、录像、激光视盘机制造			
一、录像机合计	部	7	68691
（一）录放像机	部	5	52208
（二）放像机	部	2	15909
（三）家用摄录一体机	部	5	574
二、收录放机小计	台	110	157224
（一）袖珍机（不含单放机）	台	90	
（二）收录放机（含单放机）	台	99	157224
三、数字激光音、视盘机	台	22	677001
（一）VCD视盘播放机	台	7	98888
（二）VCD视盘录放机	台	1	24456
（四）DVD视盘播放机	台	21	553657
家用音响电子设备制造			
一、家用音响		27	1259620
（一）收音机小计	台	9	654098

生产量、销售量和库存量汇总表

本年 生产量	本年 销售量	企业 自用量	年末 库存量	本年 出口量
22957298	22957298	627	1149810	7056174
6512174	6366801	1356	464900	2760814
11243661	11377995	2845	804677	1249896
12320262	12292801	3069	1060215	2598972
2829870	2906376	3	422901	483144
803389	746542	714	183540	49477
803389	746542	714	183540	49477
111851	95238	135	19186	32315
2794782	2841638	1	73385	1996800
517994	571994		9600	571994
648493	643079		15688	640491
132355	127964		7202	125914
718681	719851	1	28266	540992
79634	80904		5500	29782
697625	697846		7129	87670
202103	190580	12	21456	92898
5404458	5386583		86558	5028535
3522774	3505204		69770	3465958
622876	634858		3927	634838
1258808	1246521		12861	927739
61127310	60176000		1108500	13234803
30802538	30794769		7769	787293
13278221	13234171		187936	12447510
70728000	68813000	3937	2586485	52843927
31502075	31249865		350870	21099055
125343	123734		26065	65401
39213392	37539401	3937	2317648	31679471
24659030	24904097		1075922	21966047
4649578	4911397		392171	4053945

2003年电子信息产业主要产品

产　品　名　称	计量单位	企业个数	年 初库存量
1. 袖珍机	台	5	426603
2. 其他	台	5	227495
（二）组合音响	台	16	527543
（三）MP3	台	4	3429
（四）CD机	台	2	5320
（五）功率放大器	台	4	69230
二、汽车电子音响设备	台	23	1386658
三、家用电子电器主要配套件		70	
（一）调谐器小计	万只	11	214.59
1. 电子调谐器	万只	11	203.79
2. 机械调谐器	万只	2	10.8
（二）行输出变压器	万只	3	79.1
（三）偏转线圈	万付	6	413.52
（四）录音录像机芯	万只	12	82.43
1. 录音机芯	万只	5	11.21
2. 录像机芯	万只	1	
3. ＣＤ机芯	万只	2	
4. VCD, DVD机芯	万只	6	71.22
（五）磁头	万只	13	1762.64
1. 录音磁头	万只	7	1660
2. 录像磁头	万只	6	95.3
3. 硬盘驱动器磁头	万只	1	1.3
6. 其他磁头	万只	2	6.04
（六）光学头	万只	10	35425.31
2. 放像光头	万只	4	37.98
3. ROM光头	万只	3	6.5
4. 刻录光头	万只	1	11
5. 其他	万只	3	35369.83
（七）天线小计	万副	4	276.3
1. 拉杆天线	万副	3	252.3
3. 其他	万副	2	24

生产量、销售量和库存量汇总表

本年生产量	本年销售量	企业自用量	年末库存量	本年出口量
2929087	3032458		323124	2175456
1720491	1878939		69047	1878489
18527984	18521189		594002	16679373
377747	346963		34213	185076
339258	332579		11999	322442
764463	791969		43537	725211
32313690	32699053	2196	987433	28610086
7483.38	7481.4		201.57	4047
7300.88	7299.5		190.17	4026
182.5	181.9		11.4	20
1137.57	1115.57		100.2	489
5643.92	5484.56		572.88	3134
9199.64	9171.77	6.52	103.78	8191
2087.74	2084.81	4.21	9.93	1958
266.48	257.38		9.1	257
2805	2805			2805
4040.42	4024.58	2.31	84.75	3171
15944.43	16108.89	62	1647.38	14521
8248.13	8315.03		1593.1	6805
6178.98	6278.28		46	6276
574.32	572.58		2.24	573
943	943	62	6.04	868
123718.5	114679.68	515.78	43948.35	85992
12360.41	11831.49	515.5	51.4	11831
4819.84	4823.23		3.11	4823
673	664		20	600
105865.25	97360.96	0.28	43873.84	68737
7454.5	7389.8		341	6263
6211.5	6148.8		315	6089
1243	1241		26	174

2003年电子信息产业主要产品

产品名称	计量单位	企业个数	年初库存量
（八）磁带小计	万米	7	45663.58
1. 录音磁带	万米	6	1182.7
2. 录像磁带	万米	4	44480.88
（九）音像片小计	万片	10	635.68
1. 激光唱盘（CD）	万片	7	170.68
2. 激光视盘（VCD）	万片	5	450
3. 激光视盘（DVD）	万片	3	2
4. 其他	万片	2	13
（十）录音录像磁鼓	万只	3	3
（十一）VCD, DVD开关电源	万只	1	30
（十二）电视接收机机顶盒		5	8320
1. 有线电视机顶盒	部	4	4414
3. 卫星广播机顶盒	部	1	3906
其他家用电子电器制造			
一、其他家用电子电器合计		66	13705
（一）电子琴	万台	1	6.7
（二）电子游戏机	万台	1	
（三）洗衣机	万台	10	33.2
（四）电冰箱	万台	13	46.44
（五）空调器	万台	14	1518.14
（六）电风扇	万台	4	15.05
（七）微波炉	万台	5	9.57
（八）电磁灶	万台	2	0.93
（九）电子钟表	万台	5	8924
（十）其他	万台	33	3150.97
电子测量仪器制造			
电子测量仪器制造			
一、频率测量仪器合计	台	3	338
（三）计数器	台	2	331
（五）时间测量仪器	台	1	
（七）频率标准	台	1	7

生产量、销售量和库存量汇总表

本年生产量	本年销售量	企业自用量	年末库存量	本年出口量
1039228.86	1009374.67		75420.17	985030
2130.86	2178.67		1037.29	549
1037098	1007196		74382.88	984481
26086.65	24552.83		2169.5	112448
13776.43	12798.62		1148.49	314
8740.22	8444.21		746.01	112134
1277	1025		254	
2293	2285		21	
828	842		4	2791
352	176	176	30	
491584	457993		41911	310564
352038	322490		33962	310564
139546	135503		7949	
76144.69	68806.68	667.03	21033.37	113731
110.71	111.57		5.84	111
421	421			48
702.46	710.41	0.21	25.32	133
908.92	909.67	0.13	43.1	225
1196.2	1184.88	0.02	1527.58	430
379.8	378.93	0.36	14.56	297
1311.77	1309.26	0.16	11.92	1104
5.23	3.99		2.17	
60652	53231		16345	36712
10456.6	10545.97	666.15	3057.88	74671
491	581			53
381	473			53
103	98			
7	10			

2003年电子信息产业主要产品

产 品 名 称	计量单位	企业个数	年初库存量
二、电压测量仪器合计	台	17	45188
（一）直流数字电压表	台	3	169
（二）数字多用表	台	9	27413
（三）电压电源标准装置	台	2	10008
（四）模拟式电压表	台	1	1676
（五）数字面板表	台	1	4630
（六）其他	台	2	1292
三、示波器	台	7	5195
（一）数字读出及数字存储示波器	台	1	17
（二）通用示波器	台	7	5005
（三）取样、存储、记忆示波器	台	1	153
（五）专用示波器	台	1	20
五、元件参数测量仪器合计	台	5	1207
七、扫描、频谱波形分析仪器	台	8	966
（一）扫频仪	台	4	260
（二）频谱分析仪	台	2	43
（三）失真度测量仪	台	4	557
（四）频偏调制度测量仪	台	1	106
八、微波测量仪器合计	台	5	119835
（一）网络特性测试仪及网络分析	台	1	
（五）其他微波仪器	台	2	5592
（六）微波测量仪器部件小计	件	4	114243
2. 微波滤波器	件	1	101019
3. 波导	件	2	2894
4. 其他微波元件	件	1	10330
九、通信测量仪器合计	台	4	3587
（一）载波通信测量仪	台	1	99
（三）模拟数字移动通信基台移动台	台	3	3488
十、广播电视测量仪器合计	台	1	475
十一、超低频测量仪器合计	台	3	511
（一）超低频信号分析仪	台	1	9

生产量、销售量和库存量汇总表

本年 生产量	本年 销售量	企业 自用量	年末 库存量	本年 出口量
1828763	1831231			1125974
57	48			
1256930	1266513			1125974
438600	430008			
3960	3635			
78851	80181			
50365	50846			
17648	16582			2170
0	3			
17442	16340			2170
67	85			
139	154			
1164	1115			
1436	1418			
310	352			
116	141			
816	794			
194	131			
14186300	14181472			
50	37			
47585	46893			
14138665	14134542			
14105136	14105136			
27633	22159			
5896	7247			
10521	8468			
167	178			
10354	8290			
10085	10379			4980
895	930			
	2			

2003年电子信息产业主要产品

产品名称	计量单位	企业个数	年初库存量
（二）频响分析仪	台	1	23
（三）超低频信号源	台	1	108
（四）电压表	台	1	104
（五）滤波器、放大器	台	3	169
（七）其他	台	1	98
十二、声学测量仪器合计	台	4	6708
（一）电源、声震信号发生器	台	1	49
（二）声级计	台	2	5247
（三）倍频滤波器	台	1	117
（六）声振校准装置	台	1	140
（八）其他声学仪器	台	3	1155
十三、干扰场强测量仪合计	台	3	564
（一）干扰场强测量仪	台	1	9
（三）其他测量仪器	台	2	555
十四、稳压电源合计	台	28	82380
（一）直流稳压电源	台	13	39755
（二）交流稳压电源	台	10	14366
（三）稳流稳压电源	台	7	19377
（七）逆变电源	台	5	3717
（八）激光电源	台	1	40
（十）其他电源	台	4	5125
十五、记录显示仪合计	台	3	636
（一）记录仪	台	2	594
（二）显示仪	台	2	42
十六、信号源合计	台	11	5740
（一）低频信号发生器	台	4	2263
（二）高频信号发生器	台	2	387
（四）微波信号发生器	台	1	1834
（五）功率信号发生器	台	1	28
（七）频率合成器合成发生器	台	2	670
（八）功率放大器	台	1	500

生产量、销售量和库存量汇总表

本年生产量	本年销售量	企业自用量	年末库存量	本年出口量
69	28			
80	31			
18	34			
626	744			
102	91		110	
10474	10082		7100	
			49	
7030	6877		5400	
579	563		133	
486	501		125	
2379	2141		1393	
22557	22607		514	
			9	
22557	22607		505	
1450842	1457884		71602	1073240
286139	303290		22071	187716
77167	77980		10350	39519
660331	651034		28674	488900
394229	391710		6236	357100
900	896		44	
32076	32974		4227	5
5620	5329	202	725	
5098	4982		710	
522	347	202	15	
26391	26915	3	5209	19348
5352	5362		2249	948
550	723	1	213	
174	310		1698	
700	705	2	21	
1308	1117		861	
18000	18400		100	18400

2003年电子信息产业主要产品

产　品　名　称	计量单位	企业个数	年初库存量
（九）数字信号发生器	台	1	11
（十）其他	台	2	47
十八、其他测量仪器合计	台	5	4768
（二）击穿装置	台	1	503
（九）原子射线仪器	台	3	4265
（十）气象仪器	台	1	
医疗电子设备及器械制造			
一、医用电子仪器设备合计	台	7	24003
（一）心、脑、肌、眼仪器设备小计	台	1	41
（三）监护仪器	台	1	111
（五）治疗急救装置	台	2	3513
（六）血液测定仪器	台	1	10
（八）电子体温、压力测量装置	台	2	20328
二、医用超声仪器小计	台	7	6528
（一）超声诊断仪器	台	4	843
（二）超声治疗仪器	台	3	5685
四、医用生化分析仪器小计	台	4	498
（二）生化分析仪器	台	4	498
五、医用高频微波射线核素仪器	台	1	
（三）医用射线诊断、治疗仪器	台	1	
六、中医用仪器小计	台	2	4550
（二）各种电疗磁疗光疗针麻仪器	台	2	4550
七、其他医疗电子仪器小计	台	9	50781
（一）医用光学仪器	台	2	1107
（三）其他	台	7	49674
应用电子仪器制造			
一、农业电子应用仪器小计	台	1	44
（四）牧副渔业仪器	台	1	44
二、工交电子应用仪器合计	台	30	17630
（一）轻纺工业电子应用仪器	台	2	605
（二）煤碳工业电子应用仪器	台	1	

生产量、销售量和库存量汇总表

本年生产量	本年销售量	企业自用量	年末库存量	本年出口量
			11	
307	298		56	
121571	122048		4291	
773	789		487	
9826	10287		3804	
110972	110972			
471819	492466		3356	476580
124	74		91	
95	163		43	
6060	6396		3177	
200	200		10	
465340	485633		35	476580
25443	26074	1	5896	14904
1914	1940	1	816	18
23529	24134		5080	14886
3706	3709		495	
3706	3709		495	
120	120			
120	120			
44450	46222		2778	
44450	46222		2778	
993030	993116		50693	413394
1335	1560		880	1194
991695	991556		49813	412200
108	118		34	
108	118		34	
343432	338395	-83	22741	795
3597	3355	-83	930	1
735	735			

2003年电子信息产业主要产品

产　品　名　称	计量单位	企业个数	年　初库存量
（三）石化工业电子应用仪器	台	4	109
（四）水电工业电子应用仪器	台	16	14615
（六）气体工业电子应用仪器	台	3	44
（七）矿山电子应用仪器	台	1	11
（八）交通运输电子应用仪器	台	5	2246
三、文教电子应用仪器	台	6	29514
四、其他仪器合计	台	16	16975
五、电子电表合计	万只	7	1018.42
（一）直流电流电压表	万只	2	0.1
（四）功率表	万只	5	1018.32
六、电子专用电表		17	829.04
（一）特殊用途电表	万只	1	0.92
（二）IC卡智能电表	万只	9	759.19
（三）IC卡智能水表	万只	2	60.06
（四）IC卡智能煤气表	万只	4	3.37
（五）IC卡智能热能表	万只	1	
（六）其他	万只	3	5.5
电子工业专用设备制造			
电子工业专用设备制造			
一、半导体器件和集成电路专用设备合计	台	13	2343
（一）半导体材料制备、外延和化学机械抛光	台	3	404
（二）爆光、刻蚀和匀胶显影设备	台	2	1
（四）化学、物理气象淀积和镀铜设备	台	1	1
（五）后序组装和封装生产设备	台	1	1
（六）在线工艺检测设备	台	1	
（七）中间和成品测试设备	台	2	92
（八）其他	台	7	1844
二、电真空器件专用设备合计	台	7	78032
（二）电光源生产设备	台	4	487
（五）显像管及电子枪生产设备	台	3	11
（六）其他	台	3	77534

生产量、销售量和库存量汇总表

本年 生产量	本年 销售量	企业 自用量	年末 库存量	本年 出口量
1202	938		373	2
221055	219969		15701	781
68	75		37	1
226	161		76	
116549	113162		5624	10
454810	415335		68989	115215
405798	399677	119	22977	10000
96.79	102.64		25.1	
38.39	37.88		0.61	
58.4	64.76		24.49	
6958.58	5240.91		2546.74	212
18.61	18.4		1.13	
4661.92	4241.67		1179.4	152
2096.3	802.2		1354.16	
21.42	22.01		2.85	
20.33	20.33			20
140	136.3		9.2	40
122565	121819		3089	114757
1149	1257		296	55
15	15		1	
26	26		1	
9	9		1	
1677	1677		0	
114	125		81	
119575	118710		2709	114702
11583111	11583005		78138	6174531
425	394		518	1
15	16		10	
11582671	11582595		77610	6174530

2003年电子信息产业主要产品

产　品　名　称	计量单位	企业个数	年初库存量
三、电子元件专用设备合计	台	12	679
（一）电阻、电位器生产设备	台	3	6
（二）电容器生产设备	台	3	148
（三）陶瓷元件生产设备	台	3	1
（四）磁性材料及元件生产设备	台	2	
（五）印制电路板生产设备	台	1	16
（六）线缆生产设备	台	2	127
（七）敏感元器件及传感器生产设备	台	2	57
（九）绿色电池生产设备	台	1	145
（十）其他	台	3	179
四、例行试验和可靠性试验设备	台	6	451
（一）力学环境试验设备	台	2	133
（二）气候环境试验设备	台	2	255
（三）可靠性试验设备	台	2	63
五、水、气净化设备合计	台	6	287
（一）空气净化设备	台	4	280
（二）空气过滤器	台	2	
（六）其他	台	1	7
六、电子整机装联设备合计	台	5	243
（三）装配生产线	台	2	81
（六）其他	台	3	162
七、电子通用设备合计	台	34	14112
（一）真空获得设备	台	2	7363
（二）超声波设备	台	1	53
（三）精密焊接设备	台	4	1009
（五）空调设备	台	4	1871
（六）塑料加工设备	台	1	293
（七）电加工设备	台	2	91
（八）压力加工设备	台	1	3
（九）精密电子丝网印刷设备	台	1	17
（十二）其他	台	20	3412

生产量、销售量和库存量汇总表

本 年 生产量	本 年 销售量	企 业 自用量	年 末 库存量	本 年 出口量
1405	1247		837	0
9	7		8	
255	202		201	
20	20		1	
345	345			
53	59		10	
179	190		116	
58	58		57	
254	159		240	
232	207		204	
12310	11999	33	729	640
88	101		120	
12021	11687	33	556	640
201	211		53	
1655	1136		363	
866	352		351	
774	774		0	
15	10		12	
936	911		268	5
399	379		101	
537	532		167	5
84448	80067	508	17828	3539
23282	20231		10414	
1562	1540		75	341
9324	9062		1271	3158
12407	12689	14	1418	
203	194		302	17
360	345		106	9
	0		3	
29	27		19	
37281	35979	494	4220	14

2003年电子信息产业主要产品

产品名称	计量单位	企业个数	年初库存量
电子工业模具及齿轮制造			
一、电子工业模具及齿轮合计		25	
（一）模具	副	20	997
（二）模架	套	4	20301
（三）模具标准件	件	1	2825
（五）电动工具	件	1	9818
（六）焊接工具	件	1	4
邮政专用设备及器材制造			
二、邮政内部处理设备	台	1	3
（四）包裹分拣机	台	1	3
（十八）推式悬挂输送机	台	1	
邮政专用设备及器材制造			
三、邮政投递设备	台	1	1500
（二）指纹信箱管理系统	台	1	1500
电子元件制造			
电子元件及组件制造			
一、电容器合计	万只	100	1046549.24
（一）纸介电容器小计	万只	8	7157.5
1. 金属化和金属箔式纸介电容器	万只	7	685.71
2. 纸介复合介质电容器	万只	3	6471.79
（二）薄膜电容器小计	万只	33	124996.42
1. 聚酯膜电容器	万只	15	30269.18
2. 聚丙烯膜电容器	万只	25	81847.88
3. 聚笨乙烯电容器	万只	1	
4. 聚碳酸酯电容器	万只	1	7.7
5. 聚四氟乙烯电容器	万只	1	
8. 其他有机介质薄膜电容器	万只	6	12871.66
（三）瓷介电容器小计	万只	28	791721.88
1. 低压瓷介电容器（小于500V）	万只	11	51784.1
2. 高压瓷介电容器（大于500V）	万只	13	24550.9
3. 交流瓷介电容器	万只	4	1663.79

生产量、销售量和库存量汇总表

本年生产量	本年销售量	企业自用量	年末库存量	本年出口量
0	0			
7395	7508		775	494
134521	138345		16477	2518
13021	14065		1781	
16924	22150		4592	
49	27		26	
19	14		8	
11	9		5	
8	5		3	
3951	4907		544	850
3951	4907		544	850
12302032.26	12039511.35	7747.07	1204066.11	6738118
32456.86	33189.29	259	6166.27	24907
11517.13	11249.52	86	867.52	10255
20939.73	21939.77	173	5298.75	14652
870311.79	925415.2	0.87	69087.41	101238
348764.36	344416.81		34092.14	51259
395914.94	456997.89	0.87	20483.82	32305
23	23			
26.3	26.7		6.5	
0.1	0.1			
125583.09	123950.7		14504.95	17673
9002821.01	8754698.84	7337	947654.34	5752250
271220.7	271606.9	1624	53674.2	71255
180166.8	178084.4		27757.6	27371
23202.14	22780.69		1797.94	3505

产 品 名 称	计量单位	企业个数	年 初库存量
4. 片式瓷介电容器	万只	12	713723.09
（五）云母电容器	万只	4	225.57
（七）铝电解电容器	万只	30	87775.17
其中，片式铝电解电容器	万只	2	7938
（八）钽电解电容器	万只	9	12183.7
其中，片式钽电解电容器	万只	5	10308.1
（十）其他电解电容器	万只	2	81
（十一）可变电容器	万只	7	1503.6
1. 空气可变电容器	万只	2	79.91
2. 薄膜可变电容器	万只	7	1423.69
（十二）真空电容器	万只	1	0.4
2. 可变真空电容器	万只	1	0.4
（十三）其他电容器	万只	4	20904
（十四）电容网络	万只	3	119.17
二、电阻、电位器	万只	47	804181.17
（一）固定电阻器小计	万只	34	780915.4
1. 碳膜电阻器	万只	12	100048.1
2. 金属膜电阻器	万只	12	18118.2
3. 氧化膜电阻器	万只	10	10736.4
4. 玻璃釉电阻器	万只	3	548.7
5. 线绕电阻器	万只	10	494
6. 合成膜电阻器	万只	1	0.1
7. 实芯电阻器	万只	2	5767
8. 釉膜电阻器	万只	1	
9. 片式电阻器	万只	11	614498
10. 熔断电阻器	万只	5	7043.7
11. 微带电阻器	万只	1	0.2
12. 其他电阻器	万只	6	23661
（二）电位器小计	万只	16	3238.07
1. 线绕电位器	万只	6	59.68
2. 碳膜电位器	万只	6	1025.6

生产量、销售量和库存量汇总表

本年 生产量	本年 销售量	企业 自用量	年末 库存量	本年 出口量
8528231.37	8282226.85	5713	864424.6	5650119
351.02	318.72		253.47	38
1676212.13	1630834.94	157.4	121095.83	771775
67158	68473		6623	42939
122210.68	124069.68	-7.2	10683.7	66245
111842.5	113951.3		8466.1	65591
18968	18881		168	
9427.27	9049.18		1881.69	7648
50.9	13.74		117.07	
9376.37	9035.44		1764.62	7648
0.5	0.5		0.4	
0.5	0.5		0.4	
569273	543054		47075	14018
150.98	227.77		62.28	38
10991439.3	10854787.97	701	878696.4	5507297
10740649.17	10605547.3	101	854320.27	5312263
1416563.9	1448511.9		68290.1	284585
127020.41	124891.51		19959.1	20496
79261.7	78885.3		11112.8	4961
7674.3	7846		479.6	
8226.43	8033.43		673.9	3850
			0.1	
17895.78	18166.61	101	5395.17	1786
27	27		0	
8904079.9	8740633		716390.9	4983462
21494.3	20744		7759.8	
3.5	3.6		0.7	
158401.95	157804.95		24258.1	13123
60787.13	59237.67	600	4375.23	35034
808.5	805		63.18	11
40185.9	39729.2		1524.7	31655

2003年电子信息产业主要产品

产　品　名　称	计量单位	企业个数	年初库存量
3. 实芯电位器	万只	2	96
4. 玻璃釉电位器	万只	8	1373.6
6. 导电塑料电位器	万只	1	0.3
7. 片式电位器	万只	1	263.89
8. 预调电位器	万只	1	159
10. 高压聚焦电位器	万只	1	260
（三）电阻衰减器	万只	1	0.9
（四）其他电阻、电位器	万只	2	20026.8
（五）电阻网络	万个	4	4197
三、电连接元件合计	万只	72	46005.36
（一）低频连接器小计	万只	28	27795.26
1. 圆形连接器	万只	9	519.9
2. 矩形连接器	万只	8	313.54
3. 印制电路连接器	万只	4	74.91
4. 条形连接器	万只	9	3812.34
5. 带状电缆连接器	万只	3	88.2
6. 插塞插孔	万只	2	60.85
7. 片式低频连接器	万只	1	
8. 其他低频连接器	万只	9	22913.52
9. 低频连接器电缆组件	万根	1	12
（二）射频连接器小计	万只	9	1557.15
1. 通用射频连接器	万只	2	170.06
2. 大功率脉冲高压射频连接器	万只	1	55.2
4. 其他射频连接器	万只	7	1268.46
5. 射频连接器电缆组件	万根	2	63.43
（三）光缆连接器	万只	2	4
（四）其他连接器	万只	8	2197.72
（五）开关小计	万只	30	10700.37
1. 旋转开关	万只	3	17.6
2. 按钮开关	万只	9	1313.9
3. 组合按钮开关	万只	2	70.4

生产量、销售量和库存量汇总表

本年生产量	本年销售量	企业自用量	年末库存量	本年出口量
2650.78	2630.27		116.51	2501
5167.9	4889.8		1724	867
0.4	0.4		0.3	
517.75	414.5		367.14	
988.9	1005.5		215.4	
10467	9763	600	364	
3	3		0.9	
190000	190000		20000	160000
4602.08	4321.58		4338.5	0
920533.07	884699.23	105.74	81812.61	543468
330487.65	313040.65	66.12	45171.24	98820
6348.2	5944.6		922.5	3576
1580.06	1622.41		267.99	528
883.25	869.92		88.24	
103250.56	103709.44		3353.06	60194
635.29	618.89	66.12	38.28	276
931.24	888.05		104.04	255
1253	1253			
214019.05	196546.34		40386.13	32403
1587	1588		11	1588
14146.98	13798.11	1.01	1795.06	1705
1042.95	925.79		255.68	369
129	126.5		56.8	
12241.06	12032.82	1.01	1475.69	672
733.97	713		6.89	664
140	135		4	
16416.03	16673.82	21.96	1917.97	6575
420683.32	420004.74	16	11561.95	334230
393.8	390		20.8	348
45160.42	45203.8	16	1239.52	38762
4771.1	4709.1		132.4	32

2003年电子信息产业主要产品

产品名称	计量单位	企业个数	年初库存量
4. 键盘开关	万只	1	3560
5. 微动开关	万只	10	5172.18
6. 钮子开关	万只	4	32.54
7. 双列直插式开关	万只	1	1.3
8. 滑动开关	万只	1	27.02
9. 薄膜开关	万只	1	6.57
12. 其他开关	万只	13	498.86
（六）管座（插入式）小计	万只	13	3750.86
1. 集成电路插座	万只	2	111
3. 显像管插座	万只	3	346.36
4. 电阻管插座（包括金属陶瓷管）	万只	1	0.7
5. 继电器插座	万只	2	211.1
6. 谐振器插座	万只	1	1707
7. 电池插座	万只	1	
8. 其他电子元件插座	万只	7	1374.7
四、控制元件小计	万只	33	7187.23
（一）继电器小计	万只	27	7015.94
1. 直流电磁继电器	万只	14	3500.95
2. 磁保持继电器	万只	1	11
3. 极化继电器	万只	2	445.6
4. 交流电磁继电器	万只	2	1161.36
5. 温度继电器	万只	1	11.4
6. 同轴继电器	万只	1	
8. 真空继电器	万只	1	
9. 固体继电器	万只	2	17.71
14. 汽车继电器	万只	5	287.82
15. 片式继电器	万只	1	130
16. 其他继电器	万只	6	1450.1
（三）传感器	万只	6	171.29
五、磁性材料电感变压器合计	万只	113	157019.56
（一）金属软磁元件小计	万只	1	709

生产量、销售量和库存量汇总表

本年生产量	本年销售量	企业自用量	年末库存量	本年出口量
154866	154260		4166	109524
150481.7	150250.45		5403.43	129022
236.9	248.01		21.43	
50	48.6		2.7	42
4606.4	4632.18		1.24	4490
691.7	687.4		10.87	
59425.3	59575.2		563.56	52011
138659.09	121046.91	0.65	21362.39	102137
1625	1624.4		111.6	
3074.89	2976.51	0.65	444.09	558
2	2.1		0.6	
1201.2	1132.5		279.8	
54480	37346		18841	25691
1322	1322			
76954	76643.4		1685.3	75888
118905.24	118398.38	51.5	7226.94	69437
116328.58	115725.52	51.5	7166.85	68774
40957.77	41551.83	16.9	2714.19	14661
22.4	18.7		14.7	
7750.6	7501		695.4	3663
35619.42	34793.27	11	1976.51	28694
51.84	54.43		8.81	
0.1	0.1			
0.15	0.15			
24.21	25.06		17.02	
4700.49	4656.98	2	304.32	2807
4221	4204		147	3784
22980.6	22920	21.6	1288.9	15166
2576.66	2672.86		60.09	663
5133413.55	5056723.28	3213.09	230364.01	823935
1295	1126		878	

2003年电子信息产业主要产品

产品名称	计量单位	企业个数	年初库存量
1. 铝硅铁粉芯	万只	1	709
（二）铁氧体软磁元件小计	万只	25	60452.76
1. 螺纹磁芯	万只	4	3867
3. E形磁芯 （EC, EI, ELD型）	万只	12	24070.24
4. U形磁芯	万只	9	13091.6
7. 柱形磁芯	万只	4	184
8. 罐形磁芯（含菱形、X形、方形）	万只	4	323.62
9. 环形磁芯	万只	7	6577.26
10. 中周磁芯	万只	1	1415
11. 偏转磁芯	万只	3	1895.35
12. 双孔、多孔磁芯	万只	2	400
13. 天线磁芯	万只	1	52
14. 其他磁芯	万只	11	8576.69
（三）铁氧体永磁元件小计	万只	16	27287.08
1. 钡铁氧体永磁元件	万只	6	11183
2. 锶铁氧体永磁元件	万只	12	13689.08
3. 电机用瓦形磁体	万只	4	1942
4. 铁氧体粘结元件	万只	3	473
（四）永磁合金小计	万只	16	20204.81
1. 铝镍钴磁钢	万只	4	904.01
3. 钐钴磁钢（含钐镨钴磁钢）	万只	4	49.11
4. 钕铁硼永磁	万只	12	19243.69
6. 其他合金永磁	万只	2	8
（五）电感器小计	万只	24	31944.26
1. 可变电感器	万只	5	86.6
2. 固定与色码电感器	万只	12	4952.26
3. 叠层式片式电感器	万只	6	25682.4
4. 线绕式片式电感器	万只	4	1223
5. LC滤波器	万只	2	
（六）微波器件小计	万只	3	0.69
2. 微波铁氧体环形器	万只	2	0.06

生产量、销售量和库存量汇总表

本年 生产量	本年 销售量	企业 自用量	年末 库存量	本年 出口量
1295	1126		878	
482012.25	459883.26	38.31	82539.44	131837
29470.93	20329.93		13008	
267476.64	261652.34	38.31	29854.23	84182
37245.17	36367.97		13966.8	16604
2474	2473		185	
4399.35	4435.23		287.74	7
26569.08	26232.18		6914.16	1070
21416	20884		1947	1185
11145.33	10780.36		2260.32	5387
5452.33	4977.33		875	
9	32		29	
76354.42	71718.92		13212.19	23402
349613.26	353071.16	50	23779.18	182451
83256	84217	50	10172	44026
231790.26	233265.16		12214.18	113328
23257	24147		1052	14464
11310	11442		341	10633
401736.41	397757.5		24183.72	242882
9814.36	9844.49		873.88	3548
632.52	577.32		104.31	444
391148.53	387192.69		23199.53	238891
141	143		6	
661982	648247.42	2779	42796.21	128549
875.4	859.4		102.6	530
399721.62	400323.58		4350.3	64481
232409	217611	2779	37597.8	62044
27422.2	27950.2		695	1494
1553.78	1503.24		50.51	
10.81	11.26		0.24	
0.55	0.55		0.06	

2003年电子信息产业主要产品

产　品　名　称	计量单位	企业个数	年初库存量
3. 微波铁氧体隔离器	万只	3	0.29
7. 其他微波磁性器件	万只	2	0.34
（七）电子变压器小计	万只	44	7187.19
1. 中频变压器	万只	5	252.4
2. 音频变压器	万只	2	1
3. 脉冲变压器	万只	1	
4. 电源变压器	万只	19	1033.92
5. 开关电源变压器	万只	5	94.84
6. 片式变压器	万只	2	
7. 其他电子变压器	万只	21	5805.03
（八）线圈小计	万只	17	9233.77
1. 消磁线圈	万只	5	234.27
2. 其他线圈	万只	12	8999.5
六、电声器件合计	万只	60	6587.09
（一）通信电传声器件小计	万只	8	265.1
1. 送话器	万只	3	30.4
2. 受话器	万只	7	155.3
3. 组合件	万只	4	79.4
（二）传声器小计	万只	4	306.78
1. 电容式传声器	万只	1	0.02
3. 驻极体传声器	万只	2	194.06
5. 其他传声器	万只	2	112.7
（三）扬声器小计	万只	28	1585.77
1. 号筒扬声器	万只	4	2.79
2. 直接辐射式扬声器	万只	8	915.03
3. 球顶形扬声器	万只	2	51
4. 汽车扬声器	万只	11	83.46
5. 其他扬声器	万只	11	533.49
（四）扬声器音箱音柱小计	万只	15	892.38
2. 电影放音用扬声器	万只	1	0.2
3. 家用扬声器	万只	2	828

生产量、销售量和库存量汇总表

本年 生产量	本年 销售量	企业 自用量	年末 库存量	本年 出口量
6.32	6.6		0.01	
3.94	4.11		0.17	
1368147.15	1350118.08	259.1	24929.06	52088
177092	177158.2		186.2	4955
68.3	22		47.3	
50400	50400			
687054.07	667627	259	20201.99	33991
1305.56	1306.27		94.13	120
6944	6944			6716
445283.22	446660.61	0.1	4399.44	6306
1868616.67	1846508.6	86.68	31258.16	86128
2455.27	2251	86.68	351.86	
1866161.4	1844257.6	0	30906.3	86128
79244.87	78227.85	1306.47	6315.76	38726
20448.72	20381.19	5.7	326.95	7751
56.8	58.48		28.74	24
11467.12	11387.21		235.21	7632
8924.8	8935.5	5.7	63	95
143.42	237.16		213.04	95
0.01	0.01		0.02	
138.37	230.11		102.32	88
5.04	7.04		110.7	7
21471.46	21192.53	0.77	1882.03	14835
50.85	21.58		32.06	9
5439.74	5402.29		972.48	3609
40	6		85	8
733.83	687.1	0.77	127.72	290
15207.04	15075.56		664.77	10919
4152.67	4773.1		271.95	3813
1.2	1.3		0.1	1
3444	4058		214	3062

2003年电子信息产业主要产品

产品名称	计量单位	企业个数	年初库存量
4. 高保真扬声器	万只	3	55
5. 监听用扬声器	万只	1	
6. 计算机用扬声器	万只	3	3.52
7. 其他扬声器	万只	5	5.66
（五）耳机小计	万只	7	259.26
2. 头戴立体声耳机	万只	2	162.36
4. 微型立体声耳机	万只	2	81.9
5. 耳塞机	万只	4	15
6. 红外耳机	万只	1	
（七）蜂鸣器	万只	7	291.6
（八）蜂鸣片	万只	7	2986.2
七、频率控制和选择用元件	万只	46	148306.02
（一）压电陶瓷及频率元件小计	万只	14	13030.84
1. 压电陶瓷滤波器	万只	6	5344.7
2. 压电陶磁谐振器	万只	2	4413
3. 压电陶瓷检频器	万只	2	461
4. 片式压电陶瓷器件	万只	1	497.01
6. 声表面波滤波器	万只	8	1189.9
8. 片式表面波器件	万只	1	1.23
9. 微波介质器件	万只	1	937
10. 各类延迟线	万只	2	187
（二）压电石英晶体元器件小计	万只	32	135275.18
1. 压电石英晶体谐振器	万只	29	134756.53
2. 压电石英晶体滤波器	万只	2	8.6
3. 压电石英晶体振荡器	万只	7	499.05
4. 片式压电晶体器件	万只	2	11
八、其他元件及零部件合计	万只	37	574737.27
（一）电子陶瓷零件小计	万只	20	560202.46
1. 碳膜电阻瓷件	万只	1	467685
2. 金属膜电阻瓷件	万只	2	82411
3. 电容器陶瓷零件	万只	2	2889

生产量、销售量和库存量汇总表

本年生产量	本年销售量	企业自用量	年末库存量	本年出口量
389	400		44	466
1	1			1
181.74	182.11		3.15	182
135.73	130.69		10.7	102
3770.8	3724.37		305.69	3228
294.2	289.77		166.79	
80.1	83.8		78.2	4
3261	3224		52	3224
135.5	126.8		8.7	
12634	12488.1		437.5	7567
16623.8	15431.4	1300	2878.6	1437
398089.14	368482.28	212	177459.73	218728
84890.31	82903.39		14263.26	47828
31146.5	31921.4		4380.8	18419
27958	26003		5863	15507
3903	3501		848	1644
3535.77	3428.44		513.84	1280
15077.59	14947.58		1364.91	8990
227.98	225.27		3.94	180
2913	2746		1104	1722
128.47	130.7		184.77	87
313198.83	285578.89	212	163196.47	170900
291390.57	264374.99	212	162079.96	161907
6.65	3.05		8.6	
21235.61	20634.85		1098.91	8892
566	566		9	100
10394572.58	10486068.93	4.8	483169.12	3356221
10195440.14	10283185.58	4.8	472448.22	3341906
9927000	10017000		377685	3234000
120654	120950		82115	104000
6638	6382		3141	

2003年电子信息产业主要产品

产　品　名　称	计量单位	企业个数	年初库存量
4. 氧化铝瓷件	万只	7	859.3
5. 氧化铍瓷件	万只	1	29.2
6. 陶瓷及玻璃绝缘子	万只	3	6030.56
7. 其他陶瓷件	万只	7	298.4
8. 片式电阻器陶瓷基片	平方米	3	20084.7
9. 厚膜集成电路陶瓷基片	平方米	1	3566
10. 电位器用陶瓷基片	平方米	1	7075
11. 其他	万只	2	1619
（二）面板元件	万只	3	3173
（三）减震器	万只	3	29.5
（六）石英晶体器件及继电器管壳、管座	万只	2	7629.68
（七）电声器件零部件	万只	9	3702.63
电子印制电路板制造			
一、电子印制电路板合计	平方米	48	847341.42
（一）单面印制电路板	平方米	34	226577.39
（二）双面印制电路板	平方米	25	22999.36
（三）多层印制电路板	平方米	20	504367.67
（四）挠性印制电路板	平方米	3	1442
（六）碳膜印制电路板	平方米	2	91955
敏感元件及传感器制造			
一、敏感元件	万只	14	8266.11
（二）电压敏感电阻器	万只	6	4089.8
（三）光敏元件	万只	3	844.45
（四）温度敏元件	万只	4	1655.6
（五）磁敏感元件	万只	1	1661
（七）气敏元器件	万只	2	15.26
电子塑料零件制造			
一、电子塑料零件	吨	23	1606
电子器件制造			
真空电子器件制造			
一、电子管合计	万只	11	155.22

生产量、销售量和库存量汇总表

本 年 生产量	本 年 销售量	企 业 自用量	年 末 库存量	本 年 出口量
10682.8	10257.9	4.8	1279.4	1
234.2	216.2		47.2	
128004.54	126422.88		7612.22	3905
2226.6	1956.6		568.4	
193298.1	193836.6		19546.2	60908
15377	17445		1498	
112657	115492		4240	7933
5461.4	5506.2		1574.2	3729
18880	18613		3382	1053
229.9	234.5		24.9	
38468.19	43396.3		2701.57	
141554.35	140639.55		4612.43	13262
40250886.28	37281609.56	12269	3788824.12	29331457
4504180.66	4394958.87		333290.71	1128621
1948255.94	1935249.17	16	29179.75	588896
6809103.58	5768901.42	1446	1536917.66	3301219
130333.1	116209.1	10807	4759	86351
26859013	25066291		1884677	24226371
77541.25	73248.98	77.19	11504.39	5410
23041	22502.09	76	4552.71	2800
5740.98	5656.67		776.76	474
13340.77	11907.76		2263.81	2135
35383	33144		3900	
35.5	38.46	1.19	11.11	
40280.29	38676.29		3210	3181
849.02	903.88		97.05	102

2003年电子信息产业主要产品

产　品　名　称	计量单位	企业个数	年初库存量
（一）收讯放大管小计	万只	1	61
5. 八脚管	万只	1	38
6. 拇指管	万只	1	23
（三）发射管小计	万只	5	10.32
1. 中小功率玻璃发射管	万只	4	8.85
2. 中小功率陶瓷发射管	万只	3	0.99
3. 大功率玻璃发射管	万只	2	0.17
4. 大功率陶瓷发射管	万只	3	0.31
5. 调制管	万只	2	
（四）超高频管小计	万只	8	83.25
1. 磁控管	万只	6	18.48
2. 微波气体放电管	万只	4	0.58
3. 速调管	万只	3	0.19
5. 行波管	万只	2	0.01
8. 小陶瓷管	万只	1	0.19
11. 固体放电管	万只	1	63.8
（五）稳定管小计	万只	1	0.65
1. 稳压管	万只	1	0.65
二、电子束管合计	万只	57	42086.79
（一）黑白显像管小计	万只	6	41.52
1. 31cm以下	万只	2	13.49
2. 31cm	万只	4	5.23
3. 35cm	万只	5	15.62
4. 44cm	万只	5	7.18
（二）彩色显像管小计	万只	9	37.72
1. 37cm	万只	2	17
4. 51cm	万只	1	4
5. 54cm	万只	4	1.06
7. 64cm	万只	4	11.01
8. 74cm	万只	6	2.54
9. 其他	万只	5	2.11

生产量、销售量和库存量汇总表

本年 生产量	本年 销售量	企业 自用量	年末 库存量	本年 出口量
43	48		53	34
20	19		37	11
23	29		16	23
23.76	21.58		12.03	4
19.88	17.79		10.94	4
2.67	2.48		0.83	
0.44	0.53		0.06	
0.77	0.78		0.2	0
782	833.9		31.51	64
679.07	693.03		4.76	64
0.77	0.75		0.59	
0.03	0.02		0.2	
0.01	0.01		0.01	
0.12	0.09		0.15	
102	140		25.8	
0.26	0.4		0.51	
0.26	0.4		0.51	
220940.76	213728.63	3950.72	45052.97	20976
427.47	287.06	119.45	62.48	212
282.38	143.72	119.45	32.7	200
21.92	22.29		4.86	6
78.83	80.91		13.54	5
44.34	40.14		11.38	0
9051.03	8906.58	30.08	152.09	3340
915	923		9	269
366	364		5	
1520.94	1518.94		3.06	167
651.84	661.85		1	65
891.09	871.49	19.12	3.02	92
6060.16	5988.3	10.96	63.01	2747

2003年电子信息产业主要产品

产品名称	计量单位	企业个数	年初库存量
（三）其他电子束管小计	万只	6	45.46
2. 监视管（显示管）	万只	5	44.83
3. 示波管	万只	1	0.63
（四）离子管小计	万只	7	957.7
1. 闸流管	万只	3	1.3
2. 整流管	万只	2	50
3. 放电管	万只	3	906.4
（五）射线计数管	万只	1	1.73
（六）X光管小计	万只	1	0.6
1. 医用X光管	万只	1	0.3
2. 工业用X光管	万只	1	0.1
3. 旋转阳极X光管	万只	1	0.2
（七）真空开关管小计	万只	12	34011.18
1. 高、中压真空开关管（3~36KV）	万只	10	34009.15
2. 低压真空开关管（3KV以下）	万只	4	2.03
（八）其他电真空器件小计	万只	4	1076.21
（九）显像管配件	万只	19	5914.67
1. 黑白显像管电子枪零件	万只	6	613.09
2. 彩色显像管电子枪零件	万只	4	4170.37
3. 黑白显像管玻壳	万只	2	119.56
（1）31cm以下	万只	2	75.17
（2）31cm	万只	1	3.73
（3）35cm	万只	1	37.27
（4）44cm	万只	1	2.03
（5）其他	万只	1	1.36
4. 彩色显像管玻壳	万只	8	916.65
（1）37cm	万只	4	121.19
（2）47cm	万只	1	11.39
（4）51cm	万只	2	508
（5）54cm	万只	6	160.23
（7）64cm	万只	4	16.19

生产量、销售量和库存量汇总表

本年 生产量	本年 销售量	企业 自用量	年末 库存量	本年 出口量
2253.71	2249.26		49.91	1544
2244.77	2240.24		49.36	1544
8.94	9.02		0.55	
6200.19	6326.6	8	726.29	4072
1.46	1.27		1.49	
142.93	142.93		50	63
6055.8	6182.4	8	674.8	4009
2.03	2.42		1.34	
1.7	1.7		0.6	1
0.9	0.9		0.3	1
			0.1	
0.8	0.8		0.2	0
126205.26	123895.32	2052.83	34267.26	4693
126199.92	123890.23	2052.48	34265.33	4693
5.34	5.09	0.35	1.93	
13553.46	13201.2	2.4	1391.14	2640
61891.91	57437.49	1737.96	8469.86	4475
5408.37	5080.62	184.56	751.48	43
41817.5	39113.27	1553.4	5321.2	2741
4608.15	3243.04		1464.19	216
4235.95	2895.13		1395.27	208
38	31.27		10.5	2
141.35	155.34		23.46	2
105.48	92.15		15.29	1
87.37	69.15		19.67	3
8363.1	8352		927.75	1070
740.82	772.41		89.6	303
269.99	262.13		19.25	
3428	3536		400	341
2172.63	2075.41		257.45	248
638.03	598.14		56.08	14

2003年电子信息产业主要产品

产品名称	计量单位	企业个数	年初库存量
（8）74cm	万只	2	53.58
（9）其他	万只	3	46.07
5. 彩色显像管用荫罩	万只	3	95
（5）54cm	万只	1	24
（7）64cm	万只	2	30
（8）74cm	万只	3	27
（9）其他	万只	2	14
三、电光源合计	万只	32	18564
（一）高压钠灯	万只	2	5889.6
（二）卤素灯	万只	2	99.79
（三）汽车用灯	万只	5	165.57
（四）日光灯	万只	2	976.78
（五）节能灯	万只	14	2136.02
（六）其他	万只	13	9296.24
光电子器件及其他电器件制造			
一、电子束光电器件小计	万只	2	20.27
（一）光电管	万只	1	0.04
（二）光电倍增管	万只	1	0.23
（六）光电图像器件	万只	1	20
二、电真空光电子器件合计	万只	12	20260.22
（一）显示器件	万只	8	1424.99
（二）发光器件	万只	2	1.67
（三）光敏器件	万只	1	0.56
（四）光电耦合器件	万只	2	18833
三、半导体光电器件小计	万只	23	18599.91
（一）光电耦合器件	万只	3	443.51
1. 电荷耦合器件（CCD）	万只	1	1.51
2. 其他光电藕合器件	万只	2	442
（二）光电探测器件	万只	4	647.61
1. 光电二极管	万只	2	643
3. 其他光电探测器件	万只	2	4.61

生产量、销售量和库存量汇总表

本 年 生产量	本 年 销售量	企 业 自用量	年 末 库存量	本 年 出口量
1013.26	999.34		67.5	152
100.4	108.57		37.87	12
1960.82	1926.32		129.5	405
571	579		16	72
585	590		25	111
543.85	505.24		65.61	32
260.97	252.08		22.89	190
189745.02	191162.15	131.91	16744.76	14867
56004.33	56940.58	0.45	4952.9	
482.05	490.61	10.04	81.19	119
87337.56	87334.1	4.82	139.21	97
7557.15	7478.06		1054.87	28
12927.44	13090.51	2	1970.95	3187
25436.49	25828.29	114.6	8545.64	11436
2616.47	2636.46		0.28	2636
0.08	0.04		0.08	
0.39	0.42		0.2	
2616	2636			2636
546308.38	496326.18	34.7	70191.7	4027
12504.69	12299.46	34.7	1579.5	4027
128807.37	79287.19		49521.85	
1.32	1.53		0.35	
404995	404738		19090	
182032.57	179550.25	467.3	18266.93	115056
2528.63	2306.72		445.42	106
2.63	2.72		1.42	
2526	2304		444	106
37886.33	37813.79		720.15	18622
37853	37780		716	18604
33.33	33.79		4.15	18

2003年电子信息产业主要产品

产品名称	计量单位	企业个数	年初库存量
（三）发光二极管	万只	17	17422.79
1. 红外发光二极管	万只	5	6516.14
2. 红色发光二极管	万只	2	749.2
3. 黄色发光二极管	万只	1	247
4. 橙色发关二极管	万只	1	124
5. 绿色发光二极管	万只	2	287.3
6. 蓝色发光二极管	万只	2	501
7. 数码管组件	万只	4	629.85
8. 其他发光二极管	万只	9	8368.3
（四）激光器件小计	万只	2	86
2. 固体激光器件	万只	2	86
五、其他半导体光电器件	万只	3	7.91
半导体分立器件制造			
一、半导体二极管小计	万只	46	140066.65
（一）锗二极管小计	万只	3	1675
（二）硅二极管小计	万只	43	137954.2
1. 硅整流二极管	万只	28	102224.63
2. 硅开关二极管	万只	9	5478.89
3. 硅稳压二极管	万只	7	16777.87
4. 高压硅堆	万只	3	1722.6
5. 桥式整流器	万只	7	638.04
6. 变容二极管	万只	2	763.9
8. 混频检波二极管	万只	1	2.5
9. 肖特基二极管	万只	6	5530.26
13. 其他硅二极管	万只	12	4815.51
（三）化合物二极管小计	万只	2	348.72
1. 砷化镓变容二极管	万只	1	
3. 砷化镓体效应二极管	万只	1	
8. 其他化合物二极管	万只	1	348.72
（四）其他二极管小计	万只	2	88.73
二、半导体三极管小计	万只	57	137482.89

生产量、销售量和库存量汇总表

本年生产量	本年销售量	企业自用量	年末库存量	本年出口量
141361.13	139236.59	393.3	17026.03	96328
27619.2	27726.02	145.85	4862.47	2831
7056.3	6379.6		1425.9	4325
2842	3021		68	2871
2382	2184		322	2071
3117	3035		369.3	1853
2007	1645		863	1236
2232.03	1803.97	47.45	966.46	1431
94105.6	93442	200	8148.9	79710
256.48	193.15	74	75.33	0
256.48	193.15	74	75.33	0
8987.39	8742.7		252.2	8209
2184492.4	2159319.77	18.29	157366.73	1438880
4327.5	4754.5		1248	1814
2170204.35	2144599.98	18.29	155686.02	1431836
1515325.91	1507174.09	17.29	110352.12	929796
11973.43	11215.72		6228.6	2026
77281.82	68664.34		25393.35	30157
46449.43	47273.92		898.11	19714
5586.02	5084.99		1139.12	3254
136	167.5	0.4	732	
2	3.5		1	
16719.77	19078.25		3164.78	89
496729.97	485937.67	0.6	7776.94	446799
1.79	1.79		348.72	
0.09	0.09			
0.1	0.1			
1.6	1.6		348.72	
9958.76	9963.5		83.99	5230
2201980.81	2211649.15	3322.32	122946.09	1244530

2003年电子信息产业主要产品

产　品　名　称	计量单位	企业个数	年初库存量
（二）硅三极管小计	万只	56	135038.88
1. 硅高频小功率管	万只	26	84216.87
2. 硅开关三极管	万只	15	6399.43
3. 硅低频大功率三极管	万只	17	19374.45
4. 硅高频大功率三极管	万只	11	3313.27
5. 硅高反压功率管	万只	1	6822
6. 达林顿管	万只	1	6.5
7. 场效应管	万只	6	7510.2
8. 硅微波功率管	万只	2	61
10. 闸流晶体管	万只	3	1149.1
11. 其他硅三极管	万只	15	6186.06
（三）化合物三极管小计	万只	1	2444.01
2. 其他化合物三极管	万只	1	2444.01
三、特种器件及传感器	万只	13	101625.46
（一）敏感器件及传感器	万只	6	1034.7
1. 压力敏感器件及传感器	万只	3	1031.1
3. 气敏器件及传感器	万只	1	1.8
7. 射线敏感器件	万只	1	0.8
10. 其他敏感器件	万只	2	1
（二）其他器件小计	万只	7	100590.76
1. 半导体制冷器件	万只	1	0.23
2. 其他器件	万只	6	100590.53
四、电力半导体器件小计（5A以上）	万只	11	77.54
（一）整流二极管	万只	5	4
（二）普通晶闸管	万只	7	28.65
（三）双向晶闸管	万只	3	1.7
（四）快速晶闸管	万只	3	3.1
（五）高频晶闸管	万只	1	1
（八）晶闸管模块	万只	3	1
（十一）固态继电器模块	万只	1	4.43
（十二）静电感应器件（SIT）	万只	1	6.2

生产量、销售量和库存量汇总表

本年 生产量	本年 销售量	企业 自用量	年末 库存量	本年 出口量
2192749.58	2202109.85	2954.01	121178.46	1243328
1715626.72	1736592.46		63233.27	1118598
62312.52	60870.02	2389.06	5450.87	7504
200151.26	196339.13		21680.58	77830
68569.85	62992.97		8890.11	10597
8887	11637		4072	3275
18.95	17.71	2.1	5.64	
43461.56	44698.23		6273.53	2061
46.8	44.8		63	
13358.26	11979.82	530.05	1996.31	620
80316.66	76937.71	32.8	9513.15	22845
9231.23	9539.3	368.31	1767.63	1202
9231.23	9539.3	368.31	1767.63	1202
1119371.34	1110641.47	100.02	110207.01	67857
5593.35	4947.48		1632.27	573
4930.99	4350.61		1562.98	7
260	249		13	241
0.5	0.6		0.7	0
401.86	347.27		55.59	325
1113777.99	1105693.99	100.02	108574.74	67284
18.59	18.59		0.23	
1113759.4	1105675.4	100.02	108574.51	67284
681.17	673.48	0.4	84.63	32
5.14	5.84		3.3	
10.51	7.61		31.55	
1.1	0.7		2.1	
2	1.5		3.6	
0.9	0.7		1.2	
1.1	0.9		1.2	
2.13	2.32		4.04	
			6.2	

产品名称	计量单位	企业个数	年初库存量
（十三）其他电力半导体器件	万只	4	27.46
集成电路制造			
一、集成电路合计	万块	71	49027.89
其中，大规模集成电路	万块	4	5848.53
（一）双极数字电路小计	万块	6	254.04
1. TTL电路小计	万块	5	225.89
（1）SLTTL电路	万块	1	160.16
（2）其他TTL电路	万块	4	65.73
2. ECL电路	万块	1	28.15
4. 其他双极数字电路	万块	1	
（二）MOS数字电路小计	万块	4	98.6
1. CMOS电路	万块	4	98.6
（三）接口电路小计	万块	3	0.49
其中，大规模接口电路	万块	1	1.5
2. 驱动电路	万块	2	0.49
（四）模拟电路小计	万块	8	103.52
1. 运算放大器	万块	8	59.76
2. 电压比较器	万块	4	20.14
3. 时基电路	万块	1	
6. 其他模拟电路	万块	1	23.62
（五）电源电路小计	万块	8	1107.64
1. 普通稳压电路	万块	5	1105.14
3. DC-DC变换器	万块	2	2.5
4. 其他电源电路	万块	1	
（六）专用电路小计	万块	21	12666.81
其中，大规模专用电路	万块	1	408.8
1. 电视机电路小计	万块	2	366.2
（1）黑白电视机电路	万块	2	326.6
（2）彩色电视机电路	万块	1	39.6
2. 音响电路	万块	4	4005.32
3. 电子钟表电路	万块	3	137

生产量、销售量和库存量汇总表

本 年 生产量	本 年 销售量	企 业 自用量	年 末 库存量	本 年 出口量
658.29	653.91	0.4	31.44	32
1241001	1240000	5353.46	44675.14	454037
298000	243000	11.64	55000.79	43504
666.94	643.33		277.65	165
658.51	637.6		246.8	165
13.04	9.55		163.65	
645.47	628.05		83.15	165
4.91	2.21		30.85	
3.52	3.52			
96273.18	96265.12	0.54	106.12	813
96273.18	96265.12	0.54	106.12	813
151.55	151.2		0.84	151
92	91.5		2	
151.55	151.2		0.84	151
27.35	26.77		104.1	
22.92	23.24		59.44	
3.93	3.07		21	
0.2	0.2			
0.3	0.26			
81151.42	80431.68	0.4	1781.98	74280
7164.1	6577.9	0.4	1645.94	479
678.92	545.38		136.04	493
73308.4	73308.4			73308
897807.1	892108.06	4.52	18032.72	162093
5826.5	5799.6	1	359.5	3258
6338	6350.5	0.3	353.4	177
6337.1	6334	0.3	329.4	177
0.9	16.5		24	
35302.6	35645.61	3.1	3370.01	13525
7815	3839		4113	2461

2003年电子信息产业主要产品

产品名称	计量单位	企业个数	年初库存量
4. 电子玩具电路	万块	1	510
5. 发动机稳速电路	万块	1	553.64
6. 遥控器发射/接收电路	万块	2	706
7. 家用电器专用电路	万块	2	11.67
10. 通信电路	万块	5	1353.03
（1）移动通信手机电路	万块	1	
（3）固定通信交换机电路	万块	1	208.34
（6）电话机电路	万块	3	1142.69
（7）其他通信电路	万块	2	2
11. 汽车专用电路	万块	2	9.46
12. 数字音、视频电路	万块	1	0.85
（4）其他数字音、视频电路	万块	1	0.85
13. 智能卡专用电路	万块	2	394.65
14. 其他	万块	10	4618.99
（七）存储器电路	万块	1	
（十）微波集成电路	万块	5	1.15
1. 微波单片集成电路	万块	1	
2. 微波毫米波混合集成电路	万块	1	1
3. 其他微波集成电路	万块	4	0.15
（十一）混合集成电路	万块	15	631.47
1. 薄膜混合集成电路	万块	4	1.46
2. 厚膜混合集成电路	万块	12	630.01
（十二）传感器电路	万块	1	435
2. 其他传感器电路	万块	1	435
（十三）集成电路芯片	万片	18	33729.17
1. 集成电路芯片	万片	15	33413.59
2. 其他集成电路芯片	万片	4	315.58
电子信息机电产品制造			
电子微电机制造			
一、微特电机合计	万台	44	2114.63
（一）驱动微电机小计	万台	23	1518.29

生产量、销售量和库存量汇总表

本年 生产量	本年 销售量	企业 自用量	年末 库存量	本年 出口量
8600	8909		201	
816.47	810.23		559.88	793
9882.55	9227		1361.55	
230.2	195.75	0.02	44.54	0
3305.76	3381.96	0.1	1276.73	395
265	252		13	
508.85	504.82		212.37	
1296.91	1390.14	0.1	1049.36	395
1235	1235		2	
343.15	325.11		27.5	161
10.14	9.9		0.94	0
10.14	9.9		0.94	0
5403.28	4612.59		1147.64	161
819759.95	818801.41	1	5576.53	144420
1983	1983			1983
13396	13396.24		3.51	13239
143	143			
8.3	8.3		1	
13244.7	13244.94		2.51	13239
12887.19	12277.91	4	1280.25	311
80.9	86.22		39.64	
12806.29	12191.69	4	1240.61	311
3176	2595	7	452	941
3176	2595	7	452	941
340083.69	345592.89	5337	22882.97	200060
312461.17	317796.69	5337	22741.07	176809
27622.52	27796.2		141.9	23251
62336.89	61918.73		2409.89	32829980
29540.28	29494.01		1558.56	32804182

产 品 名 称	计量单位	企业个数	年初库存量
1. 异步电动机	万台	7	284.44
2. 同步电动机	万台	3	7.39
3. 直流电动机	万台	13	1222.23
5. 冷却用小型风机	万台	2	4.23
6. 平面无刷电动机	万台	1	
（二）控制微电机小计	万台	10	116.82
1. 自整角机	万台	2	0.55
2. 旋转变压器	万台	1	0.19
4. 伺服电动机	万台	5	32.92
5. 测速发电机	万台	2	0.01
6. 步进电机	万台	4	83.1
7. 力矩电机	万台	2	0.05
8. 微特电机机组及组合装置	万台	1	
（三）专用微特电机小计	万台	11	433.43
1. 传真机、电传机用电机	万台	1	2.8
5. 录像、激光视盘机用电机	万台	2	62.9
6. 手机、BP机用微型振动电机	万台	7	315.73
7. 录音机电机	万台	1	52
（四）电源电机小计	万台	3	0.09
1. 手摇发电机组	万台	1	
3. 发电机组	万台	2	0.09
（五）其他电机小计	万台	4	46
1. 洗衣机电机	万台	2	19
3. 压缩机电机	万台	2	27
电子电线电缆制造			
一、安装线缆小计	千米	19	
（一）安装线	千米	13	44176.75
（二）安装电缆	对/千米	9	3364.11
（三）带状电缆	对/千米	1	67.3
（四）电话机、计算机用弹簧绳	万根	1	1
（五）电源插头线	万根	4	288.7

生产量、销售量和库存量汇总表

本 年 生产量	本 年 销售量	企 业 自用量	年 末 库存量	本 年 出口量
6508.71	6382.25		410.9	32800001
390.1	388.1		9.39	325
21078.74	21240.07		1054.9	2731
411.73	398.59		17.37	39
1151	1085		66	1085
7745.72	7481.31		264.33	6938
0.87	0.8		0.62	
0.43	0.3		0.32	
2129.22	2014.31		30.83	1475
0.11	0.11		0.01	
5612.8	5463.9		232.1	5463
0.09	0.09		0.05	
2.2	1.8		0.4	
23064.71	22935.21		562.93	17950
7.9	9		1.7	
3534	3503		93.9	2276
19240.81	19139.21		417.33	15390
282	284		50	284
1.18	1.2		0.07	0
1.18	1.2		0.07	0
1985	2007		24	910
883	894		8	2
1102	1113		16	908
1924519.23	1921419.29	342.7	47413.79	615170
27168.93	23170.17	60.7	7519.67	36
118.6	208		72.5	
348	308		41	
14820	14821.5		287.2	9344

2003年电子信息产业主要产品

产品名称	计量单位	企业个数	年初库存量
二、射频电缆小计	千米	16	72733.9
（一）CATV同轴电缆	千米	14	67979.5
（二）皱纹外导体射频电缆	千米	3	337.8
（三）RF同轴电缆	千米	2	3440
（四）通用射频电缆	千米	4	976.6
三、综合电缆	千米	7	74265.1
四、通信及电子网络用电缆小计	千米	40	449440.24
（一）军用通信电缆	千米	3	3706.9
（二）电话通信电缆	千米	39	442158.54
（三）井下及隧道用监控、通信电缆	千米	2	248.5
（四）计算机网络用电缆	千米	5	3326.3
五、其他电线电缆	千米	24	54321.02
六、电子线材小计	吨	22	70807.85
（一）电子元器件引线	吨	1	
（二）裸铜线	吨	9	604.1
（三）铜包钢线	吨	1	49
（四）微细漆包线（小于0.6mm）	吨	5	1093
（五）一般漆包线（大于0.6mm）	吨	9	2107.43
（六）纱包线及绕包线	吨	3	453
（七）其他电子线材	吨	8	66501.32
光纤、光缆制造			
一、光纤	公里	5	224809.5
（一）单模光纤	公里	4	224809.5
（二）多模光纤	公里	1	
二、光缆	皮长公里	25	88696.56
（一）特种光缆	皮长公里	1	88
（二）普通光缆	皮长公里	23	53984.56
（五）其他光缆	皮长公里	2	34624
电池制造			
一、碱性蓄电池小计	千伏安	12	40726
（一）锌银蓄电池	千伏安	2	

生产量、销售量和库存量汇总表

本年 生产量	本年 销售量	企业 自用量	年末 库存量	本年 出口量
563774.6	559791.7	129	75890.2	209390
532134	529527.9	129	69723.1	183758
2558.5	2205.7		690.2	
20016	19216		4240	22206
9066.1	8842.1		1236.9	3426
454249.8	469917.3		58581.5	145697
3848590.28	3797653.97	119	500210.85	3135
42619	40670		5495.5	
3418081.28	3420384.47	119	439940.85	957
3472.3	3364.5		266.2	
384417.7	333235		54508.3	2178
1822694.75	1764506.49		108540.28	343288
1090901.77	1062076.33	1220	98272.56	3010
33.4				
40183.9	39162.6	1171	485.6	333
268	296		21	
36426	36046		1473	625
24985.25	24634.22	49	2270.93	585
14455	14183		725	56
974550.22	947754.51		93297.03	1411
12439148.22	5678526.95	1184713.52	300717.25	243148
5739148.22	4478526.95	1184713.52	300717.25	243148
6700000	1200000			
5356231.06	3162630.24		77497.78	726
770	623		235	
4427051.28	2230331.46		45904.78	726
928409.78	931675.78		31358	
567682	538773	53	69582	136259
1725	1725			

2003年电子信息产业主要产品

产　品　名　称	计量单位	企业个数	年初库存量
（二）铁镍蓄电池	千伏安	1	70
（三）圆柱形密封镉镍蓄电池	千伏安	5	11351
（四）扣式镉镍蓄电池	千伏安	2	224
（五）非密封镉镍蓄电池	千伏安	1	1147
（六）镍氢蓄电池	千伏安	4	15217
（七）其他碱性蓄电池	千伏安	3	12717
二、酸性蓄电池小计	万kVh	21	183616.91
（一）密封铅酸蓄电池	万kVh	19	183605.55
（二）非密封铅酸蓄电池	万kVh	3	11.36
三、锂蓄电池小计	千伏安	4	21671
（一）液体锂离子蓄电池	千伏安	3	20584
（二）聚合物锂离子蓄电池	千伏安	2	1087
四、原电池小计	万只	13	16651.07
（一）普通锌锰干电池	万只	4	10319.98
（二）碱性锌锰电池	万只	5	1729.5
（三）锌空电池	万只	1	125
（六）锌汞电池	万只	1	456
（七）其他原电池	万只	4	4020.59
五、贮备电池小计	万只	1	1
（二）热电池	万只	1	1
六、物理电源		4	751
（一）硅太阳能电池	千瓦	4	751
八、蓄电池充电器	万只	1	13.01
九、电池专用配件	平方米	1	67524.43
（一）泡沫镍、纤维镍带	平方米	1	67524.43
电子信息专用材料制造			
电子元件材料制造			
一、电子元件材料合计	公斤	30	2825384.79
（一）纸绝缘板	公斤	2	20164.41
（二）纸基敷铜板	公斤	2	243856.1
（三）玻璃布基敷铜板	公斤	7	1637564.66

生产量、销售量和库存量汇总表

本年 生产量	本年 销售量	企业 自用量	年末 库存量	本年 出口量
1314	1109		275	
53581	57693	53	7186	33880
1066	1132		158	
14364	12919		2592	2971
36792	32462		19547	14669
458840	431733		39824	84739
4519476.25	4241386.55	514	366255.33	119877
4519446.81	4241348.88	514	366252.2	119875
29.44	37.67		3.13	2
204531	170296	1073	50763	60445
142401	113924	1073	43918	5180
62130	56372		6845	55265
307669.65	298828.46	2774.19	22706.07	89291
102556.78	107082.81		5793.95	83378
72372.87	60054.77	2750.04	11297.56	4377
573	342	0.15	355.85	1
940	351	0	1045	
131227	130997.88	24	4213.71	1535
3	15		-11	
3	15		-11	
3729	3888	16	576	130
3729	3888	16	576	130
5	1.16		16.85	
3587580.68	3588343.93		66761.18	987745
3587580.68	3588343.93		66761.18	987745
40520604.15	39792431.97	71668.92	3475092.31	16892856
64644.8	71374		13316.48	
4722643.4	4175474.56		790976.34	2985795
14233558	14019300		1850688.17	8766710

2003年电子信息产业主要产品

产品名称	计量单位	企业个数	年初库存量
（四）电子光学玻璃	公斤	2	183520.8
（七）电容器用铝箔材料	公斤	11	578173.33
1. 铝箔	公斤	7	534835.96
2. 聚脂膜	公斤	2	2326.57
3. 聚丙烯膜	公斤	4	41010.8
（八）压电材料	公斤	8	162105.49
1. 铌酸锂单晶	公斤	2	1912.49
3. 人造水晶	公斤	6	160193
真空电子器件材料制造			
一、真空电子器件材料合计	公斤	11	241572.57
（一）钨制品小计	公斤	3	26463.3
1. 钨丝	公斤	3	19880.82
2. 钨杆	公斤	3	5448.48
3. 钨铰丝加热子	公斤	1	1082.9
4. 钨片	公斤	1	51.1
（二）钼制品小计	公斤	3	10951.9
1. 钼丝	公斤	3	7259.68
2. 钼干	公斤	3	2573.82
3. 钼片	公斤	1	1118.4
（三）镍基合金小计	公斤	1	4904.6
1. 镍丝	公斤	1	2534.7
2. 镍带	公斤	1	2296.1
3. 镍管	公斤	1	73.8
（四）复合金属电子材料小计	公斤	2	9173.1
1. 杜镁丝	公斤	2	9173.1
（五）触头材料小计	公斤	1	3294
（六）电真空器件用玻璃	公斤	3	139075.77
（七）液晶材料	公斤	1	33166
（八）合金材料小计	公斤	2	1395.4
4. 其他合金材料	公斤	2	1395.4
（九）其他电真空材料	公斤	2	13148.5

生产量、销售量和库存量汇总表

本年生产量	本年销售量	企业自用量	年末库存量	本年出口量
5719509.1	5818722.1		84307.8	5123111
15224131.97	15238955.95	8684.06	554159.37	
7993608.27	8043984.7	362.84	484096.69	
7178.96	3891	4319.74	1039.69	
7223344.74	7191080.25	4001.48	69022.99	
556116.88	468605.36	62984.86	181644.15	17240
5622.88	2562.36	3141.86	1831.15	244
550494	466043	59843	179813	16996
4908120.82	4820849.07	10691.3	316999.12	3830361
234910.63	232771.41	6225.3	19398.3	7075
65117.42	65943.08	841.8	16244.55	5446
145631.91	142333.43	4556.2	2535.35	785
8312.9	7909.1	823.7	607	845
15848.4	16585.8	3.6	11.4	
266112.24	263646.55	2648	11042.21	8345
65859.42	65072.08	1161.6	5689.28	6766
56175.82	54555.87	678.3	2886.63	1479
144077	144018.6	808.1	2466.3	100
106491.5	101845.2	1385.2	7013.8	111
31289.3	30083.8	481.1	3470.8	
73912.7	70475.2	892.5	3494.2	111
1289.5	1286.2	11.6	48.8	
92604.8	95439.7	130.4	8927.3	3873
92604.8	95439.7	130.4	8927.3	3873
43738	43454		3578	
3905946.95	3832296.41		212726.31	3708805
149394	144214		38346	100940
5917.8	6094.9	171.4	1031.7	
5917.8	6094.9	171.4	1031.7	
103004.9	101086.9	131	14935.5	1212

2003年电子信息产业主要产品

产 品 名 称	计量单位	企业个数	年初库存量
半导体材料制造			
一、半导体材料合计		27	
（一）半导体单晶小计	公斤	12	118646.37
2. 硅单晶	公斤	12	118646.37
（二）半导体片材	万片	10	149.98
1. 半导体抛光片	万片	5	35.48
3. 其他半导体片材	万片	6	114.5
（三）半导体封装材料		7	
3. 封装用金属管壳	万只	2	262.5
5. 分立器件塑封引线框架及金属带材	万只	3	118240
6. 集成电路塑封引线框架及金属带材	万只	2	2905
8. 其他半导体封装材料	吨	2	623.2
（五）石英制品	公斤	2	251
信息化学品材料制造			
一、信息化学品材料合计		3	
（一）荧光粉小计	公斤	1	32381.87
2. 黑白荧光粉	公斤	1	32381.87
（二）碳酸盐	公斤	1	42000
（三）消气剂小计	万只	1	1479.05
1. 蒸散型	万只	1	1466.51
3. 汞钛剂	万只	1	12.54
（四）光刻胶	公斤	1	126

生产量、销售量和库存量汇总表

本 年 生产量	本 年 销售量	企 业 自用量	年 末 库存量	本 年 出口量
740556.41	683752.49	51220	128310.29	484868
740556.41	683752.49	51220	128310.29	484868
1018.05	969.44	2.09	195.73	72
297.34	282.84	0.04	49.17	72
720.71	686.6	2.05	146.56	0
763.74	732.94		293.3	
602006.77	563402.1		156844.67	286470
123030	123365		2570	26257
3609.9	3479.83		705.31	200
471.09	447.09		275	
155329	155130		32580.87	
155329	155130		32580.87	
816000	714000		144000	
9383.76	10067.86	0.77	794.18	
9373.55	10050.52	0.77	788.77	
10.21	17.34		5.41	
1940	1931		135	

产品名称	计量单位	企业个数	年初生产能力	本年新增能力
移动通信手持机	万部	37	21915	1500
移动通信基站设备	信道	18	10980000	28025
移动通信交换机	万线	4	4050	
无线寻呼机（BP）	万部	2	382	
电话单机	万部	28	6600	782
传真机	万部	8	180	
程控交换机	万线	27	8450	50
台式个人电脑	万台	40	2200	510
笔记本电脑	万台	18	165	1455
服务器	万台	5	48	
电视机	万台	50	8796	586
其中：彩色电视机	万台	42	7020	520
录像机	万台	6	480	169
激光视盘机	万台	25	5800	690
激光唱机（CD机）	万台	2	160	
摄像机	万台	3	85	
组合音响	万台	25	2750	780
显示器	万台	35	7800	1850
显像管	万台	18	8900	680
其中：彩色显像管	万只	10	8500	680
玻壳	万只	11	8630	3350
集成电路	万块	60	885000	423500
其中：大规模	万块	30	256000	68000

主要产品生产能力汇总表

其中：基建新增	其中：更新改造新增	本年减少能力	年末生产能力	本年平均生产能力
736	734	1240	22175	23000
15300	12725	318400	10689625	11000000
			4050	41000
			382	380
252	440	60	7322	7500
			180	180
	23	62	8438	8500
412	53	165	2870	2900
1442	3	1	1619	1600
			48	50
586		150	9232	9200
520		85	7455	7500
71	61	100	549	550
100	590	170	6320	6500
			160	160
			85	85
40	740	400	3130	3200
1790	60		9650	9700
110	570	50	9530	9500
110	570		9180	9100
2800	550		11980	12000
340000	83500		1308500	1300000
32000	12000	2400	300000	300000

2003年电子信息产业主要产品分省市产量情况

	程控交换机（不含移动）	移动通信手机合计	电话单机	电视机	彩色电视机（投影液晶PDP）
	（线）	（万部）	（部）	（台）	（台）
北京市	14878800	3818	22740		
天津市	218652	3650	1232289	1212503	1125691
河北省	204200				
山西省			1550	161000	161000
内蒙古区				1342993	1342993
辽宁省	213453	38	57675	4459415	4459415
吉林省	33350		13228	786059	786059
黑龙江	752			610171	610171
上海市	13838016	1876	3356850	1668243	1582819
江苏省	1398288	533	2298315	4676176	4676176
浙江省	943968	1796	5700	3022988	940485
安徽省				2653595	2653595
福建省	70	535	12613482	3044958	2526964
江西省	29295		97105		
山东省	2212497	576	243651	5556653	5536804
河南省	67720		59141	1585800	1583700
湖北省	531	166	367740		
湖南省	10100		246492		
广东省	23097305	5616	107270310	27227680	26012010
广西区					
海南省					
四川省	421			8999157	8999157
贵州省	16842	33	1472695	426908	426908
云南省					
重庆市				427000	427000
陕西省	905752	7		1363122	1363122
甘肃省				704	604
青海省					
宁夏区					
新疆区					
合　计	58070012	18644	129358963	69225125	65214673

2003年电子信息产业主要产品分省市产量情况

	收录放机（含复读机）	数字激光视盘机	微型计算机（不含学习机）	显示器（含CRT液晶PDP）	集成电路
	（台）	（台）	（部）	（部）	万块
北京市	289873	2161280	4692738	3596148	46892
天津市	80734	2721916	4209	6778252	36937
河北省					
山西省					
内蒙古区			50571		
辽宁省	6021	3093481	1782956	207544	127
吉林省	25314				
黑龙江			39527	8496	
上海市	792361	7922664	7881539	692338	327724
江苏省	1019963	9248328	5160217	41429475	319187
浙江省			74030	3149	109582
安徽省			157962		
福建省	8635461	2992706	2417415	10029540	9848
江西省	580874	26414	105557	15746	
山东省		418	485503	482505	45
河南省			4966		
湖北省		21024	4680	1458463	
湖南省			2685	106050	8
广东省	49593909	39351600	9248647	8107226	278411
广西区	90300		83		52
海南省				17573	
四川省		3188161	25202	327596	56
贵州省					3334
云南省					
重庆市					
陕西省	12500		21523		
甘肃省					108799
青海省					
宁夏区					
新疆区					
合　计	61127310	70727992	32160010	73260101	1241001

III 软件产业

2003年软件产业主要软件产品完成情况

计算单位：万元

软件 产品名称	企业 个数	销售 收入	软件 产品名称	企业 个数	销售 收入
一、软件产品合计	**5190**	**8366735**	2. 行业应用软件	3801	3786846
（一）系统软件小计	214	202120	（1）政务软件	208	115959
1. 操作系统	143	164598	（2）商务（贸）软件	58	25450
（1）通用操作系统	43	72015	（3）财税软件	83	45717
（2）嵌入式操作系统	106	92583	（4）金融软件	155	164259
2. 数据库系统	48	18693	（5）商业软件	88	42954
3. 其他	36	18829	（6）通信软件	188	981764
（二）支撑软件	237	328416	（7）能源软件	68	43812
1. 中间件	79	37483	（8）工业控制	170	180331
（1）数据库访问中间件	9	1652	（9）教育软件	127	44458
（2）消息中间件	6	3542	（10）旅游服务业	25	6599
（3）对象中间件	3	430	（11）交通应用	107	58396
（4）交易中间件	9	8874	（12）会计核算/财务管理软件	57	26312
（5）远程过程调用中间件	9	3018	（13）统计软件	27	10589
（6）终端仿真中间件	7	913	（14）其他行业应用软件	2825	2040246
（7）应用服务器（软件）	30	6853	3. 文字语言处理	34	7757
（8）其他中间件	16	12201	（1）信息检索	7	1174
2. 构件	9	19381	（2）文本处理	3	112
3. 网络及通信管理软件	127	225248	（3）语音应用	12	3139
4. 开发安全保密软件	21	18650	（4）其他资源库	2	570
5. 开发语言及工具软件与平台	20	7518	（5）机器翻译	1	54
6. 其他构件	5	20136	（6）其他文字处理软件	9	2708
（三）应用软件	4690	4834217	（四）嵌入式软件	299	3001982
1. 通用软件	1131	1039614	**二、应用软件系统集成服务**	**3600**	**5315479**
（1）字处理软件	8	1943	**三、软件信息服务合计**	**3519**	**2649069**
（2）报表处理软件	18	3497	1. 软件渠道销售与服务	92	167346
（3）地理信息软件	55	25074	2. 软件维护、培训、咨询	433	214348
（4）网页制作	54	8445	3. 软件定制开发	230	124553
（5）游戏软件	22	23368	4. 数据处理	47	73595
（6）企业管理软件	437	240066	5. 信息系统运行维护	118	79563
（7）多媒体应用软件	84	45438	6. 其他软件信息服务	2751	1989663
（8）辅助设计与辅助制造软件	28	17455			
（9）信息安全软件	95	86195			
（10）其他通用软件	474	588132			

2003年软件产业主要指标完成情况（一）

计算单位：万元

	企业个数	软件及系统集成收入	其中：软件产品	系统集成	软件服务
总　　计	**5624**	**16331289**	**8366735**	**5315485**	**2649069**
一、按企业登记注册类型分列					
内资企业	4898	12265301	6293807	4382138	1589356
国有企业	128	891777	376839	393084	121854
集体企业	47	504258	327299	161431	15528
股份合作企业	91	125006	43273	60939	20794
联营企业	28	31299	17073	7566	6660
国有联营企业	10	12183	9613	538	2032
集体联营企业	3	2350	683	270	1397
国有与集体联营企业	3	5704	1694	2296	1714
其他联营企业	12	11062	5083	4462	1517
有限责任公司	2752	6189910	3241741	2119270	828899
国有独资公司	31	514773	462700	14933	37140
其他有限责任公司	2721	5675137	2779041	2104337	791759
股份有限公司	405	2398646	918494	1125034	355118
私营企业	1428	2098164	1355316	511137	231711
其他内资企业	19	26241	13772	3677	8792
港、澳、台商投资企业	196	1258588	342976	434151	481461
合资经营企业（港澳台资）	84	284252	159811	75274	49167
合作经营企业（港澳台资）	7	15899	2250	883	12766
港澳台商独资经营企业	98	724715	153411	261142	310162
港澳台商投资股份有限公司	7	233722	27504	96852	109366
外商投资企业	530	2807400	1729952	499196	578252
中外合资经营企业	138	449394	178133	208716	62545
中外合作经营企业	29	109607	23176	44894	41537
外资企业	351	1930716	1296376	181613	452727
外商投资股份有限公司	12	317683	232267	63973	21443
二、按经济类型分列					
国有经济	169	1418733	849152	408555	161026
集体经济	50	506608	327982	161701	16925
股份合作经济	91	125006	43273	60939	20794

2003年软件产业主要指标完成情况（一）

计算单位：万元

	企业个数	软件及系统集成收入	其中：软件产品	系统集成	软件服务
股份制经济	3126	8073783	3697535	3229371	1146877
外商及港澳台投资经济	726	4065988	2072928	933347	1059713
其他经济	1462	2141171	1375865	521572	243734
三、按控股分列					
国有控股企业	266	2018458	1086238	723400	208820
四、按类别分列					
软件制造及软件服务业	5624	16331289	8366735	5315485	2649069
软件制造业	3592	9670960	6342719	2436440	891801
系统集成制造业	1498	5508075	1680413	2621433	1206229
软件服务业	534	1152254	343603	257612	551039
五、按地区分列					
（一）按省、市分列					
北京市*					
天津市	134	264323	179272	63672	21379
河北省	28	60538	46165	13687	686
山西省	13	13760	5396	7135	1229
内蒙古区	28	33631	3377	28585	1669
辽宁省	310	729679	297974	226958	204747
吉林省	71	295356	69036	166171	60149
黑龙江省	135	250235	79328	125634	45273
上海市	331	1271495	703590	358096	209809
江苏省*					
浙江省	261	1373634	717844	527659	128131
安徽省	90	82589	49633	23273	9683
福建省	48	435573	210220	149336	76017
江西省	30	77793	35498	30926	11369
山东省	112	1238274	841936	335951	60387
河南省	38	54551	12340	40212	1999
湖北省	72	137572	49247	68891	19434
湖南省	175	377549	253644	102109	21796

*：北京市、江苏省两地未按要求填报，无法进行分类汇总，故缺项。

2003年软件产业主要指标完成情况（一）

计算单位：万元

	企业个数	软件及系统集成收入	其中：		
			软件产品	系统集成	软件服务
广东省	915	3461185	2537517	469537	454131
广西区	31	33713	23671	8214	1828
海南省	18	18666	16330	1908	428
四川省	108	801423	131241	553956	116226
贵州省	3	7504	4080	3053	371
云南省	44	89357	12271	57003	20083
重庆市	64	217517	41431	160380	15706
陕西省	115	240015	104028	93127	42860
甘肃省	43	51576	21621	23551	6404
宁夏区	18	12226	1391	9853	982
新疆区	23	35462	8413	22614	4435
（二）按单列市分列					
大连市	114	357363	192975	9501	154887
宁波市	66	35416	20842	8637	5937
厦门市	11	102399	88911	7943	5545
青岛市	65	994472	791603	163336	39533
深圳市	465	2441523	1900534	260054	280935

2003年软件产业主要指标完成情况（二）

计算单位：万元

	软件及系统集成出口(万美元)	软件增加值	税金总额	软件及系统集成利润	应交所得税
总　计	***200000**	**12324338**	**1479232**	**594539**	**325277**
一、按企业登记注册类型分列					
内资企业	45943	8892010	1038111	482764	261593
国有企业	458	434416	28251	11814	5756
集体企业		859637	129702	426	20893
股份合作企业	77	45436	6522	2219	1094
联营企业	32	16655	1302	1946	332
国有联营企业		7672	217	-17	75
集体联营企业		1154	175	10	32
国有与集体联营企业	32	1572	173	123	1
其他联营企业		6257	737	1830	224
有限责任公司	13398	4422461	431841	294153	98860
国有独资公司		528982	59376	1171	16225
其他有限责任公司	13398	3893479	372465	292982	82635
股份有限公司	14691	1238957	147358	80586	46793
私营企业	17226	1857111	291862	91164	87410
其他内资企业	61	17337	1273	456	455
港、澳、台商投资企业	2328	1006090	73061	11092	19554
合资经营企业（港澳台资）	483	594975	36807	6584	14201
合作经营企业（港澳台资）		10011	1022	74	990
港澳台商独资经营企业	1845	363005	27774	3181	1887
港澳台商投资股份有限公司		38099	7458	1253	2476
外商投资企业	24457	2426238	368060	100683	44130
中外合资经营企业	6989	282963	106846	38575	17490
中外合作经营企业	278	29355	5077	4593	468
外资企业	15533	1702857	159746	49032	22851
外商投资股份有限公司	1657	411063	96391	8483	3321
二、按经济类型分列					
国有经济	458	971070	87844	12968	22056
集体经济		860791	129877	436	20925

注：嵌入式软件产品出口未列入分类。

2003年软件产业主要指标完成情况（二）

计算单位：万元

	软件及系统集成出口(万美元)	软件增加值	税金总额	软件及系统集成利润	应交所得税
股份合作经济	77	45436	6522	2219	1094
股份制经济	28089	5132436	519823	373568	129428
外商及港澳台投资经济	26785	3432328	441121	111775	63684
其他经济	17319	1882277	294045	93573	88090
三、按控股分列					
国有控股企业	3241	2585426	298664	55815	84299
四、按类别分列					
软件制造及软件服务业	72728	12324338	1479232	594539	325277
软件制造业	37561	8777423	1029404	435715	211416
系统集成制造业	29255	2910430	398163	75333	103117
软件服务业	5912	636485	51665	83491	10744
五、按地区分列					
（一）按省、市分列					
北京市*					
天津市	977	1024716	14833	-4609	1467
河北省		74170	5586	3237	2228
山西省		7607	606	1352	64
内蒙古区		15095	960	101	325
辽宁省	9392	662415	109714	63240	24310
吉林省	179	145890	8703	18430	2316
黑龙江省	140	55587	17785	17311	5248
上海市	7812	1180676	169430	47478	21429
江苏省*					
浙江省	3621	438477	81049	58127	25822
安徽省	289	34783	5033	11865	1715
福建省	279	678240	45158	12322	16224
江西省	168	60629	5375	2990	2542
山东省	435	1611137	204032	13924	36216
河南省		75686	9802	2849	8443
湖北省		94775	13666	2328	1749
湖南省	54	187270	33476	15693	5324

2003年软件产业主要指标完成情况（二）

计算单位：万元

	软件及系统集成出口(万美元)	软件增加值	税金总额	软件及系统集成利润	应交所得税
广东省	32670	3335222	17197	206383	93895
广西区	24	18577	3113	316	293
海南省	30	9239	544	493	124
四川省	250	372765	18751	7004	6229
贵州省		26779	3176	674	437
云南省	16	39201	6336	4476	985
重庆市	1	49260	8078	7832	2748
陕西省	383	146151	17197	14377	4891
甘肃省		22491	3113	3844	957
宁夏区		10362	544	315	211
新疆区		12219	1597	4435	995
（二）按单列市分列					
大连市	6043	379001	15307	7216	5654
宁波市	56	22444	4160	2860	1355
厦门市		487945	28108	1362	12186
青岛市	432	1115465	180099	4052	30798
深圳市	26394	2777113	299734	169334	80675

2003年软件产业主要指标完成情况（三）

计算单位：万元

	全年完成基本建设投资额	技术改造项目完成投资额	全年研发经费总额	其中：软件研发经费
总　　计	**732971**	**530351**	**2606380**	**964699**
一、按企业登记注册类型分列				
内资企业	700020	418411	1902626	742298
国有企业	35953	20861	63728	27809
集体企业	62994	47816	386853	1677
股份合作企业	2888	1372	3997	3538
联营企业	277	81	6864	6169
国有联营企业		81	2185	1767
集体联营企业			2724	2823
国有与集体联营企业			490	408
其他联营企业	277		1465	1171
有限责任公司	374495	250178	753822	440844
国有独资公司	52940	53160	102094	11234
其他有限责任公司	321555	197018	651728	429610
股份有限公司	102424	78653	226517	156342
私营企业	117989	19423	455451	102867
其他内资企业	3000	27	5394	3052
港、澳、台商投资企业	13175	29469	229646	40094
合资经营企业（港澳台资）	12674	17961	189141	13368
合作经营企业（港澳台资）	150	35	1561	1496
港澳台商独资经营企业	351	7966	37976	24317
港澳台商投资股份有限公司		3507	968	913
外商投资企业	19776	82471	474108	182307
中外合资经营企业	4009	10494	57141	51883
中外合作经营企业	1804	132	9255	6327
外资企业	5978	40666	319436	108463
外商投资股份有限公司	7985	31179	88276	15634
二、按经济类型分列				
国有经济	88893	74102	168007	40810
集体经济	62994	47816	389577	4500

2003年软件产业主要指标完成情况（三）

计算单位：万元

	全年完成基本建设投资额	技术改造项目完成投资额	全年研发经费总额	其中：软件研发经费
股份合作经济	2888	1372	3997	3538
股份制经济	423979	275671	878245	585952
外商及港澳台投资经济	32951	111940	703754	222401
其他经济	121266	19450	462800	107498
三、按控股分列				
国有控股企业	340663	247681	547282	130133
四、按类别分列				
软件制造及软件服务业	732971	530351	2606380	964699
软件制造业	538891	484485	2010260	758184
系统集成制造业	159147	33016	501923	127230
软件服务业	34933	12850	94197	79285
五、按地区分列				
（一）按省、市分列				
北京市*				
天津市	152	38678	96410	28029
河北省	612		3457	1869
山西省	1	9	1327	1027
内蒙古区	5	62	2401	1248
辽宁省	29703	14123	114169	96451
吉林省	2575	21599	35380	12813
黑龙江省	45927	5589	12626	10342
上海市	126306	111729	394781	159895
江苏省*				
浙江省	35093	24693	102325	48284
安徽省	6130	1088	14397	12313
福建省	29142	29538	208588	24386
江西省	9322	10126	11694	6402
山东省	88379	106284	523275	32234
河南省	2819	1667	24019	12597
湖北省	3871	5535	9577	4548

2003年软件产业主要指标完成情况（三）

计算单位：万元

	全年完成基本建设投资额	技术改造项目完成投资额	全年研发经费总额	其中：软件研发经费
湖南省	17856	9317	42021	24981
广东省	172885	60924	783905	370193
广西区	994	254	3978	3525
海南省	550	5	741	612
四川省	17507	7360	40288	21729
贵州省	1517	10267	3509	261
云南省	1013	1054	7661	4358
重庆市	1071	3929	16467	9366
陕西省	19027	9495	24969	17487
甘肃省	1957	296	5907	5226
宁夏区	23	85	965	772
新疆区	50	521	3796	3165
（二）按单列市分列				
大连市	6869	5420	71000	58164
宁波市	7629	6031	6492	5145
厦门市	12672	16581	178153	5840
青岛市	76722	94035	472504	16056
深圳市	130998	21387	654106	268812

2003年软件产业主要指标完成情况（四）

计算单位：万美元

	全年吸引外资签约额	全年吸引外资到位总额	累计吸引外资到位总额
总　　计	**37548**	**659057**	**743598**
一、按企业登记注册类型分列			
内资企业	17677	619898	674902
国有企业	421	191	3900
集体企业	3498	2772	11031
股份合作企业			
联营企业			
国有联营企业			
集体联营企业			
国有与集体联营企业			
其他联营企业			
有限责任公司	11650	556938	597351
国有独资公司	1040	1717	8230
其他有限责任公司	10610	555221	589121
股份有限公司	1407	58229	60756
私营企业	701	1768	1864
其他内资企业			
港、澳、台商投资企业	618	14019	16386
合资经营企业（港澳台资）	550	2040	2765
合作经营企业（港澳台资）		100	278
港澳台商独资经营企业	68	11879	13343
港澳台商投资股份有限公司			
外商投资企业	19253	25140	52310
中外合资经营企业	15176	15662	22377
中外合作经营企业		146	522
外资企业	2777	8032	18541
外商投资股份有限公司	1300	1300	10870
二、按经济类型分列			
国有经济	1461	1908	12130
集体经济	3498	2772	11031

2003年软件产业主要指标完成情况(四)

计算单位：万美元

	全年吸引外资签约额	全年吸引外资到位总额	累计吸引外资到位总额
股份合作经济			
股份制经济	12017	613450	649877
外商及港澳台投资经济	19871	39159	68696
其他经济	701	1768	1864
三、按控股分列			
国有控股企业	26249	178564	224906
四、按类别分列			
软件制造及软件服务业	37548	659057	743598
软件制造业	35968	615522	692502
系统集成制造业	601	27619	32015
软件服务业	979	15916	19081
五、按地区分列			
（一）按省、市分列			
北京市*			
天津市	20	10	3461
河北省			
山西省			
内蒙古区	187	187	187
辽宁省	15350	15912	25392
吉林省			
黑龙江省	15	15	65
上海市	12233	4779	37818
江苏省*			
浙江省	650	503	1311
安徽省		206	1243
福建省	1400	859	2320
江西省	655	630	751
山东省	4538	3812	12571
河南省	26	26	296
湖北省			

2003年软件产业主要指标完成情况（四）

计算单位：万美元

	全年吸引外资签约额	全年吸引外资到位总额	累计吸引外资到位总额
湖南省	830	625464	633078
广东省	1050	5525	11614
广西区			
海南省			
四川省			150
贵州省			1841
云南省			
重庆市	2		535
陕西省	84	181	1534
甘肃省			
宁夏区			
新疆区			
（二）按单列市分列			
大连市	98	783	7343
宁波市			90
厦门市	800	800	1453
青岛市	4538	3812	12571
深圳市	687	3795	7751

2003年软件产业主要指标完成情况（五）

单位：人

	从业人员年末人数	其中：工程技术人员	管理人员	软件研发人员
总　　计	**614588**	**217564**	**70107**	**118816**
一、按企业登记注册类型分列				
内资企业	470132	178162	57987	96525
国有企业	36194	11767	4479	4420
集体企业	32655	8029	3116	398
股份合作企业	4474	1247	392	649
联营企业	1516	830	210	638
国有联营企业	470	267	58	231
集体联营企业	177	83	21	84
国有与集体联营企业	191	87	3	87
其他联营企业	678	393	128	236
有限责任公司	225683	84395	29641	53568
国有独资公司	26185	3292	3772	2006
其他有限责任公司	199498	81103	25869	51562
股份有限公司	87596	32071	11358	20010
私营企业	78561	38005	8077	16171
其他内资企业	3453	1818	714	671
港、澳、台商投资企业	46475	8240	4702	4244
合资经营企业（港澳台资）	27651	4478	3797	1496
合作经营企业（港澳台资）	575	249	70	172
港澳台商独资经营企业	12632	3218	780	2402
港澳台商投资股份有限公司	5617	295	55	174
外商投资企业	97981	31162	7418	18047
中外合资经营企业	18034	8049	2092	6937
中外合作经营企业	10583	1562	1005	662
外资企业	57552	16100	3095	7243
外商投资股份有限公司	11812	5451	1226	3205
二、按经济类型分列				
国有经济	62849	15326	8309	6657
集体经济	32832	8112	3137	482

2003年软件产业主要指标完成情况（五）

单位：人

	从业人员年末人数	其中:		
		工程技术人员	管理人员	软件研发人员
股份合作经济	4474	1247	392	649
股份制经济	287094	113174	37227	71572
外商及港澳台投资经济	144456	39402	12120	22291
其他经济	82883	40303	8922	17165
三、按控股分列				
国有控股企业	134044	42086	20766	16855
四、按类别分列				
软件制造及软件服务业	614588	217564	70107	118816
软件制造业	427328	144756	51688	83887
系统集成制造业	146871	50176	11505	21055
软件服务业	40389	22632	6914	13874
五、按地区分列				
（一）按省、市分列				
北京市*				
天津市	19228	6473	1449	2936
河北省	3310	1414	373	1003
山西省	824	489	149	275
内蒙古区	1467	949	277	424
辽宁省	53193	19917	5944	10140
吉林省	6969	5220	768	2396
黑龙江省	7504	4569	1243	3245
上海市	48211	23083	7540	14070
江苏省*				
浙江省	29116	13172	4835	6827
安徽省	6373	2977	1026	2069
福建省	32448	6574	4905	2840
江西省	8253	2142	1611	909
山东省	51848	15435	6789	4780
河南省	5684	2755	594	1306
湖北省	16991	3903	1580	1744
湖南省	19102	10303	2767	8385

2003年软件产业主要指标完成情况（五）

单位：人

	从业人员年末人数	其中: 工程技术人员	管理人员	软件研发人员
广东省	95234	55624	12545	33150
广西区	2283	1249	514	761
海南省	1314	537	179	284
四川省	20535	8310	2815	3853
贵州省	5884	885	916	54
云南省	4021	2464	677	1233
重庆市	8472	3193	1463	1728
陕西省	13602	6364	2778	3901
甘肃省	3291	2066	631	1356
宁夏区	781	464	170	221
新疆区	1537	913	315	390
（二）按单列市分列				
大连市	32877	9197	2477	3281
宁波市	3348	1380	613	681
厦门市	13479	2439	1281	515
青岛市	42890	10142	5209	2669
深圳市	64194	38814	7645	20960

2003年软件产业主要指标完成情况（六）

单位：人

	大专以上	高级职称	中级职称	初级职称
总　　计	**288002**	**32113**	**82834**	**98501**
一、按企业登记注册类型分列				
内资企业	235327	28575	71166	82453
国有企业	15407	2216	4520	5551
集体企业	10254	263	1013	4563
股份合作企业	1479	178	497	414
联营企业	1220	88	250	290
国有联营企业	377	27	82	109
集体联营企业	162	16	83	47
国有与集体联营企业	87		4	
其他联营企业	594	45	81	134
有限责任公司	115349	13658	35441	40974
国有独资公司	8107	674	2098	6105
其他有限责任公司	107242	12984	33343	34869
股份有限公司	44854	3775	12419	16730
私营企业	44700	8258	15970	13259
其他内资企业	2064	139	1056	672
港、澳、台商投资企业	9900	1041	3012	3975
合资经营企业（港澳台资）	5642	807	1014	2490
合作经营企业（港澳台资）	164	9	53	205
港澳台商独资经营企业	3758	205	1878	1132
港澳台商投资股份有限公司	336	20	67	148
外商投资企业	42775	2497	8656	12073
中外合资经营企业	11270	667	1929	3565
中外合作经营企业	2265	95	653	778
外资企业	19969	1110	3729	4326
外商投资股份有限公司	9271	625	2345	3404
二、按经济类型分列				
国有经济	23891	2917	6700	11765
集体经济	10416	279	1096	4610
股份合作经济	1479	178	497	414

2003年软件产业主要指标完成情况（六）

单位：人

	大专以上	高级职称	中级职称	初级职称
股份制经济	152096	16759	45762	51599
外商及港澳台投资经济	52675	3538	11668	16048
其他经济	47445	8442	17111	14065
三、按控股分列				
国有控股企业	58683	5369	16235	27183
四、按类别分列				
软件制造及软件服务业	288002	32113	82834	98501
软件制造业	200146	18896	54052	71611
系统集成制造业	61285	10918	22011	19417
软件服务业	26571	2299	6771	7473
五、按地区分列				
（一）按省、市分列				
北京市*				
天津市	10488	626	1234	1565
河北省	2110	356	474	646
山西省	624	76	229	107
内蒙古区	1166	165	332	307
辽宁省	21956	1887	5220	6486
吉林省	5430	555	1624	1439
黑龙江省	6002	781	1658	2015
上海市	33096	2497	8334	9818
江苏省*				
浙江省	19339	1231	4215	8136
安徽省	4323	525	1147	1399
福建省	9868	907	2518	4346
江西省	2479	314	903	1116
山东省	22569	1202	4041	12005
河南省	3587	353	937	953
湖北省	5174	885	2103	1737
湖南省	1365	3516	4365	8385
广东省	73415	12027	25935	21634

2003年软件产业主要指标完成情况（六）

单位：人

	大专以上	高级职称	中级职称	初级职称
广西区	1687	124	425	500
海南省	666	62	161	135
四川省	10788	1526	4319	4242
贵州省	1147	324	1261	764
云南省	2894	280	919	948
重庆市	5595	665	1907	1887
陕西省	8997	961	2899	2788
甘肃省	2527	279	731	1086
宁夏区	622	69	129	181
新疆区	1327	141	235	302
（二）**按单列市分列**				
大连市	7573	668	1507	2142
宁波市	1881	145	426	556
厦门市	2842	90	484	1705
青岛市	15561	615	2372	9346
深圳市	51511	10256	19732	13805

IV　进出口情况

2003年电子信息产业出口完成情况（一）

计算单位：万美元

	出口完成	比去年增长%	通信设备	比去年增长%	广播电视设备	比去年增长%
总计	**14209034.6**	**54.38**	**1737190.6**	**50.16**	**200527.2**	**52.66**
一、按经济类型分列						
外商独资企业	8444817.8	73.77	855296.3	56.31	94875.1	161.72
中外合资企业	3099777.7	41.41	670244.0	44.44	54925.6	(3.58)
国有企业	1648286.8	6.63	145572.0	40.85	29623.4	(9.92)
私人企业	382840.3	245.66	8545.7	110.82	17916.7	1177.60
中外合作企业	351038.3	17.58	16122.8	6.91	889.3	(12.42)
集体企业	281858.2	43.29	41330.8	78.55	2293.6	(18.85)
其他企业	415.5	6.60	79.0	29.52	3.5	(25.27)
二、按贸易方式分列						
进料加工贸易	10612134.8	58.84	1412806.8	47.51	131093.1	49.58
来料加工装配贸易	2136733.7	35.16	98485.7	23.88	35321.4	16.28
一般贸易	1070123.8	50.61	206357.4	92.39	17779.9	93.44
保税区仓储转口货物	323243.0	75.93	6402.5	(18.22)	14655.6	459.93
保税仓库进出境货物	50542.2	38.02	11556.5	187.79	1042.9	5.96
边境小额贸易	10377.7	66.33	493.7	200.20	348.7	(9.84)
对外承包工程出口货物	2715.6	38.38	978.4	413.23	110.2	471.14
其他	1484.3	732.68	53.6	(6.98)	58.0	138.76
国家间、国际组织无偿援助和赠送的物资	1330.2	(2.68)	52.4	(60.43)	117.3	8.12
易货贸易	246.5	(82.90)				
出料加工贸易	100.9	(33.77)	3.6			
寄售代销贸易	1.5					
租赁贸易	0.5	(86.32)				
三、按省市分列						
广东省	6939206.8	43.49	666972.8	58.33	103421.6	65.48
江苏省	2718199.9	100.20	251375.7	105.53	16109.3	74.98
上海市	1805191.7	99.41	169137.3	49.33	32587.4	119.57
天津市	687308.0	24.20	269904.2	25.85	15964.1	(20.03)
福建省	554805.0	44.23	17127.7	55.98	2577.1	37.35
北京市	365285.7	25.51	203073.0	19.32	11747.2	(6.65)

2003年电子信息产业出口完成情况（一）

计算单位：万美元

	出口完成	比去年增长%	通信设备	比去年增长%	广播电视设备	比去年增长%
辽宁省	350991.7	16.35	19966.0	44.12	5105.5	68.70
浙江省	339826.7	57.61	59217.4	33.48	6465.9	111.57
山东省	223215.3	28.63	55948.2	56.17	5215.6	61.65
四川省	92201.4	4.22	857.1	691.87	64.6	(35.93)
湖北省	27604.3	64.73	17759.2	132.50	196.0	28.96
陕西省	16845.7	26.43	808.6	(0.99)	8.9	(23.50)
安徽省	13187.3	18.98	306.0	66.46	479.8	66.49
河北省	12210.6	28.36	501.2	4.72	11.4	(82.58)
湖南省	10256.9	7.56	365.1	93.33	75.0	216.73
黑龙江省	7781.9	(21.39)	390.6	113.37	54.4	291.06
贵州省	6682.7	328.01	2229.7		3.7	(89.41)
吉林省	6631.8	87.41	30.3	169.73	21.0	1.62
新疆区	5192.0	100.79	369.7	298.31	83.3	3.75
重庆市	4539.9	45.98	216.5	(11.94)	32.5	
河南省	4422.8	39.13	79.5	(35.31)	8.9	225.83
广西区	4353.6	55.24	37.8	(1.85)	18.4	
江西省	3941.1	55.47	82.0	479.59	18.2	(5.88)
宁夏区	1845.2	12.75				
海南省	1736.3	(6.34)	62.8	(58.11)	18.9	(18.31)
云南省	1439.5	42.80	236.8	828.22	2.8	129.90
山西省	1296.6	40.10	16.1	245.35	0.0	(95.57)
甘肃省	1279.5	536.37	0.0	(98.83)		
西藏区	943.1	(8.28)	90.2	36.42	234.5	4.42
内蒙古区	562.1	5.91	9.7	238.87	1.1	(25.78)
青海省	49.4	93.65	19.5	516.19		
四、按国别分列						
中国香港特区	3412168.7	48.82	335930.0	39.84	30334.6	218.26
美国	3247237.4	54.46	435591.5	36.83	57027.4	36.97
日本	1596265.0	41.67	110285.5	41.86	38095.8	15.85
荷兰	792457.7	65.27	42131.7	149.12	12568.6	42.02

2003年电子信息产业出口完成情况（一）

计算单位：万美元

	出口完成	比去年增长%	通信设备	比去年增长%	广播电视设备	比去年增长%
德国	721163.1	90.25	176703.8	50.60	7461.0	62.21
韩国	502408.1	54.06	70744.4	4.95	7915.1	80.08
新加坡	421010.5	30.72	63194.7	131.26	1416.7	(30.50)
中国台湾省	369761.2	58.39	14078.9	143.78	5642.0	782.60
法国	332918.2	219.38	41008.5	172.42	1328.7	(13.79)
英国	322808.4	59.70	21033.4	47.63	3297.5	45.67
马来西亚	304402.3	17.90	21534.1	(20.36)	7547.7	177.29
泰国	150111.4	22.61	24498.7	(19.49)	1167.8	209.87
澳大利亚	140105.4	75.98	12939.6	64.18	1670.0	115.72
匈牙利	129646.2	99.60	93876.5	235.29	902.7	134.57
加拿大	113366.9	61.68	8692.2	31.65	2599.6	35.04
爱尔兰	106667.0	89.03	2565.0	(41.01)	610.1	389.88
芬兰	100716.9	38.36	22463.8	7.82	4782.0	38.02
阿拉伯联合酋长国	96080.7	53.62	16398.8	111.54	1138.4	101.38
墨西哥	95517.4	7.44	7808.0	37.89	1964.6	2.52
菲律宾	92214.9	121.63	5894.4	68.30	619.1	51.20
意大利	84989.3	56.76	10202.4	130.08	1231.5	61.09
比利时	77660.5	72.13	8460.2	493.75	1374.2	(14.61)
印度	69767.5	20.64	32906.7	31.91	346.7	89.25
俄罗斯联邦	65162.8	88.63	7764.4	46.37	166.6	9.52
巴西	61095.7	63.38	19397.4	173.38	459.7	4.71
西班牙	60426.2	93.42	4444.7	153.77	1236.8	72.55
印度尼西亚	59119.7	23.94	6066.4	81.38	1146.4	127.45
捷克	57284.1	69.83	16832.9	280.72	36.6	(55.68)
土耳其	50359.3	100.94	3000.3	333.14	297.4	267.72
奥地利	35078.7	64.36	6053.4	(44.94)	78.4	95.65
南非	32630.6	43.51	2295.2	(54.58)	651.2	102.41
瑞典	30158.6	73.74	12212.8	246.80	571.3	226.89
卢森堡	28674.1	816.21	4680.7	33352.07	37.4	73.37
伊朗	23525.3	189.66	7915.3	330.75	33.6	141.45

2003年电子信息产业出口完成情况（一）

计算单位：万美元

	出口完成	比去年增长%	通信设备	比去年增长%	广播电视设 备	比去年增长%
尼日利亚	20733.7	131.67	4545.7	1075.51	194.2	53.12
巴基斯坦	17971.5	18.04	4153.0	(20.19)	124.4	16.97
以色列	17305.3	49.42	1129.2	(11.77)	139.1	42.14
丹麦	16823.2	64.87	941.0	84.53	424.5	232.55
沙特阿拉伯	16130.6	31.53	1196.0	(2.05)	52.9	(34.95)
智利	15875.7	38.86	666.2	115.90	436.5	(24.76)
波兰	15823.3	17.29	971.3	299.60	118.2	51.19
新西兰	15697.9	74.41	2480.1	102.77	150.2	63.82
乌克兰	14567.8	94.32	227.8	242.09	366.9	(18.31)
巴拿马	13845.4	39.95	181.5	50.75	250.7	(47.86)
越南	12556.2	38.64	1038.0	(11.17)	85.0	96.89
瑞士	11857.3	85.33	827.5	126.32	93.0	56.63
埃及	11604.4	53.08	3546.9	210.06	71.9	(18.38)
中国澳门特区	10014.8	77.24	1326.6	32.83	21.9	
阿尔及利亚	9933.4	172.93	4941.3	1176.06	79.6	205.10
希腊	8996.2	39.68	471.2	3.29	138.4	45.90
哈萨克斯坦	8905.6		825.3		82.5	
阿根廷	7233.4	500.72	399.3	1495.54	65.0	789.73
葡萄牙	7162.1	104.21	856.9	227.86	62.0	172.51
爱沙尼亚	7129.8	(24.39)	3937.1	(37.47)	0.1	95.58
哥伦比亚	7118.7	45.48	1960.8	1120.14	199.3	(8.52)
秘鲁	6531.5	68.86	554.2	353.52	161.3	(55.88)
孟加拉国	5680.5	6.28	1443.9	(38.12)	17.0	458.06
贝宁	5641.1	(34.06)	8.6	57.91	7.0	(26.49)
摩洛哥	5250.9	81.85	553.4	95.03	26.2	9.99
约旦	5121.7	118.60	32.8	(84.30)	18.0	633.62
安哥拉	4958.5	1072.80	2576.0		7.4	25.72
古巴	4850.7	(37.93)	889.3	76.53	138.8	(77.74)
立陶宛	4725.1	163.86	25.7	134.70	23.5	
叙利亚	4686.5	73.37	1383.4	426.81	31.4	165.48

2003年电子信息产业出口完成情况（一）

计算单位：万美元

	出口完成	比去年增长%	通信设备	比去年增长%	广播电视设备	比去年增长%
罗马尼亚	4569.9	130.72	242.5	99.16	10.9	328.67
黎巴嫩	4309.2	20.81	71.1	(28.83)	30.0	57.85
巴拉圭	4157.1	64.33	63.6	206.10	41.2	613.26
缅甸	4093.3	55.27	736.1	171.03	32.3	148.46
厄瓜多尔	3837.5	86.32	400.2	1056.99	65.5	94.11
斯洛伐克	3793.6	179.88	79.3	272.28	19.3	13.44
老挝	3677.6	208.46	2795.0	267.88	36.6	(31.95)
埃塞俄比亚	3535.0	681.23	2613.3	2112.77	9.1	131.88
加纳	3394.6	55.01	706.0		12.2	133.41
科威特	3346.7	5.38	449.8	10.10	44.4	106.20
南斯拉夫	3251.7	524.26	10.9	21.95	3.3	
挪威	3250.4	78.08	301.5	29.93	43.3	50.71
朝鲜	2938.0	48.30	116.8	88.75	24.6	8.29
乌兹别克斯坦	2774.5		1761.1		4.4	
保加利亚	2633.6	214.26	46.6	(1.60)	6.3	377.66
乌拉圭	2545.1	149.25	7.3	(44.72)	10.0	177.46
肯尼亚	2530.1	(2.24)	407.9	(17.71)	3.2	53.21
也门	2520.1	(37.30)	580.6	(75.36)	0.5	(92.60)
斯里兰卡	2381.7	28.12	183.4	39.92	10.7	134.85
多哥	2191.8	241.29	2.1	(87.21)	3.3	
苏丹	1889.2	35.02	73.6	(38.97)	9.6	(58.12)
吉尔吉斯斯坦	1627.4		471.3		2.8	
克罗地亚	1617.8	91.78	27.6	202.81	5.1	4.63
尼泊尔	1587.5	(10.10)	360.2	(22.53)	240.4	3.19
委内瑞拉	1504.8	(23.27)	174.3	70.15	35.4	17.48
突尼斯	1463.3	(19.74)	144.4	(84.94)	7.5	(48.87)
坦桑尼亚	1387.5	(9.12)	265.5	634.24	0.0	(97.88)
赞比亚	1301.6	(31.06)	1104.9	(36.85)	0.4	(83.42)
科特迪瓦	1239.4	(19.40)	0.6	(98.84)	7.8	102.49

2003年电子信息产业出口完成情况（二）

计算单位：万美元

	计算机	比去年增长%	家用电子电　器	比去年增长%	电子仪器设　备	比去年增长%
总　　计	**1149155.6**	**58.27**	**462516.8**	**23.76**	**124240.5**	**58.57**
一、按经济类型分列						
外商独资企业	839456.5	67.85	150819.2	51.77	73185.1	73.50
中外合资企业	155807.5	39.10	152235.5	22.84	16563.0	98.66
国有企业	105645.9	25.53	100973.1	(5.61)	20533.5	(2.48)
中外合作企业	26883.7	11.08	17065.3	35.81	5030.3	17.75
私人企业	8967.5	932.12	23532.3	196.43	6814.0	850.35
集体企业	12379.5	163.77	17884.7	(21.98)	2103.8	17.79
其他企业	15.0	4.24	6.7	129.75	10.8	396.85
二、按贸易方式分列						
进料加工贸易	5478258.3	87.83	1896983.2	26.10	382535.6	56.54
来料加工装配贸易	928816.9	78.49	472793.7	1.47	108403.4	26.54
一般贸易	57325.8	83.52	272334.0	30.63	74595.2	50.32
保税区仓储转口货物	156340.7	60.64	37819.6	141.66	15439.6	90.84
保税仓库进出境货物	10827.7	17.12	13915.4	13.30	5357.2	26.76
边境小额贸易	815.0	144.29	6045.1	58.79	651.5	110.85
对外承包工程出口货物	409.1	126.60	100.4	47.94	926.3	(35.45)
其他	109.9	168.81	1254.8		6.0	13.53
国家间、国际组织无偿援助和赠送的物资	778.7	24.07	79.7	(5.63)	247.2	(21.42)
易货贸易	51.4		195.0	(86.41)		
出料加工贸易			2.1		0.5	
寄售代销贸易	0.0		1.5			
租赁贸易					0.5	(86.32)
三、按省市分列						
广东省	3299977.0	55.46	1633030.6	25.01	331030.3	34.64
江苏省	1752520.7	131.82	297306.9	34.82	93835.1	190.24
上海市	874760.3	268.75	191045.2	20.56	47848.4	53.81
天津市	86787.1	65.60	142925.6	16.51	15125.2	19.67
福建省	369812.6	51.24	86175.8	32.58	21359.3	18.44
北京市	27892.3	15.60	31388.1	31.39	7043.5	(1.40)
辽宁省	116237.9	30.68	116087.9	(10.25)	24855.8	67.53

2003年电子信息产业出口完成情况（二）

计算单位：万美元

	计算机	比去年增长%	家用电子电　器	比去年增长%	电子仪器设　备	比去年增长%
浙江省	53234.0	435.97	69568.6	47.14	25254.8	31.41
山东省	32891.2	20.46	47056.6	(5.03)	12726.9	76.17
四川省	7784.4	1435.70	63199.0	(13.41)	552.0	29.60
湖北省	2154.0	(32.95)	1450.6	(3.73)	370.2	(4.64)
陕西省	39.2	(78.98)	2134.0	5.36	1420.2	25.24
安徽省	212.8	319.32	6054.1	14.33	963.1	84.43
河北省	193.5	26.19	1404.9	57.07	2126.5	59.79
湖南省	5.3	37.66	846.8	34.26	443.0	329.85
黑龙江省	4087.9	(48.06)	1711.5	522.42	100.5	(83.07)
贵州省	2736.9		1294.1	27.01	108.4	107.09
吉林省	92.9	50.38	2064.0	247.81	594.6	
新疆区	276.2	19.79	3410.8	91.60	502.3	139.26
重庆市	22.3	0.94	1335.3	205.79	674.8	91.81
河南省	15.6	211.51	972.9	203.72	101.3	54.53
广西区	203.0	657.10	72.9	255.11	85.2	248.07
江西省	66.7	808.72	242.1	21.71	167.6	51.63
宁夏区	0.1		0.9	49.34	38.4	
海南省	132.7	35.65	226.8	(3.52)	236.7	34.67
云南省	338.0	175.88	34.0	(62.80)	27.0	11.80
山西省	2.6	(74.68)	16.7	237.34	444.0	
甘肃省	1150.8	875.32	14.6	(4.34)	2.7	(44.72)
西藏区	99.1	181.48	429.8	(36.85)	39.4	584.04
内蒙古区	6.1	17.36	16.2	(9.55)	85.5	24.68
青海省	0.4	(70.74)	7.2	(18.59)	0.5	136.14
四、按国家和地区分列						
中国香港特区	1616281.0	60.20	421073.8	26.16	144630.1	61.59
美国	1720118.6	102.05	702529.8	13.10	114734.8	32.59
日本	732737.7	80.83	334679.3	(0.17)	99654.9	45.67
荷兰	531016.3	84.27	152345.5	26.97	15785.3	52.67
德国	338841.6	171.90	109010.7	36.80	37537.0	122.52
韩国	143196.4	148.40	88785.1	63.15	24844.7	82.24

2003年电子信息产业出口完成情况（二）

计算单位：万美元

	计算机	比去年增长%	家用电子电　器	比去年增长%	电子仪器设　备	比去年增长%
新加坡	161014.1	26.10	36413.1	(14.73)	13046.5	31.35
中国台湾省	179565.0	62.03	24099.2	36.65	30668.0	45.99
法国	213263.6	482.73	50688.1	59.61	14104.8	57.05
英国	143653.9	72.72	118565.1	59.97	12216.9	23.88
马来西亚	163606.0	53.73	29857.2	(25.28)	5307.4	16.33
泰国	72961.7	45.18	14098.1	9.25	4234.1	119.89
澳大利亚	68322.2	123.88	47048.4	41.79	2432.3	59.88
匈牙利	12979.2	(26.96)	5958.6	(34.47)	2255.2	47.29
加拿大	43117.0	123.85	45890.5	44.47	5238.0	20.56
爱尔兰	97759.7	105.82	1196.5	48.92	2159.6	65.03
芬兰	17634.9	168.70	44905.8	25.19	2085.3	82.87
阿拉伯联合酋长国	17742.7	78.63	47402.9	43.48	3131.1	23.47
墨西哥	31907.2	6.85	32857.4	13.99	6511.5	(10.88)
菲律宾	17036.8	107.13	11583.0	0.31	1800.5	22.31
意大利	27441.6	42.63	30829.0	71.94	4375.5	47.66
比利时	33249.0	133.48	23764.1	13.09	2030.7	159.85
印度	11387.6	44.01	10118.6	(18.13)	2630.1	45.41
俄罗斯联邦	22054.7	178.35	22882.2	54.92	2405.6	185.76
巴西	9432.6	28.44	18323.2	28.93	2049.9	17.68
西班牙	16318.8	137.83	28656.1	84.41	1999.1	43.92
印度尼西亚	11943.0	108.72	18814.5	(2.74)	2542.8	35.76
捷克	34530.4	31.15	2885.3	67.18	781.1	96.38
土耳其	8957.6	331.81	20706.7	60.94	2132.7	122.93
奥地利	19505.7	448.78	4246.1	21.46	1061.3	40.66
南非	8654.4	81.42	14088.9	72.32	705.1	62.41
瑞典	4032.4	99.16	9000.7	8.22	1197.5	27.90
卢森堡	22490.0	2699.09	187.5	(75.63)	16.5	109.74
伊朗	2007.7	172.99	9204.4	196.30	1461.9	140.33
尼日利亚	1276.9	206.33	6145.8	31.88	2192.7	67.30
巴基斯坦	1282.4	(17.34)	5989.7	104.88	1201.1	6.35
以色列	6122.0	113.07	6981.7	31.95	958.1	42.60

2003年电子信息产业出口完成情况（二）

计算单位：万美元

	计算机	比去年增长%	家用电子电　器	比去年增长%	电子仪器设　备	比去年增长%
丹麦	2820.7	66.31	9101.0	88.34	957.5	(9.96)
沙特阿拉伯	3523.9	67.89	9311.0	29.85	831.4	19.89
智利	3026.4	48.22	9577.8	42.69	563.8	57.24
波兰	4606.1	27.40	5131.4	15.66	2189.5	(4.58)
新西兰	5727.5	86.06	6320.6	60.33	443.8	85.42
乌克兰	2994.9	58.70	8652.7	128.61	501.3	45.49
巴拿马	1241.8	60.31	11275.3	50.86	71.1	(14.64)
越南	2550.0	33.85	4159.5	40.66	1018.0	43.87
瑞士	3423.9	176.96	3502.9	38.63	499.0	15.61
埃及	2312.6	26.22	2843.0	21.69	657.9	(6.07)
中国澳门特区	6040.0	97.76	296.2	(31.99)	138.4	(58.40)
阿尔及利亚	597.1	60.66	3008.7	47.48	226.8	21.12
希腊	2035.2	13.48	4453.9	61.79	650.9	78.28
哈萨克斯坦	2250.3		5026.0		114.3	
阿根廷	2875.4	1037.52	2057.6	435.15	350.4	544.08
葡萄牙	1531.0	189.41	3566.1	89.14	169.0	45.02
爱沙尼亚	423.7	(51.01)	261.3	(73.32)	217.8	1464.18
哥伦比亚	1070.2	(35.94)	2385.8	38.65	319.9	65.96
秘鲁	681.1	9.52	4281.4	111.19	204.2	5.01
孟加拉国	503.8	58.12	2032.3	8.37	427.9	63.84
贝宁	39.9	242.31	339.1	1.40	74.0	125.06
摩洛哥	416.7	19.32	3443.7	115.42	223.1	60.38
约旦	242.9	79.43	4145.8	162.78	112.4	27.75
安哥拉	14.7	3391.21	332.0	67.21	99.2	92.30
古巴	380.4	0.81	3170.7	(47.46)	208.6	43.40
立陶宛	370.4	52.08	2944.0	224.02	145.3	85.69
叙利亚	390.8	24.13	1749.8	54.82	303.0	17.00
罗马尼亚	1885.2	137.11	1345.7	204.41	126.6	112.59
黎巴嫩	648.5	37.35	2723.0	14.06	347.9	65.58
巴拉圭	2829.6	52.95	814.3	105.81	115.1	108.14
缅甸	374.3	132.09	1093.1	43.04	352.3	145.07

2003年电子信息产业出口完成情况（二）

计算单位：万美元

	计算机	比去年增长%	家用电子电　器	比去年增长%	电子仪器设　备	比去年增长%
厄瓜多尔	392.2	103.88	2158.6	74.54	254.7	23.54
斯洛伐克	2974.1	275.80	492.2	37.52	19.0	118.62
老挝	105.8	373.55	68.7	299.85	37.5	527.79
埃塞俄比亚	34.5	28.09	122.8	34.11	20.7	56.21
加纳	29.3	36.94	431.2	97.83	74.0	36.82
科威特	515.6	164.34	2102.2	(12.67)	48.6	38.79
南斯拉夫	259.7	20.04	2812.3	3578.03	22.4	(85.08)
挪威	1416.6	138.35	1080.4	46.26	163.9	125.76
朝鲜	151.2	(43.74)	2083.8	89.43	135.5	64.50
乌兹别克斯坦	527.2		383.4		28.6	
保加利亚	301.8	151.10	1659.1	324.89	114.6	123.33
乌拉圭	1290.3	198.32	955.5	115.13	83.3	223.53
肯尼亚	103.4	236.89	395.2	(12.65)	39.4	77.25
也门	52.1	(37.91)	503.6	115.39	82.7	(14.01)
斯里兰卡	149.3	(7.66)	1219.6	27.58	194.6	24.03
多哥	5.8	(50.72)	71.3	173.57	5.1	476.75
苏丹	232.1	207.80	415.8	5.18	384.9	(13.79)
吉尔吉斯斯坦	31.8		908.2		39.6	
克罗地亚	281.4	17.08	1127.1	115.94	35.5	180.28
尼泊尔	170.8	248.99	625.8	(26.71)	47.5	187.80
委内瑞拉	213.3	(18.65)	366.8	(51.01)	123.0	(49.44)
突尼斯	225.0	199.53	504.6	43.68	115.5	111.27
坦桑尼亚	4.0	(58.65)	46.7	(30.45)	21.5	78.71
赞比亚	4.5	495.77	139.7	29.71	3.7	(21.82)
科特迪瓦	39.4	32.84	209.0	(5.18)	8.4	(25.08)

2003年电子信息产业出口完成情况（三）

计算单位：万美元

	电子元件	比去年增长%	电子器件	比去年增长%	电子材料	比去年增长%
总　　计	**1214208.6**	**30.41**	**1097007.1**	**40.80**	**36680.0**	**55.66**
一、按经济类型分列						
外商独资企业	518049.8	32.12	642973.0	55.59	21143.4	64.45
中外合资企业	276069.3	48.14	291920.6	23.31	6794.6	48.58
国有企业	267347.5	8.23	125950.8	23.33	6197.1	24.48
私人企业	61112.0	130.89	18741.6	92.42	1920.4	261.64
中外合作企业	58303.8	12.65	8037.0	(14.99)	531.2	5.98
集体企业	33307.3	21.67	9368.6	21.52	93.3	(24.44)
其他企业	18.8	(9.42)	15.4	(80.82)		
二、按贸易方式分列						
进料加工贸易	692212.3	33.64	605773.6	36.67	12471.8	37.39
来料加工装配贸易	216592.4	18.62	268030.0	28.44	8290.2	6.76
一般贸易	268868.9	31.35	159303.0	68.78	13559.5	138.68
保税区仓储转口货物	29784.2	41.47	60564.9	100.85	2235.8	119.03
保税仓库进出境货物	4746.0	32.05	3073.1	35.92	23.4	134.78
边境小额贸易	1787.6	65.72	138.4	(9.33)	97.8	1237.97
对外承包工程出口货物	189.3	192.70	1.9	(55.31)		
其他	1.1	(94.75)	0.7	(35.68)	0.2	
国家间、国际组织无偿援助和赠送的物资	24.8	(42.49)	30.0	(45.88)		
易货贸易						
出料加工贸易	2.0		91.4	(39.21)	1.3	(33.52)
寄售代销贸易						
租赁贸易						
三、按省市分列						
广东省	640977.9	32.48	258679.1	38.15	5117.5	(18.60)
江苏省	170120.5	49.86	132801.7	28.75	4130.0	477.96
上海市	77595.8	6.20	406866.7	47.98	5350.6	126.46
天津市	49752.3	5.03	100394.0	20.64	6455.5	900.87
福建省	34283.3	25.37	22431.1	38.14	1038.2	56.89
北京市	18283.4	21.13	60619.9	91.37	5238.4	(17.21)

2003年电子信息产业出口完成情况（三）

计算单位：万美元

	电子元件	比去年增长%	电子器件	比去年增长%	电子材料	比去年增长%
辽宁省	47275.6	16.62	21049.1	93.02	413.8	84.20
浙江省	96097.3	35.06	28893.5	44.17	1095.2	91.09
山东省	45927.8	46.14	23182.9	23.79	266.1	7.97
四川省	3876.5	29.75	15211.2	37.54	656.6	122.41
湖北省	4109.5	36.56	1558.4	90.63	6.4	(80.66)
陕西省	1088.3	27.59	11108.4	36.71	238.0	39.03
安徽省	2041.2	(6.55)	3109.3	22.38	21.2	14.34
河北省	3560.3	5.45	1777.2	18.10	2635.6	54.21
湖南省	2776.0	12.44	5504.4	(6.36)	241.4	1.22
黑龙江省	711.2	20.45	725.6	94.81	0.1	(39.89)
贵州省	249.0	(23.09)	60.8	(49.02)	0.3	
吉林省	2227.8	30.34	1203.6	64.70	397.7	1.65
新疆区	422.0	173.58	26.7	(4.90)	100.9	946.80
重庆市	2072.0	13.51	186.3	(10.64)	0.2	(99.11)
河南省	2486.9	22.96	179.9	25.58	577.7	16.38
广西区	3775.1	65.25	159.4	(60.13)	1.7	(81.86)
江西省	1397.9	34.33	898.8	122.88	1067.8	44.15
宁夏区	203.4	(11.58)	19.6	(52.68)	1582.9	16.23
海南省	907.1	8.59	151.2	(55.05)		
云南省	787.5	10.45	13.5	(55.66)	0.1	
山西省	648.9	(0.72)	127.1	(36.68)	41.2	103.41
甘肃省	53.0	17.72	54.3	237.88	3.9	
西藏区	49.0	245.89	1.0	(46.67)		
内蒙古区	431.8	1.27	10.8	971.76	1.0	(86.39)
青海省	20.3	210.72	1.6			
四、按国家和地区分列						
中国香港特区	433381.8	28.09	421897.0	59.23	8640.5	14.80
美国	121499.6	13.91	88875.8	27.51	6860.0	(0.36)
日本	184982.2	36.08	87020.9	30.20	8808.6	96.77
荷兰	14135.0	28.00	24245.1	1.20	230.1	(5.88)

2003年电子信息产业出口完成情况（三）

计算单位：万美元

	电子元件	比去年增长%	电子器件	比去年增长%	电子材料	比去年增长%
德国	32475.8	29.37	18599.6	73.53	533.6	289.27
韩国	80849.9	29.68	81804.0	25.45	4268.4	305.82
新加坡	45429.1	22.98	100170.7	33.02	325.5	142.58
中国台湾省	34617.9	39.24	78632.4	52.24	2457.8	131.34
法国	8661.6	32.86	3841.8	1.59	21.2	257.17
英国	17983.5	29.25	5804.5	31.23	253.6	77.38
马来西亚	31944.4	74.24	42914.6	(27.19)	1690.9	697.49
泰国	16746.5	11.33	16028.6	42.89	375.8	34.04
澳大利亚	6422.8	29.59	1269.0	61.94	1.0	64.62
匈牙利	9679.9	43.71	3994.1	177.59		
加拿大	5909.3	27.13	1840.7	25.97	79.5	(27.55)
爱尔兰	1427.4	(14.26)	948.7	39.09		
芬兰	4607.6	63.14	4063.3	119.58	174.3	(29.77)
阿拉伯联合酋长国	7499.3	23.61	2766.8	4.29	0.6	(8.41)
墨西哥	7418.6	0.95	7022.9	(11.99)	27.2	7078.24
菲律宾	13917.3	112.29	40963.7	326.70	400.1	36.24
意大利	8666.0	31.24	2197.2	(2.23)	46.1	43.44
比利时	7327.4	51.34	1200.0	4.80	254.9	316.12
印度	7045.0	21.62	5194.1	9.60	138.7	48.28
俄罗斯联邦	3991.3	108.10	5834.9	64.39	63.1	(26.65)
巴西	5243.5	54.26	6095.9	96.67	93.5	44.29
西班牙	6199.7	48.92	1406.4	78.74	164.5	416.95
印度尼西亚	9512.9	(1.59)	9065.7	25.73	27.9	(19.44)
捷克	1688.6	139.02	472.5	757.65	56.8	391.58
土耳其	9421.2	136.88	5843.2	32.42	0.2	(86.06)
奥地利	3815.4	113.89	318.5	(55.60)	0.0	(98.45)
南非	2255.2	54.67	3978.9	58.78	1.9	(89.92)
瑞典	1699.8	31.98	1443.2	31.80	0.8	(32.63)
卢森堡	137.4	(32.73)	1124.6	(14.11)		
伊朗	1944.7	51.39	955.2	78.48	2.6	940.59

2003年电子信息产业出口完成情况（三）

计算单位：万美元

	电子元件	比去年增长%	电子器件	比去年增长%	电子材料	比去年增长%
尼日利亚	5359.4	312.93	1019.0	35.80		
巴基斯坦	3861.0	10.15	1341.2	66.91	18.8	985.63
以色列	1618.5	52.27	336.3	19.16	20.2	(9.66)
丹麦	2334.7	28.88	243.4	49.19	0.3	
沙特阿拉伯	880.7	22.38	334.5	19.68	0.2	
智利	1100.1	3.84	504.8	35.62		
波兰	2126.0	(12.55)	667.1	72.02	13.8	279.40
新西兰	414.4	27.30	160.8	60.60	0.6	1802.97
乌克兰	1344.1	72.17	430.6	169.75	49.5	105.68
巴拿马	667.7	(14.09)	157.3	(13.71)		
越南	2567.3	70.46	1135.9	48.81	2.5	(56.11)
瑞士	3383.0	139.97	123.3	(66.51)	4.6	1890.39
埃及	1452.0	49.21	701.0	38.39	19.2	10568.39
中国澳门特区	1639.2	190.57	552.5	108.76	0.0	(98.39)
阿尔及利亚	300.0	17.32	779.9	109.90		
希腊	958.1	23.82	288.5	42.23		
哈萨克斯坦	55.3		551.9			
阿根廷	548.2	246.19	936.6	191.08	0.9	
葡萄牙	672.7	29.17	219.0	27.87	85.4	
爱沙尼亚	1655.4	129.98	403.2	(10.60)	231.4	121.09
哥伦比亚	784.1	39.45	398.2	8.22	0.3	
秘鲁	433.3	22.09	216.1	18.90		
孟加拉国	716.5	59.63	538.2	417.98	0.9	36.51
贝宁	5030.2	(37.09)	142.2	(13.89)		
摩洛哥	392.7	13.87	194.8	31.56	0.2	
约旦	345.3	105.86	224.5	37.92		
安哥拉	1889.8	1282.20	39.5	34.74		
古巴	39.6	(64.40)	23.3	22.46		
立陶宛	274.6	152.54	941.5	113.91	0.0	
叙利亚	577.5	30.62	250.0	(11.22)	0.4	(54.57)

2003年电子信息产业出口完成情况（三）

计算单位：万美元

	电子元件	比去年增长%	电子器件	比去年增长%	电子材料	比去年增长%
罗马尼亚	504.7	50.63	453.2	101.96	1.1	297.89
黎巴嫩	318.4	36.62	170.3	17.18		
巴拉圭	242.6	36.85	50.7	102.94		
缅甸	1313.5	15.38	191.7	33.20	0.1	(57.14)
厄瓜多尔	399.3	61.80	153.8	56.08	13.0	22.77
斯洛伐克	55.6	13.57	154.1	39.86	0.1	
老挝	590.4	78.21	43.7	2185.60		
埃塞俄比亚	718.3	322.12	16.2	(43.16)		
加纳	2000.5	12.77	141.5	20.82		
科威特	115.2	40.09	71.0	169.11		
南斯拉夫	122.2	133.23	19.6	19.18	1.4	
挪威	183.3	52.46	57.1	58.85	4.2	60.74
朝鲜	363.3	1.80	50.3	(28.93)	12.4	(29.69)
乌兹别克斯坦	22.0		4.2		43.7	
保加利亚	327.2	82.80	177.6	267.30	0.4	736.96
乌拉圭	137.4	103.77	61.3	77.77		
肯尼亚	1523.5	(1.80)	57.4	71.06		
也门	1170.1	0.72	130.3	62.80		
斯里兰卡	302.0	36.57	321.0	45.14	1.0	(85.09)
多哥	2088.3	257.89	16.0	362.68		
苏丹	679.9	212.32	93.3	(22.74)		
吉尔吉斯斯坦	21.7		4.6		147.4	
克罗地亚	120.8	201.17	20.4	40.32		
尼泊尔	126.2	(5.93)	16.7	14.32		
委内瑞拉	167.2	(24.98)	424.9	20.85		
突尼斯	171.5	16.77	294.8	32.91		
坦桑尼亚	998.8	(26.13)	51.1	4.30		
赞比亚	24.3	36.49	24.1	387.64		
科特迪瓦	924.1	(21.25)	50.3	(0.67)		

2003年电子信息产业主要产品出口情况

产品名称	计量单位	出口数量	出口金额	
			万美元	同比增长%
一、通信设备产品				
电话机合计	万部	19323.78	166575.37	18.58
其中：无绳电话	万部	8777.01	127223.76	22.79
可视电话	万部	0.68	180.45	456.71
传真机	万台	413.74	50972.18	0.7
各种程控交换机	万台	14.73	45288.24	81.81
其中：数字式程控电话交换机	万台	0.05	22106.54	108.72
模拟式移动通信交换机	万台	2.15	95.40	531.9
以太网络交换机	万台	312.09	23498.07	35.51
IP电话信号转换设备	万台	1.54	225.47	55.92
手持（车载）无线电话	万台	9534.32	737703.86	39.47
对讲机	万台	2653.40	26372.93	41.15
移动通信基地站	万台	1.93	51185.07	8.76
无线寻呼机	万部	88.37	909.78	-16.46
光通信设备	万台	1.88	11467.41	193.13
其中：光端机及脉冲编码调制设备	万台	1.22	453.89	0.46
波分复用光传输设备	万台	0.67	11013.53	218.29
二、广播电视设备产品				
无线电广播、电视发射设备	万台	9.32	417.21	-46.64
电视用卫星地面站设备	万台	0.84	44.16	-16.33
电视摄像机	万台	0.77	437.74	4206.02
广播级电视摄像机	万台	0.01	7.29	-27.86
三、电子计算机产品				
微型计算机	万台	377.89	220383.07	55.51
笔记本电脑	万台	1329.57	1131412.91	413.72
计算器	万台	43855.40	94144.48	21.17
打印机	万台	3951.17	431666.45	65.53
其中：针式	万台	95.33	9399.47	51.8
激光	万台	1423.60	282400.25	77.79
喷墨	万台	2197.59	129506.15	41.68
扫描仪	万台	1383.22	44175.56	-1.78

2003年电子信息产业主要产品出口情况

产品名称	计量单位	出口数量	出口金额	
			万美元	同比增长%
数字化仪	万台	0.01	4.84	-27.98
硬盘驱动器	万台	4603.44	205532.23	21.84
软盘驱动器	万台	7519.72	38124.50	4.37
光盘驱动器	万台	13497.23	276221.31	74.32
显示器	万台	6331.40	957241.14	
其中：液晶显示器	万台	2985.04	680207.34	
阴极射线管显示器	万台	3198.60	255973.90	
自动柜员机	万台	0.83	7014.71	69.99
不间断供电电源	万台	751.40	25950.79	59.16
集线器	万台	1076.94	8990.60	
路由器	万台	829.44	16286.74	
调制解调器	万台	5336.09	49288.68	38.54
数字照相机	万台	4863.46	295600.51	227.95
四、家用电子电器产品				
彩电电视机	万台	2277.15	255641.15	1951
其中：显像管彩电	万台	2010.82	232088.81	
液晶彩电	万台	218.64	15131.85	
等离子彩电	万台	1.76	3388.79	
黑白电视机	万台	1393.57	18885.50	9.87
家用型视频摄录一体机	万台	44.47	7574.54	293.62
袖珍盒式磁带收放机	万台	971.37	2452.67	-33.29
袖珍盒式放声机	万台	1361.64	2036.98	-9.01
激光视盘放像机	万台	12053.71	537174.93	
激光唱机	万台	7222.50	99353.39	9.09
收录放音组合机	万台	23296.48	243199.73	1.17
汽车用收音及收录放组合机	万台	2228.15	67461.68	34.09
彩色视频投影机	万台	35.84	22539.62	303.56
正射投影仪	万台	19.13	1798.10	102.52
收音机	万台	4793.46	10107.95	25.64
微波炉	万台	2974.48	109602.51	36.63

2003年电子信息产业主要产品出口情况

产品名称	计量单位	出口数量	出口金额	
			万美元	同比增长%
五、电子元器件产品				
智能卡	万个	8998.19	18708.86	399.59
集成电路（包括微电子组件）	万个	1109788.24	596676.05	165.69
其中：未经切割加工的集成电路圆片	万个	29663.56	53534.28	
彩色显像管	万个	1594.73	74606.24	17.68
黑白显像管	万个	526.97	2943.89	224.55
彩色数据图形显示管	万个	557.06	24443.20	63.13
晶体管	万个	8154626.09	88241.38	32.78
彩色电视机零件	万公斤	6150.88	57461.39	39.62
黑白电视机零件	万公斤	970.08	6961.15	-4.8
光缆	万公斤	467.08	4001.96	64.38
电声器件	万个	308512.15	221771.28	26.57
六、电子专用设备产品				
自动插件机	台	12	50.40	223.07
自动贴片机	台	134	1615.11	14.69

2003年电子信息产业进口情况（一）

计算单位：万美元

	进口情况	比去年增长%	通信设备	比去年增长%	广播电视设备	比去年增长%
总　计	**13217679.0**	**55.26**	**1170268.6**	**38.81**	**86210.0**	**124.7**
一、按经济类型分列						
外商独资企业	7582077.1	86.08	307121.3	71.03	32139.9	392.89
中外合资企业	2387508.0	32.06	363036.4	54.35	34848.6	81.34
国有企业	2301203.9	8.98	432190.5	7.83	15547.8	37.97
私人企业	488399.2	193.57	43220.7	162.87	2847.0	287.37
中外合作企业	267844.4	26.6	13467.9	115.19	434.7	20.68
集体企业	184952.7	34.56	11122.2	136.76	350.1	41.68
其他企业	5693.5	48.43	109.6	-3.98	41.9	135.96
二、按贸易方式分列						
进料加工贸易	6907651.2	63.02	240036.8	71.46	37445.6	122.02
一般贸易	3095061.4	33.78	824711.1	32.12	26909.7	74.72
来料加工装配贸易	1433550.2	36.68	15264.0	46.16	3374.1	118.18
保税区仓储转口货物	1259494.2	130.37	45081.1	25.52	17668.6	753.77
外商投资企业作为投资进口的设备、物品	299709.8	35.75	16736.2	402.48	183.3	-57.94
保税仓库进出境货物	138315.4	44.14	24461.4	-9.64	386.4	-79.35
加工贸易进口设备	43860.6	50.45	146.1	161.77	3.4	115.91
出口加工区进口设备	26707.3	142.61	174.5	59.99	3.8	12.69
其他	9361.5	47.32	3494.8	99.78	62.3	80.55
国家、国际组织间无偿援助和赠送的物资	2429.9	33.08	160.2	-4.5	150.1	48.4
华侨、港澳台同胞、外籍华人捐赠物资	714.8	321.36	2.3	-68.13	3.1	
边境小额贸易	265.5	-13.7				
免税外汇商品	225.4	-78.18			19.5	-33.42
出料加工贸易	201.6	4.6				
租赁贸易	130.3	-36.35				
三、按省市分列						
广东省	5606044.4	40.66	355101.1	52.23	30011.8	501.09
江苏省	2436748.1	132.1	120237.3	100.41	4021.9	129.8

2003年电子信息产业进口情况（一）

计算单位：万美元

	进口情况	比去年增长%	通信设备	比去年增长%	广播电视设备	比去年增长%
上海市	2268848.0	81.55	127118.9	17.27	18030.2	18.12
北京市	663446.7	13.27	145358.7	4.32	20311.9	80.95
天津市	600884.9	27.44	108066.0	79.59	6105.7	558.86
福建省	480478.6	60.19	43678.3	44.98	443.0	101.15
浙江省	368899.7	62.12	151319.2	23.67	2561.3	173.43
辽宁省	269592.1	21.99	20987.4	73.2	1247.8	-23.33
山东省	235367.9	27.44	66661.4	32.2	616.4	89.99
四川省	88275.4	22.51	2666.9	-23.07	259.6	814.49
湖北省	36021.1	47.77	4538.5	11.82	482.7	199.13
陕西省	24485.2	35.58	6167.4	136.4	122.9	-23.26
吉林省	22408.8	110.83	343.7	44.97	206.4	289.74
贵州省	16528.5	122.88	8989.1	67.82	58.3	
湖南省	16474.3	1.82	378.0	-67.97	21.4	-94.29
重庆市	12157.7	0.3	1579.2	-43.67	14.2	258.25
黑龙江省	11707.9	-35.11	480.7	-29.92	76.5	-13.57
河北省	9960.2	2.23	858.0	-53.32	86.8	152.68
安徽省	8269.1	-4.85	401.1	37.68	86.7	120.39
江西省	7426.3	86.15	272.7	172.31	16.4	73.3
河南省	6415.8	20.69	451.9	67.83	559.1	1316.79
海南省	6010.0	60.48	330.0	-38.03	683.6	
广西区	5585.5	-3.03	2706.8	17.51	118.8	
云南省	4723.7	-42.7	548.6	13.21	14.8	49.65
新疆区	3012.0	1.88	78.1	-23.7	34.8	-3.09
山西省	2553.7	-20.05	43.2	-56.48	8.4	-78.41
甘肃省	2335.0	-39.29	331.6	57.28	5.7	
内蒙古区	1524.2	-38.26	12.8	-94.95	0.2	233.33
西藏区	930.5	147.39	551.3			
宁夏区	342.4	-7.15	7.1		2.4	19.67
青海省	221.5	-26.76	3.6	199.87		

2003年电子信息产业进口情况（一）

计算单位：万美元

	进口情况	比去年增长%	通信设备	比去年增长%	广播电视设备	比去年增长%
四、按国家和地区分列						
日本	2662367.0	52.91	232022.7	108.61	40818.9	124.99
中国台湾省	2268552.5	70.84	96656.1	58.11	4124.0	282.2
韩国	1807985.1	91.46	344309.8	37.13	7114.1	243.92
中国（保税区）	1677801.7	82.99	104240.0	320.67	6892.1	340.11
马来西亚	867248.4	57.69	26562.8	46.51	6081.8	549.43
美国	848643.1	3.47	87910.5	-19.18	4092.8	32.52
菲律宾	567267.1	109.08	2407.3	20.78	206.3	364.46
新加坡	491114.7	63.43	14620.7	36.56	758.5	11.05
中国香港特区	458048.5	0.72	38407.9	16.16	6119.5	62.46
泰国	383857.4	79.13	16217.7	105.5	4697.7	78.25
德国	269367.7	21.34	32736.3	-5.53	602.1	21.86
法国	105825.5	10.35	41034.9	6.64	345.0	89.9
印度尼西亚	89468.0	29.04	1372.8	-16.45	706.5	-67.69
墨西哥	85839.6	18.04	3752.8	32.24	9.6	120.18
爱尔兰	72747.2	43.37	5183.0	-26.3	0.1	-97.5
英国	61459.3	3.65	8334.2	-33.01	159.0	68.43
瑞典	58612.3	46.78	34508.4	65.21	33.9	-37.03
哥斯达黎加	55621.7	204.43	119.8		0.0	
加拿大	45825.7	1.06	19383.1	1.6	298.0	369.85
芬兰	40806.8	-21.33	16399.0	-26.28	46.5	161.25
以色列	38770.8	47.97	7020.6	26.1	50.0	210.83
意大利	34427.5	-15.37	7372.8	-10.51	289.7	17.34
荷兰	29263.7	9.87	924.2	-40.02	97.9	-67.17
马耳他	22561.4	26.01	0.9			
奥地利	20788.9	47.09	2099.7	97.46	27.9	56.92
瑞士	16770.0	46.87	743.5	0.71	2298.1	492.17
比利时	14994.0	7.66	4087.9	-28.18	5.9	116.36
澳大利亚	13630.5	38.1	1647.0	-16.94	76.3	178.08
罗马尼亚	11945.2	-40.34	11446.5	-41.69		

2003年电子信息产业进口情况（一）

计算单位：万美元

	进口情况	比去年增长%	通信设备	比去年增长%	广播电视设备	比去年增长%
匈牙利	11773.7	21.44	835.8	-9.8	0.0	-99.75
葡萄牙	11684.8	357.79	1.0		73.3	303.1
摩洛哥	9991.8	17.48	1.3	-90.86		
丹麦	8697.4	64.59	1089.9	99.52	35.9	143.59
捷克	8466.4	38.19	90.1	1119.5		
西班牙	6253.8	39.96	926.9	395.59	43.2	178.92
挪威	5467.7	1.95	1927.4	-11.43	60.7	4.11
波多黎各	5045.6	337.17	3.0	-51.81	17.7	419.69
巴西	4856.1	14.62	281.5	279.09		
印度	4660.4	34.76	144.7	465.6	0.1	-94.42
俄罗斯联邦	4650.2	-31.41	559.1	-86.82	0.0	
越南	4491.2	165.62	144.2	-21.93	19.2	-76.62
波兰	1361.2	148.94	88.2	-37.13	0.4	
拉脱维亚	1313.4		1310.2	1880.44		
新西兰	1304.1	97.64	305.9	18.42		
乌克兰	1013.2	48.47	256.6	1.74		
爱沙尼亚	991.6	73.39	210.4	-41.46		
南非	490.3	-7.42	242.4	-5.02	0.6	
斯洛文尼亚	457.9	44.35	0.9	28.8		
斯洛伐克	324.7	755.98	30.2	1052.55		
白俄罗斯	294.8	-51.26	183.2	-43.31		
斯里兰卡	280.8	149.23				
希腊	258.6	-14.9	2.1	-11.07		
中国澳门特区	258.0	146.11	22.4	37.36		
朝鲜	200.2	-63.09	29.8	-15.18		
保加利亚	175.9	200.01	0.2			
阿根廷	173.9	423.36	0.2	-66.79		
突尼斯	154.8	133.52				
萨尔瓦多	129.9	-25.05				
土耳其	122.1	-61.7	0.3	-99.9	0.1	2842.86

2003年电子信息产业进口情况（一）

计算单位：万美元

	进口情况	比去年增长%	通信设备	比去年增长%	广播电视设备	比去年增长%
多米尼加	87.3	57.73	0.0	-99.95		
摩纳哥	70.8	-37.45				
蒙特塞拉特	52.9					
沙特阿拉伯	40.0	6464.44			0.1	
伊朗	32.7	-36.33	3.4	-90.76		
厄瓜多尔	25.8	3379.72				
克罗地亚	24.3	21.62	15.3	1135.17		
阿曼	19.1	8245.73	1.6			
冰岛	17.5	467.37				
列支敦士登	14.2	1626.09				
卢森堡	12.0	-5.25				
文莱	11.9	1746.94	0.5	15.87		
委内瑞拉	9.0	396.21				
摩尔多瓦	7.0					
伊拉克	6.3	209.47				
孟加拉国	5.6	77.62	1.6	-47.67		
多米尼加	5.1	-31.09				
马达加斯加	4.9					
阿拉伯联合酋长国	4.0	-66.85	0.3			
格陵兰	3.6					
科威特	3.0		3.0			
多哥	3.0					
卡塔尔	2.9		2.3			
塔吉克斯坦	2.8					
秘鲁	2.6					
哥伦比亚	2.1	-7.58	0.2			
洪都拉斯	2.1	1382.98				
立陶宛	1.8	-96.66				
尼日利亚	1.6					
扎伊尔	1.4					

2003年电子信息产业进口情况（一）

计算单位：万美元

	进口情况	比去年增长%	通信设备	比去年增长%	广播电视设备	比去年增长%
危地马拉	1.3					
肯尼亚	1.1					
布基纳法索	1.0	-33.69				
塞舌尔	0.9	94600				
尼泊尔	0.8	-24.22				
南斯拉夫	0.7	-89.64				
纳米比亚	0.7		0.0			
赞比亚	0.7	369.65				
圣马力诺	0.6					
巴勒斯坦	0.6	-32.76				
也门	0.6					
智利	0.5	-71.77				
苏丹	0.4					
埃及	0.4	-95.49				
缅甸	0.4	-99.63	0.0			
古巴	0.4	-99.57				
叙利亚	0.3					
格林纳达	0.3					
巴基斯坦	0.3	-99.4	0.0	-99.99		

2003年电子信息产业进口情况（二）

计算单位：万美元

	计算机	比去年增长%	家用电子电　器	比去年增长%	电子仪器设　备	比去年增长%
总　　计	**3445793.5**	**102**	**709304.8**	**21.09**	**909097.8**	**62.25**
一、按经济类型分列						
外商独资企业	2282240.9	155.11	290277.5	55.26	476211.3	83.37
中外合资企业	364436.8	85.7	199015.9	-2.72	132101.3	40.1
国有企业	578297.8	19.4	147941.7	0.65	236890.9	36.48
私人企业	130389.1	117.28	38591.5	282.48	33721.0	169.96
中外合作企业	56307.4	4.11	19233.3	-9.17	14007.5	30.38
集体企业	32638.1	105.04	13298.4	-8.89	15329.6	72.41
其他企业	1483.3	135.17	946.6	-30.95	836.2	38.65
二、按贸易方式分列						
进料加工贸易	1821955.8	145.05	378864.6	27.99	191270.3	139.28
一般贸易	660775.4	17.34	179981.6	30.46	291665.6	42.33
来料加工装配贸易	217966.0	109.83	89542.7	-3.68	37133.2	108.9
保税区仓储转口货物	687705.8	160.61	24260.6	19.78	56866.5	135.92
外商投资企业作为投资进口的设备、物品	21975.7	20.05	5091.0	0.82	253559.9	33.14
保税仓库进出境货物	29777.8	208.72	30049.2	-3.43	9287.2	172.5
加工贸易进口设备	1190.4	140.19	214.0	-19.93	42241.1	49.4
出口加工区进口设备	1548.7	16.68	170.6	213.49	24385.4	162.7
其他	1519.6	37.37	688.3	-18.67	1713.7	43.15
国家、国际组织间无偿援助和赠送的物资	960.9	102.59	317.1	33.42	472.3	-33.71
华侨、港澳台同胞、外籍华人捐赠物资	336.5	176.29			372.3	852.98
边境小额贸易			0.2		0.1	
免税外汇商品	80.9	1190.59	124.9	-87.43		
出料加工贸易						
租赁贸易					130.3	-27.62
三、按省市分列						
广东省	1342475.9	56.92	324008.8	25.95	263729.0	43.15
江苏省	772876.7	296.73	94124.2	15.98	202414.6	156

2003年电子信息产业进口情况（二）

计算单位：万美元

	计算机	比去年增长%	家用电子电　器	比去年增长%	电子仪器设　备	比去年增长%
上海市	739853.5	154.08	90730.8	9.39	183847.2	69.41
北京市	183960.4	33.99	48424.6	45.08	67728.0	20.84
天津市	45983.0	297.32	30776.0	12.94	32204.8	7.8
福建省	191156.7	115.67	16925.8	53.88	27672.8	119.1
浙江省	41259.6	321.95	5624.2	-6.22	29140.2	60.7
辽宁省	64963.2	30.77	32294.1	28.39	15390.9	31.49
山东省	19646.4	28.25	39391.0	-4.85	18403.4	37.71
四川省	10944.1	146.86	6029.7	-23.29	12176.8	98.72
湖北省	7129.9	68.51	1837.9	152.52	7124.7	19.9
陕西省	2760.4	-0.1	1222.9	47.97	6873.3	25.57
吉林省	2363.9	38.4	7884.0	308.42	5373.1	74.52
贵州省	2573.0	623.04	166.1	-3.1	3398.6	168.07
湖南省	1706.1	-49.74	422.3	38.43	4732.4	56
重庆市	1469.5	-36.58	3276.3	14.54	4077.5	31.28
黑龙江省	2682.1	-73.21	2120.7	-26.97	4193.9	76.3
河北省	3062.8	12.53	170.9	-24.36	3456.4	16.66
安徽省	1403.0	-29.11	436.3	78.17	2094.6	-22.3
江西省	1070.1	-13.25	101.3	-48.23	2006.6	103.98
河南省	1396.5	-39.53	528.4	159.17	2949.5	63.3
海南省	801.5	2.33	2241.2	120.2	1144.7	60.83
广西区	658.1	-42.93	66.5	-57.62	1025.7	-23.84
云南省	1287.0	-76.97	90.5	-56.93	2657.0	74.54
新疆区	692.8	-34.74	224.5	7.77	1577.9	15.42
山西省	726.5	-59.7	66.7	-47.2	1461.1	66.87
甘肃省	364.4	-85.55	34.2	63.22	1034.5	-0.9
内蒙古区	306.0	-75.19	29.7	116.75	811.0	8.39
西藏区	2.5	-97.97	52.7	1372.99	159.9	
宁夏区	116.8	14.29	1.8	-93.3	144.0	-28.39
青海省	100.8	-62.66	0.8		93.6	255.65

2003年电子信息产业进口情况（二）

计算单位：万美元

	计算机	比去年增长%	家用电子电　器	比去年增长%	电子仪器设　备	比去年增长%
四、按国家和地区分列						
日本	440530.1	108.78	155053.7	22.71	288160.2	83.32
中国台湾省	629935.4	165.69	36707.8	9.97	84959.1	79.22
韩国	540285.1	404.62	65531.9	15.87	58291.3	162.61
中国（保税区）	710446.1	107.96	191969.6	36.39	72209.5	99.36
马来西亚	154907.2	58.33	16248.8	25.54	10496.4	82.75
美国	187571.0	-15.2	58432.9	-6.66	148817.3	26.45
菲律宾	143660.0	176.13	7520.1	96.45	5632.7	169.51
新加坡	156048.4	45.75	30366.6	119.3	14945.3	48.69
中国香港特区	57153.3	34.67	41755.7	0.89	24319.5	41.22
泰国	192752.6	100.93	7557.2	60.55	10052.5	92.82
德国	24193.4	-32.21	36063.0	-14.73	80779.8	56.39
法国	4054.8	-3.63	2696.5	0.41	15597.1	80.64
印度尼西亚	58365.3	36.96	2339.1	-37.52	1393.2	46.19
墨西哥	42207.9	-1.1	928.6	25.13	1543.3	17.27
爱尔兰	34655.6	100.98	7685.3	129.99	2603.8	97.81
英国	13752.2	14.36	6140.0	-2.96	13995.6	20.22
瑞典	3224.2	109.48	4011.5	-9.62	7753.3	18.1
哥斯达黎加	3791.6	360.8	53.5	1189.29	197.4	22.19
加拿大	7608.0	58.55	6681.6	-8.8	4824.3	0.98
芬兰	2216.4	24.79	12711.1	141.32	3415.2	-22.13
以色列	2194.3	33.58	893.9	-22.16	8319.2	13.02
意大利	5845.9	-46.69	1740.9	-40.03	8989.5	-0.19
荷兰	1430.3	1.36	1616.7	81.51	17310.5	22.56
马耳他	0.2	32.74	36.5		6.6	
奥地利	1398.7	73.29	636.9	-18.08	3773.8	84.5
瑞士	1212.6	49.59	700.7	41.11	5251.8	12.12
比利时	2786.6	41.71	1221.8	37.36	1684.5	51.96
澳大利亚	3142.2	414.02	3065.0	74.55	1962.0	19.49
罗马尼亚	54.4		322.4	1901.98	22.0	550.78
匈牙利	4412.1	-1.91	2201.2	99.63	569.6	5.76

2003年电子信息产业进口情况（二）

计算单位：万美元

	计算机	比去年增长%	家用电子电　器	比去年增长%	电子仪器设　备	比去年增长%
葡萄牙	6309.2	766.64	72.0	-84.19	59.9	-37.52
摩洛哥	12.9	-92.16	0.4	-98.93	16.7	130.05
丹麦	534.0	10.51	1786.6	455.76	3162.2	46.41
捷克	1264.9	-16.95	21.0	178.43	370.2	63.97
西班牙	1372.5	19.89	321.5	-1.55	1837.4	111.48
挪威	489.6	-5.33	244.0	24.45	2105.7	5.49
波多黎各	4868.1	386.67	5.9	-32.68	28.7	142.59
巴西	54.5	-2.67	989.4	-8.09	164.9	-24.68
印度	187.3	-63.07	145.8	4633.96	869.3	93.62
俄罗斯联邦	0.6	-97.64	1006.5	696.4	683.3	83.7
越南	545.2	263.56	85.7	489.83	198.9	172.92
波兰	38.5	287.61	505.8	5823.15	168.4	570.22
拉脱维亚	0.1		0.0	-98.68	0.1	-81.37
新西兰	9.5	-70.34	97.8	159.21	591.9	148.93
乌克兰	49.5	1800.25	109.7		64.9	-66.1
爱沙尼亚	1.6		501.9	357.65	271.4	179.98
南非	15.8	-51.32	39.3	818.21	27.0	51.9
斯洛文尼亚	1.1		26.7	-11.49	27.0	179.57
斯洛伐克	99.5	1671.84	38.9	1886.39	17.9	342.99
白俄罗斯	0.0	-98.41	0.0	-99.98	19.9	-15.15
斯里兰卡	4.4	966.65	7.7	-90.77	5.2	
希腊			76.6	-33.02	137.4	-1.53
中国澳门特区	7.0	-70.25	2.6	10.48	166.7	372.89
朝鲜	1.5	1256.32			0.2	-92.22
保加利亚	2.0	-82.71	0.0		17.0	-8.64
阿根廷	1.7	253.59	154.2		17.1	-40.51
突尼斯	0.1				13.2	617.6
萨尔瓦多					0.2	
土耳其	2.1	270.03	91.8	125.59	13.2	54.99
多米尼加					87.3	497.2
摩纳哥			0.1		13.5	-28.7

2003年电子信息产业进口情况（二）

计算单位：万美元

	计算机	比去年增长%	家用电子电　器	比去年增长%	电子仪器设　备	比去年增长%
蒙特塞拉特	52.9					
沙特阿拉伯	0.2	37.98	39.6	143475	0.0	3.17
伊朗	12.0		1.1	-58.42	0.2	
厄瓜多尔					0.1	
克罗地亚	1.7		0.3		3.6	
阿曼						
冰岛	0.1				15.3	
列支敦士登	0.2		6.2		6.4	
卢森堡	0.3	-83.78	1.4	25.96	4.8	25.17
文莱	0.0	-92.03				
委内瑞拉					9.0	
摩尔多瓦					7.0	
伊拉克					0.5	
孟加拉国			4.0			
多米尼加			3.8		1.2	495.17
马达加斯加	0.1					
阿拉伯联合酋长国	0.2	-95.87	1.4	-76.78	2.0	
格陵兰	0.0	-86.07				
科威特						
多哥						
卡塔尔						
塔吉克斯坦	1.0					
秘鲁	2.4		0.0			
哥伦比亚	0.7				0.0	-99.77
洪都拉斯					1.5	
立陶宛			0.0	-84.88	0.6	-4.71
尼日利亚			0.0	-50.79		
扎伊尔						
危地马拉			0.0			
肯尼亚					0.0	
布基纳法索	0.5	-63.07			0.4	

2003年电子信息产业进口情况（二）

计算单位：万美元

	计算机	比去年增长%	家用电子电　器	比去年增长%	电子仪器设　备	比去年增长%
塞舌尔	0.9	94600				
尼泊尔	0.1	266.35			0.3	-65.56
南斯拉夫	0.1	-90.04	0.1	71.71		
纳米比亚					0.0	
赞比亚			0.0			
圣马力诺	0.2				0.5	
巴勒斯坦					0.6	
也门			0.0			
智利			0.1	128.62	0.0	-99.31
苏丹	0.4					
埃及	0.1		0.3	-96.79	0.0	-96.14
缅甸	0.2					
古巴						
叙利亚	0.0		0.0			
格林纳达	0.3					
巴基斯坦	0.1		0.2	-97.85	0.0	-99.31
哈萨克斯坦						
塞浦路斯					0.1	
巴拿马						
蒙古	0.1		0.1			
亚美尼亚						
巴拉圭	0.2		0.0			
乌拉圭	0.1					
巴巴多斯						
格鲁吉亚						
塞内加尔	0.0					
冈比亚	0.0					
埃塞俄比亚	0.0	-33.58				
佛得角						
阿尔及利亚			0.0			
尼加拉瓜						

2003年电子信息产业进口情况（三）

计算单位：万美元

	电子元件	比去年增长%	电子器件	比去年增长%	电子材料	比去年增长%
总计	**1397813.5**	**31.39**	**5270614.1**	**48.41**	**228576.6**	**38.73**
一、按经济类型分列						
外商独资企业	783139.9	42.14	3221690.1	72.44	189256.3	47.97
中外合资企业	297191.5	31.37	971196.7	20.03	25680.9	11.89
国有企业	211058.3	-4.45	670687.9	0.88	8588.9	-3.92
私人企业	49447.3	264.28	187583.8	260.38	2598.8	166.54
中外合作企业	36916.2	6.75	125865.8	52.12	1611.6	-0.5
集体企业	19046.3	11.6	92332.8	25.36	835.2	-64.84
其他企业	1014.0	82.04	1257.1	131.95	4.8	1626.6
二、按贸易方式进口						
进料加工贸易	816177.0	28.92	3340351.6	49.01	81549.5	-5.34
一般贸易	199967.4	46.2	876392.0	43.64	34658.6	65.65
来料加工装配贸易	261501.3	13.7	702237.1	30.31	106531.7	99.72
保税区仓储转口货物	100809.1	77.34	322927.0	128.42	4175.3	83.61
外商投资企业作为投资进口的设备、物品	995.6	4.55	882.7	-49.64	285.3	-43.9
保税仓库进出境货物	17585.9	209.83	25771.9	61.11	995.6	-15.21
加工贸易进口设备	28.7	46.83	31.9	-16.41	4.9	
出口加工区进口设备	73.8	196.65	348.2	69.13	2.3	152.12
其他	602.5	41.61	1171.9	23.83	108.4	119.31
国家、国际组织间无偿援助和赠送的物资	26.5	12.69	342.9	215.81		
华侨、港澳台同胞、外籍华人捐赠物资	0.3		0.3	-43.7		
边境小额贸易	0.3	279900	0.0	-56.86	264.9	-13.89
免税外汇商品						
出料加工贸易	45.1		156.5	0.61		
租赁贸易						
三、按省市分列						
广东省	684870.1	19.24	2580816.1	39.31	25031.6	7.75
江苏省	221175.5	69.46	998617.9	104.22	23280.0	71.55

2003年电子信息产业进口情况（三）

计算单位：万美元

	电子元件	比去年增长%	电子器件	比去年增长%	电子材料	比去年增长%
上海市	197314.3	55.21	780961.6	72.16	130991.5	109.05
北京市	34542.8	4.84	160750.1	-6.68	2370.2	-26.48
天津市	96684.7	34.98	247458.0	11.37	33606.8	-29.79
福建省	38708.9	19.12	160728.8	30.99	1164.3	-45.52
浙江省	31886.8	74.76	104494.8	110.25	2613.5	9.16
辽宁省	33221.2	-5.84	99714.6	18.7	1772.9	23.89
山东省	40059.9	40.34	49422.7	43.23	1166.6	42.8
四川省	6036.0	84.57	48221.2	7.3	1941.0	0.62
湖北省	2313.2	-12.73	10693.5	130.02	1900.6	-2.8
陕西省	1370.3	47.86	5415.9	41.44	552.1	-62.47
吉林省	3562.2	102.7	2593.0	46.54	82.4	-12.94
贵州省	972.8	327.23	349.7	1348.2	20.9	76.64
湖南省	459.0	19.15	8500.9	16.69	254.2	15.04
重庆市	742.6	68.61	981.5	72.63	16.8	-21.39
黑龙江省	408.8	24.5	1727.5	6.46	17.8	-17.62
河北省	775.8	70.57	982.2	82.53	567.2	-41.34
安徽省	839.2	69.84	2942.8	2.7	65.5	-18.67
江西省	99.3	1.15	3408.4	236.79	451.4	26.58
河南省	254.3	-32.99	239.2	3.24	36.8	-51.95
海南省	722.6	39.34	86.4	-47.57		
广西区	99.1	-79.74	436.8	44.75	473.7	
云南省	35.5	-37.1	79.9	-56.13	10.6	-94.49
新疆区	25.4	85.09	378.1	125.89	0.4	
山西省	50.9	-52.92	182.5	38.73	14.4	21.65
甘肃省	385.2	1061.65	178.8	1230.71	0.6	-79.13
内蒙古区	60.4	319.71	141.0	-30.68	163.2	6598.3
西藏区	69.9	40.86	94.2	-51.47		
宁夏区	67.1	876.52	3.0	-85.62	0.2	-98.27
青海省	0.0	-97.34	13.1	183.33	9.6	

2003年电子信息产业进口情况（三）

计算单位：万美元

	电子元件	比去年增长%	电子器件	比去年增长%	电子材料	比去年增长%
四、按国家和地区分列						
日本	348752.6	28.26	1108495.9	37.58	48532.8	22.46
中国台湾省	260806.2	34.03	1131214.1	55.57	24149.7	-7.25
韩国	146305.8	38.83	638247.3	60.63	7899.9	201.49
中国（保税区）	313418.3	48.98	277111.3	73.58	1514.7	-21.88
马来西亚	43950.7	23.3	606385.7	61.32	2615.2	-8.01
美国	43483.1	23.93	228012.5	-1.99	90322.9	130.96
菲律宾	14290.1	11.29	393295.9	98.39	254.8	0.42
新加坡	36765.9	47.88	235314.8	77.27	2294.4	312.89
中国香港特区	69334.0	-12.6	217864.0	-5.6	3094.6	-54.2
泰国	26778.5	23.44	125798.5	65.07	2.7	-19.79
德国	18395.3	14.19	73161.9	93.15	3435.8	6.61
法国	4858.5	-2.18	32363.7	10.04	4875.0	-33.53
印度尼西亚	10323.6	56.6	14917.9	28.6	49.5	
墨西哥	6114.5	44.18	31209.1	49.56	73.9	125.4
爱尔兰	703.7	140.13	3859.7	308.17	18056.0	-12.2
英国	4146.7	7.57	13262.6	21.92	1669.1	-17.89
瑞典	3283.5	127.8	5735.1	16.02	62.5	-1.37
哥斯达黎加	2423.5	40.14	49035.9	215.4		
加拿大	1773.2	1.98	5075.8	-30.69	181.8	-24.6
芬兰	1279.5	-31.33	4585.2	-71.65	153.9	7.09
以色列	2162.5	123.55	1808.5	205.13	16321.9	83.28
意大利	4627.4	75.25	5188.8	-12.88	372.5	-48.54
荷兰	1785.3	-7.03	5818.4	-9.34	280.4	810.32
马耳他	0.0	-96.11	22517.2	25.77		
奥地利	8043.6	68.74	4619.5	1.76	188.8	63.86
瑞士	3410.7	64.54	3042.1	39.19	110.6	161.16
比利时	1162.3	-1.99	3843.0	29.49	201.8	76.47
澳大利亚	2476.5	-25.17	1244.3	155.19	17.3	-67.57
罗马尼亚	20.0		79.4	-78.67	0.6	

2003年电子信息产业进口情况（三）

计算单位：万美元

	电子元件	比去年增长%	电子器件	比去年增长%	电子材料	比去年增长%
匈牙利	878.4	134.05	2869.1	28.08	7.5	185.69
葡萄牙	1333.2	32.66	3836.2	1433.55		
摩洛哥	68.9	-58.56	9891.6	21.91		
丹麦	1607.0	21.85	219.3	-7.36	262.6	29.17
捷克	4283.7	45.32	2418.4	73.05	17.9	
西班牙	1300.7	-14.94	389.9	39.34	61.7	-47.03
挪威	216.6	13.21	129.3	-10.91	294.5	256.1
波多黎各	0.0	-99.71	120.8	14.83	1.5	-90.6
巴西	1543.2	-0.96	1336.1	39.98	486.5	83.55
印度	753.2	-23.84	2538.8	73.27	21.3	21.01
俄罗斯联邦	156.0	19.23	1622.2	16.97	622.4	25.43
越南	2741.7	136.88	756.3	2517.3		
波兰	365.6	423.19	142.4	0.28	51.8	-65.65
拉脱维亚			3.0			
新西兰	162.8	268.54	136.1	176.82		
乌克兰	465.9	141.98	54.4	780.34	12.2	-67.18
爱沙尼亚	5.3	-0.45	1.1	71.89		
南非	6.7	670.83	157.7	-27.43	0.6	-63.62
斯洛文尼亚	346.5	29.24	55.7	548.17	0.0	
斯洛伐克	52.9	298.32	85.3	717.33	0.1	
白俄罗斯	0.3	-98.41	90.5	236.24	0.9	
斯里兰卡	243.6	732.71	18.2		1.7	
希腊	16.4	-16.66	26.1	-0.97		
中国澳门特区	18.4	365.32	40.9	81.21	0.0	
朝鲜	4.5	-39.22	164.2	-66.99		
保加利亚	3.2	167.75	153.4	466.39		
阿根廷	0.6	-1.38	0.1	-97.19		
突尼斯	137.9	113.94	3.7			
萨尔瓦多	127.3	-26.53	2.3			
土耳其	4.4	559.2	10.1	83.04		

2003年电子信息产业进口情况（三）

计算单位：万美元

	电子元件	比去年增长%	电子器件	比去年增长%	电子材料	比去年增长%
多米尼加	0.0	-97.4				
摩纳哥	0.2	-94.35	57.0	-37.15		
蒙特塞拉特	0.0					
沙特阿拉伯	0.0	-59.51	0.0	-98.83		
伊朗	13.2	1396.3	2.9	-75.18		
厄瓜多尔			25.7			
克罗地亚	1.3	-92.93	2.1			
阿曼			17.6			
冰岛	0.0	-99.47	2.1	161.11		
列支敦士登	0.7	173.76	0.7			
卢森堡	1.5	479.86	3.9	103.97	0.1	-95.04
文莱			11.4			
委内瑞拉						
摩尔多瓦	0.0					
伊拉克	0.0		5.7			
孟加拉国			0.0			
多米尼加						
马达加斯加	0.1		4.7			
阿拉伯联合酋长国	0.1	586.98	0.0	200		
格陵兰			3.6			
科威特						
多哥			3.0			
卡塔尔	0.6					
塔吉克斯坦	1.7		0.0			
秘鲁	0.1					
哥伦比亚	1.1		0.1	-93.48		
洪都拉斯	0.0	-78.6	0.5	5305		
立陶宛	1.1		0.1	-99.79		
尼日利亚	0.7		0.8		0.1	
扎伊尔	1.4					

2003年电子信息产业进口情况（三）

计算单位：万美元

	电子元件	比去年增长%	电子器件	比去年增长%	电子材料	比去年增长%
危地马拉	1.3		0.0			
肯尼亚			1.1			
布基纳法索						
塞舌尔						
尼泊尔	0.4					
南斯拉夫	0.6	-88.16				
纳米比亚	0.5		0.1	534.5		
赞比亚			0.7	368.81		
圣马力诺						
巴勒斯坦						
也门			0.6			
智利	0.3	-76.21	0.1			
苏丹	0.0					
埃及	0.0	108.57				
缅甸			0.1			
古巴			0.4	-99.57		
叙利亚	0.1	276.36	0.2			
格林纳达						
巴基斯坦	0.0	-99.92				
哈萨克斯坦	0.0				0.3	
塞浦路斯			0.2			
巴拿马			0.2	-99.31		
蒙古						
亚美尼亚			0.0			
巴拉圭						
乌拉圭			0.0			
巴巴多斯	0.1	-84.74				
格鲁吉亚	0.1					
塞内加尔	0.0					
冈比亚						

2003年电子信息产业主要产品进口情况

产品名称	计量单位	进口数量	进口金额	
			万美元	同比增长%
一、通信设备产品				
电话机合计	万部	111.0	2648.09	34.49
其中：无绳电话	万部	51.2	882.40	33.9
可视电话	万部	2.0	435.94	251.3
传真机	万台	139.0	17453.46	78.59
各种程控交换机	万台	2.1	6338.46	163.07
其中：数字式程控电话交换机	万台	0.1	4797.63	225.18
模拟式移动通信交换机	万台		189.76	9587.21
以太网络交换机	万台	44.4	39925.12	0.52
IP电话信号转换设备	万台	2.7	590.24	38.74
手持（车载）无线电话	万台	2206.6	281308.70	18.4
对讲机	万台	14.8	1496.02	173.79
移动通信基地站	万台	1.4	18878.44	25.64
无线寻呼机	万部		8.73	0
光通信设备	万台	3.3	11268.17	-42.93
其中：光端机及脉冲编码调制设备	万台	2.7	3963.64	15.45
波分复用光传输设备	万台	0.6	7304.54	-55.22
二、广播电视设备产品				
无线电广播、电视发射设备	台	179	4948.69	209.27
电视用卫星地面站设备	万台		174.75	5116.31
电视摄像机	万台	0.3	622.56	-9.37
广播级电视摄像机	万台	0.0	486.95	-53.58
三、电子计算机产品				
微型计算机	万台	1.9	4708.04	-25.4
笔记本电脑	万台	66.0	52356.03	95.63
计算器	万台	1828.0	3730.90	28.39
打印机	万台	647.7	84225.20	12.83
其中：针式	万台	84.8	20058.43	9.15
激光	万台	126.3	33919.88	18.9
喷墨	万台	427.9	24758.00	6.27

2003年电子信息产业主要产品进口情况

产 品 名 称	计量单位	进 口 数 量	进口金额	
			万美元	同比增长%
扫描仪	万台	92.1	8024.36	-19.93
数字化仪	万台	0.2	138.31	9.73
硬盘驱动器	万台	4028.1	303484.86	121.34
软盘驱动器	万台	3543.3	24994.92	8.33
光盘驱动器	万台	4547.3	221160.55	130.21
显示器	万台	339.1	60230.17	0
其中：液晶显示器	万台	201.0	44266.13	0
阴极射线管显示器	万台	130.8	13151.03	0
自动柜员机	万台	0.5	8749.72	-3.31
不间断供电电源	万台	9.5	8034.76	6.32
集线器	万台	11.0	1012.73	0
路由器	万台	72.7	25953.78	0
调制解调器	万台	2077.1	35184.58	58.28
数字照相机	万台	476.7	50516.62	1174.57
四、家用电子电器产品				
彩电电视机	万台	78.0	4188.8231	0
其中：显像管彩电	万台	12.5	733.9854	0
液晶彩电	万台	58.3	2709.5244	0
等离子彩电	万台	0.1	194.362	0
黑白电视机	万台	2.3	16.3878	-31.07
家用型视频摄录一体机	万台	7.2	2202.3007	40.09
袖珍盒式磁带收放机	万台		12.5031	46.86
袖珍盒式放声机	万台	0.4	26.5186	36.37
激光视盘放像机	万台	59.8	4594.4716	0
激光唱机	万台	39.5	4236.4079	109.61
收录放音组合机	万台	36.8	638.0552	52
汽车用收音及收录放组合机	万台	110.7	6793.8433	168.17
彩色视频投影机	万台	1.4	2072.384	196.62
正射投影仪	万台	0.1	226.5044	-33.08
收音机	万台	27.0	228.6979	517.66

2003年电子信息产业主要产品进口情况

产品名称	计量单位	进口数量	进口金额	
			万美元	同比增长%
微波炉	万台	6.3	318.5924	81.24
五、电子元器件产品				
智能卡	万个	28600.6	37855.2435	45.62
集成电路（包括微电子组件）	万个	4691457.2	4016079.746	186.1
其中：未经切割加工的集成电路圆片	万个	229354.2	139689.2567	0
彩色显像管	万个	1841.9	102291.3232	47.64
黑白显像管	万个	573.5	6437.3952	-16.53
彩色数据图形显示管	万个	2263.8	108946.2979	-15
晶体管	万个	11119005.9	361452.3504	33.54
彩色电视机零件	万公斤	1598.66	32886.6709	58.95
黑白电视机零件	万公斤	81.80	510.9666	-10.58
光缆	万公斤	451.31	4515.487	-48.92
电声器件	万个	150630.5	71195.6698	39.35
六、电子专用设备产品				
自动插件机	台	12	7284.4988	20.38
自动贴片机	台	7078	100758.6647	53.32